24.958
BEA

PSYCHO KILLER

KEITH ABLOW

PSYCHO KILLER

*Traduit de l'américain
par Isabelle Maillet*

Thriller

ÉDITIONS DU
ROCHER
Jean-Paul Bertrand

REMERCIEMENTS

Pat Hass, Dan Frank et Sonny Mehta ont fait bénéficier mon manuscrit et ma méthode de leur extraordinaire talent. Je leur en serai éternellement reconnaissant.

Je tiens également à remercier Beth Vesel, mon agent chez Sanford Greenburger Associates, qui continue à guider ma carrière avec fermeté et chaleur.

Enfin, je remercie ma femme, Deborah, pour ce prodige qu'est notre fille Devin Blake, née alors que cette histoire prenait forme.

Titre original : *Projection*. Première édition : Pantheon Books, a division of Ramdom House, New York, 1999.

Tous droits de traduction, de reproduction et d'adaptation réservés pour tous pays.

© Keith Ablow, 1999.

© Éditions du Rocher, 2000, pour la traduction française.

ISBN 2 268 03741 X

*À la mémoire de Gary Provost et du Dr James Mann,
sculpteurs de caractères et d'intrigues,
dans la fiction comme dans la vie*

1

Je regardais Josiah King faire les cent pas devant le box des témoins. Avec sa large carrure, ses un mètre quatre-vingt-cinq et son costume croisé couleur lie-de-vin, il dominait la scène.

— Docteur Elmonte, a-t-il commencé, êtes-vous en mesure de nous dire, pour autant que l'on puisse se prononcer avec certitude dans le domaine médical, si le Dr Lucas discernait encore le bien du mal quand il a ôté la vie à Sarah Johnston et à Monique Peletier ?

Le Dr Laura Elmonte, une jolie blonde menue qui enseignait la psychiatrie à la faculté de médecine de Yale, a jeté un coup d'œil à Lucas, puis hoché la tête.

— Je le suis.

Au banc de la défense, Trevor Lucas a tiré une mèche de ses cheveux poivre et sel, avant de siffler comme s'il interpellait une écolière. Trois caméras de télévision – celles de deux chaînes régionales, et la troisième de COURT TV, spécialisée dans la rediffusion des audiences – ont pivoté dans sa direction.

— Je vous en prie, docteur Lucas, l'a tancé le juge Barton.

Lucas a écarté de la table son bras droit, emprisonné dans un énorme plâtre, et s'est voûté pour poser sa tête sur le plateau. Il portait encore la blouse qu'on lui avait remise à l'hôpital d'État de Lynn, où il venait de passer cinq mois enfermé dans une unité réservée aux patients dangereux. Les accusés devant répondre de crimes atroces sont en général détenus au pénitentier de Concord, mais Lucas s'y était déchaîné, tempêtant nuit et jour contre le diable. Et puis, de bonne heure un matin, il avait coincé son bras droit entre les barreaux de sa cellule et s'était brisé le radius, le cubitus et l'humérus. De quoi justifier un transfert en service psychiatrique.

King, qui observait Lucas, a reporté son attention sur Elmonte.

— Désolé. Votre avis, docteur ?

Avant de répondre, Elmonte s'est tournée vers le jury. Son blazer bleu avec un monogramme doré épinglé au revers renforçait l'impression d'autorité produite par sa voix. Je comprenais désormais parfaitement pourquoi Josiah King l'avait choisie comme expert-psychiatre à décharge.

— Le Dr Lucas n'avait pas la faculté de discerner le bien du mal au moment des décès de Mlle Peletier et de Mlle Johnston.

Josiah King a acquiescé de la tête avant de regarder Lucas.

— Autrement dit, le Dr Lucas était incapable de se conformer aux exigences de la loi ?

— En effet. Il lui était devenu impossible de se contrôler.

— Vous en déduisez donc, docteur, que Trevor Lucas, sur un plan strictement pénal, peut être considéré comme irresponsable des actes de violence perpétrés ces jours-là.

Red Donovan, le nouveau procureur, s'est levé d'un bond.

— Objection !

À quarante-cinq ans environ, avec sa constitution athlétique et sa masse de cheveux roux, il me faisait penser à une torche humaine. L'affaire Lucas était le procès le plus médiatisé auquel il participait depuis sa prise de fonction, huit mois plus tôt.

— Le Dr Elmonte a été citée à comparaître devant cette cour en tant qu'expert-psychiatre, non en tant que spécialiste du droit pénal.

— Objection accordée, a déclaré Barton.

Il a baissé les yeux vers Elmonte.

— Au jury d'examiner les questions de responsabilité pénale, docteur. Veuillez limiter vos remarques à l'état d'esprit de l'accusé, je vous prie.

— Mais bien sûr, a-t-elle répondu, une pointe d'arrogance dans la voix.

King poursuivait toujours ses allées et venues.

— Et vous en concluez, docteur Elmonte, que le Dr Lucas était fou au moment où il a tué Mlle Johnston et Mlle Peletier.
— Je pense qu'il l'était, oui.
Lucas s'est levé pour la cinquième fois.
— Objection ! a-t-il aboyé, les yeux fixés sur son plâtre. Ce n'est pas *moi* qui les ai tuées.
— Docteur Lucas, a grondé Barton, asseyez-vous et taisez-vous.
La tête chauve de Barton, trop grosse même par rapport à ses épaules massives, se marbrait de rouge. Il a attendu que Lucas se soit de nouveau assis pour s'adresser à Josiah King :
— Vous avez construit votre défense autour de la santé mentale défaillante de l'accusé au moment des faits. Est-ce toujours votre position, maître ?
— Oui, Votre Honneur, a répondu King.
— Dans ce cas, je dois vous avertir, votre client et vous, que je ne tolérerai plus de tels écarts.
— Bien, Votre Honneur, a déclaré King avant de s'approcher de la table de la défense et de s'immobiliser près de Lucas. Puis-je continuer ?
— Allez-y.
Il a fallu quelques instants à King pour recouvrer sa concentration.
— Docteur Elmonte, voudriez-vous expliquer au jury ce que vous avez appris au sujet du Dr Lucas, et qui vient étayer votre conclusion selon laquelle il était fou au moment de ces deux homicides ?
De nouveau, Elmonte s'est tournée vers les jurés :
— Le Dr Lucas souffre de troubles bipolaires. S'il exerce brillamment ses activités de chirurgien esthétique, il est néanmoins sujet à des sautes d'humeur brutales depuis au moins dix ans. Il passe presque d'une minute à l'autre de l'abattement à l'euphorie, sans qu'aucun stimulus intervienne. Ses appétits – que ce soit pour le sexe, le sommeil ou la nourriture – augmentent ou diminuent de façon imprévisible. Aujourd'hui, il peut éprouver une avidité insatiable, et demain, sombrer dans une indifférence totale. Surtout, son raisonnement témoigne souvent d'hallucinations paranoïdes.
J'ai regardé Emma Hancock, le commissaire de la police de Lynn. Monique Peletier, la seconde victime, était sa nièce. Hancock a

soutenu mon regard, puis remué la tête avec dégoût. En silence, elle a articulé : « Conneries. »

— Les symptômes que vous venez d'évoquer expliquent-ils les actes de violence perpétrés par le Dr Lucas ? a demandé King.

— Tout à fait. Au cours des semaines précédant les meurtres, le Dr Lucas a acquis la conviction paranoïaque aussi inébranlable qu'erronée – une hallucination, si vous préférez – qu'il était un agent de Satan, un pion dans le combat entre les forces du bien et du mal. Il se décrivait lui-même comme « le bras droit du diable ».

Lorsque des sanglots se sont élevés quelque part devant moi, j'ai remarqué Karl Johnston, le père de Sarah, assis au bout du deuxième rang, les épaules voûtées, la tête dans les mains.

— « Le bras droit du diable », a répété King avant de se tourner vers Johnston, de pincer les lèvres et de fermer les yeux afin d'offrir l'expression de compassion requise. En même temps, il massait ses sourcils broussailleux.

— Tout cela est très pénible pour les personnes impliquées dans cette affaire, docteur Elmonte, a-t-il poursuivi, mais j'ai besoin de savoir si les troubles psychiques et neuropsychiques observés chez le Dr Lucas expliquent aussi pourquoi les victimes ont été mutilées de cette façon.

Elle a acquiescé.

— Peu avant la mort de Mlle Johnston et de Mlle Peletier, le Dr Lucas s'était persuadé que son bras droit ne lui appartenait plus. Que c'était celui de Satan. Je pense qu'il était horrifié de découper les seins de chacune de ces femmes, et plus encore, de lacérer les organes génitaux de Mlle Peletier, mais il n'était plus en mesure de contrôler cette partie de son corps.

— Existe-t-il un terme scientifique pour décrire ce phénomène ? a demandé King.

— La *main étrangère*. C'est un état souvent mentionné dans la littérature. Même Oliver Sacks en parle.

Je n'ai pu retenir un sourire, malgré mes nerfs à vif. Avant de fermer mon cabinet de psychothérapie pour m'orienter vers la médecine légale, j'avais suivi plus d'un millier de patients, sans jamais rencontrer une seule fois ce syndrome. De fait, aucun psychiatre de ma connaissance ne l'avait rencontré.

— Nous constatons aujourd'hui que l'accusé porte un plâtre, a poursuivi King. Pouvez-vous nous en préciser la raison ?
— Le Dr Lucas s'est fracturé le bras à trois reprises en le coinçant entre les barreaux de sa cellule. Il voulait s'en débarrasser. Preuve que ses actes – ceux commis par son bras, je veux dire – lui étaient odieux.

Une nouvelle fois, Donovan s'est dressé tel un ressort.

— Objection ! Le Dr Elmonte témoigne devant la cour en tant que psychiatre ; elle n'est pas médium. Il lui est impossible de se prononcer sur...

— Le Dr Lucas abhorre ce qu'a fait son bras, l'a interrompu Elmonte. Voilà pourquoi il a essayé de le détruire.

Je suis sorti avant la fin de l'interrogatoire mené par Josiah King. Le juge avait annoncé qu'une brève suspension d'audience précéderait le contre-interrogatoire du Dr Elmonte par Red Donovan, mais je me sentais incapable de demeurer dans l'assistance une minute de plus.

L'angoisse me comprimait le crâne. Une cigarette m'aurait calmé, sauf que je n'avais aucune envie d'affronter le froid hivernal. J'ai envisagé d'en griller une dans les toilettes, mais ça m'aurait rappelé avec trop d'acuité l'époque où je me précipitais aux W.-C. pour sniffer de la coke. Ça ne faisait pas assez longtemps que j'avais décroché pour courir le risque de replonger dans les vieilles habitudes. Alors, je me suis contenté de rester là, à regarder les portes en métal sculpté de la salle d'audience.

De toute façon, la nicotine n'occulterait pas la vérité. Et cette vérité me rongeait de l'intérieur : Lucas avait plaidé la folie, mais en réalité, il n'avait assassiné personne. On avait retrouvé quatre corps mutilés, et non deux, dans les rues misérables de Lynn et aux alentours ; or, les dernières victimes avaient été tuées après que Lucas se fut livré à la police.

L'hypothèse la plus largement admise voulait que les crimes de Lucas aient inspiré un plagiaire. Or, je savais qu'il n'en était rien. Une seule personne avait la responsabilité de ces quatre morts.

Josiah King avait dû songer à centrer la défense de Lucas sur l'argument du disciple, bien conscient toutefois qu'il lui serait difficile d'en convaincre le jury. Certes, il existait des disparités entre les deux premiers meurtres et les deux derniers. Sarah Johnston et Monique Peletier étaient les patientes de Lucas, et aussi ses maîtresses. Les implants mammaires qu'il leur avait greffés avaient été découpés, et leurs parties génitales complètement rasées ou tailladées.

Les deux derniers corps portaient également des traces de lacérations, mais on les avait découverts dans des villes voisines, et non à Lynn même. La troisième victime, Michael Wembley, était un homme. La quatrième, Rachel Lloyd, avait été brûlée après son décès. Et ni Wembley ni Lloyd n'entretenaient de liaison avec Lucas.

Ces différences seules suffisaient presque à justifier l'hypothèse du plagiaire, et à faire tomber Lucas pour les deux premiers meurtres, d'autant que les jurés seraient sans doute ravis de condamner à perpétuité un chirurgien richissime. Pas étonnant, dans ces conditions, qu'un verdict de folie lui soit apparu comme un compromis acceptable... Mieux vaut passer cinq ou dix ans dans un service psychiatrique qu'une vie entière en prison.

Il n'y avait qu'un moyen pour Lucas de quitter le tribunal en homme libre, et il dépendait de mes révélations au sujet de ces quatre crimes. Sauf que je ne pouvais rien dire.

À cette pensée, j'ai senti mon cœur cogner comme un fou. Je me suis réfugié dans une alcôve donnant sur la salle des pas perdus, j'ai sorti une cigarette de la poche de ma chemise, je l'ai allumée et j'en ai inhalé un bon tiers. Je me suis retourné pour souffler la fumée derrière moi, j'en ai tiré une autre longue bouffée, puis j'ai écrasé le mégot d'un coup de talon.

Une question me hantait : Lucas avait-il inventé tous ces symptômes, ou le stress lié à l'imminence du procès avait-il réellement provoqué en lui une rupture avec la réalité ? Je connaissais depuis longtemps sa nature perverse, mais ce qu'il avait fait à son bras me semblait l'œuvre d'un véritable dément, pas d'un simple sociopathe.

Soudain, les portes de la salle d'audience se sont ouvertes devant King et Donovan, suivis d'un flot de journalistes et de curieux. J'ai tout de suite repéré Emma Hancock. Elle avait cinquante-cinq ans et des cheveux grisonnants, mais sa forte corpulence lui assurait toujours une certaine marge de manœuvre au sein de la foule. Je me suis approché d'elle. Sans un mot, nous avons accéléré l'allure pour nous diriger vers le snack à l'étage en dessous.

Calvin Sanger, journaliste au *Lynn Item*, s'est matérialisé à côté de Hancock, et il a réglé son pas sur le nôtre. C'était un Noir d'une trentaine d'années, à la fois persévérant et perspicace – combinaison idéale pour un journaliste, cauchemardesque pour la police. Lui-même faisait la une des médias depuis cinq ans en terminant le marathon de Boston dans le peloton de tête. Calepin et stylo à la main, il a voulu poser une question.

— Pas de commentaires, a décrété Hancock.

Sanger a ralenti, s'est laissé distancer, puis a reparu près de moi.

— Le Dr Clevenger n'a rien à dire non plus, a lancé Hancock d'un ton irrité.

— Vous êtes d'accord avec le diagnostic du Dr Elmonte ? a insisté Sanger.

Emma Hancock nous a dépassés avant de s'immobiliser de façon à nous bloquer le passage. Elle a dardé sur Sanger un regard noir.

— Ne m'obligez pas à le répéter, Calvin. Je vous ai toujours refilé des tuyaux quand j'en avais la possibilité. Pas vrai ?

— D'accord, mais...

— Il n'y a pas de mais. Ne bousillez pas tout.

— Allez, soyez chic. Vous n'avez pas fait une seule déclaration au sujet de Lucas depuis son arrestation.

Sans répondre, Hancock s'est éloignée. Je l'ai rejointe au pas de course.

— Où en sont les recherches pour retrouver le second meurtrier, commissaire ? a lancé Sanger derrière nous.

J'ai senti mon pouls s'accélérer, et j'ai jeté un coup d'œil à Hancock.

— Qu'il aille griller en enfer ! a-t-elle rétorqué.

Au snack, j'ai acheté deux tasses de café, et avec Hancock, nous nous sommes assis sur un banc en bois couvert d'obscénités. La rengaine que j'avais apprise en grandissant dans les rues minables de Lynn, veines taries d'une ville morte en même temps que l'industrie américaine après la Seconde Guerre mondiale, était gravée au stylo à bille près de ma cuisse.

Lynn, Lynn, Cité du Crime,
On n'en ressort jamais qu'en victime.

— Une sacrée comédienne, cette Elmonte, a observé Hancock. En y mettant le prix, on fait dire ce qu'on veut à un psychiatre. Vous excepté, évidemment.
— Merci.
Elle a pris un air suffisant.
— Ce n'était pas un compliment, Frank. Je pensais qu'elle pourrait peut-être vous apprendre quelque chose.
Hancock m'avait embauché comme consultant en psychiatrie pour la police de Lynn une bonne dizaine de fois, y compris au cours de l'affaire qui s'était achevée par l'arrestation de Trevor Lucas. Quand elle avait présenté sa candidature au poste de maire, je m'étais préparé à dire adieu à mon gagne-pain, mais elle avait perdu les élections. En guise de consolation, on l'avait promue du rang de capitaine à celui de commissaire.
— Je croyais que vous accordiez une certaine valeur à l'indépendance de mon jugement, ai-je ironisé.
— Je vous paie déjà deux cent cinquante dollars de l'heure. Si j'augmente encore la valeur accordée à votre indépendance de jugement, c'est la ruine assurée pour le commissariat.
J'ai laissé courir mon doigt sur le mot *Crime*.
— À votre avis, Emma, quelle va être la décision du jury ?
— Coupable de double homicide volontaire avec préméditation. Prison à vie.
— S'il est reconnu fou, il en prendra quand même pour un bon bout de temps.
— Ce n'est pas le problème.
— C'est quoi, alors ?
J'ai avalé une gorgée de café.
— Comme le dit la Bible, « Œil pour œil ».
Hancock citait souvent les Écritures. Célibataire, sans enfants, elle se dévouait corps et âme à son travail et à l'Église. Elle a croisé et décroisé les jambes, manifestement mal à l'aise dans sa jupe de flanelle grise. La tenue civile, de mise pour un commissaire, ne s'accordait guère avec la personnalité d'Emma Hancock.

— Ravie de voir que vous avez fait un effort vestimentaire pour le procès, Clevenger. Avec cette queue-de-cheval, vous pourriez sans problème infiltrer le milieu... comme dealer, s'entend.

Je portais un jean, un col roulé noir et des santiags également noires ; à peu de choses près, c'était ma tenue habituelle.

— Le jean n'a que quelques années, ai-je lancé pour plaisanter.

Le regard détourné, Hancock a haussé les épaules.

— Ce n'est pas comme si je devais aller à la barre..., ai-je ajouté.

Mais en voyant jouer les muscles de ses mâchoires, j'ai compris qu'elle ne m'écoutait plus, trop absorbée qu'elle était dans ses pensées. Puis elle s'est mise à faire cliqueter les longs ongles rouges de son pouce et de son index. Mauvais signe.

— Emma ? Vous êtes toujours avec nous ?

— Je veux que Lucas aille moisir en prison, pas qu'il se la coule douce dans un hôpital.

— Quelle différence, du moment qu'il est mis hors circuit ?

Elle a pivoté vers moi, et plissé les yeux.

— *Quelle différence ?* De toute évidence, vous n'avez pas beaucoup fréquenté les endroits comme Concord.

— J'ai procédé à l'évaluation de certains prisonniers, là-bas.

— Bien sûr, dans un parloir propret avec un sol ciré et une machine à café près de la porte... Mais je faisais allusion aux entrailles de ce genre d'établissement : toutes ces cages de deux mètres cinquante sur deux mètres cinquante, crasseuses, infestées de vermine, où ils enferment les monstres comme Lucas.

— Non, je ne les ai jamais vues.

— C'est l'enfer sur terre, a-t-elle repris en tripotant la croix en or qu'elle portait autour du cou. Toutes sortes de choses terribles y sont autorisées. Passages à tabac. Viols. Bagarres au couteau.

— Des tortures, quoi.

— Le terme « châtiment » me semble plus approprié. Après ce qu'il a fait à Monique, je veux que Lucas souffre à son tour.

Je n'avais pas l'intention d'entamer un débat sur la politique sociale avec Emma Hancock alors que le meurtrier présumé de sa nièce était au banc des accusés, mais je n'avais jamais tenu le système carcéral en haute estime.

— Je croyais que nous étions censés prôner la réhabilitation, ai-je avancé avec une ébauche de sourire.

— Ah, je retrouve enfin notre psy au grand cœur !... Tout excité à l'idée de sauver une âme en détresse. Franchement, vous pensez que vous pourriez guérir Lucas, ou au moins l'aider à aller mieux ?

J'ai fait non de la tête. J'avais fermé mon cabinet de psychothérapie quand un adolescent dont je m'occupais s'était suicidé. Aujourd'hui, je n'étais plus certain de pouvoir aider qui que ce soit. Et Lucas, s'il n'était pas un meurtrier, n'en restait pas moins un grand malade. Une de ses passions, entre autres, consistait à traquer les femmes vulnérables, souvent des danseuses nues, et à monnayer leurs faveurs contre des interventions de chirurgie esthétique. En guise de paiement, elles acceptaient de se livrer aux petits jeux sadomasochistes qu'il affectionnait, au gré de ses envies. Des jeux qui pouvaient devenir particulièrement moches.

— Moi, non, ai-je répondu. Mais quelqu'un d'autre, peut-être. Je ne sais pas.

— Eh bien, moi, je sais ! Le mal ne comprend que la force brutale. (Elle a terminé son café, jeté la tasse à la poubelle.) De toute façon, il est trop tard pour Lucas. S'il avait eu besoin d'aide, il se serait débrouillé pour l'obtenir avant de massacrer deux innocentes.

La mort de Monique avait plongé Hancock dans une sorte de néant glacial, entre rage et désespoir, j'en avais conscience.

— Je ne peux même pas imaginer ce que vous ressentez aujourd'hui, dans cette salle d'audience, ai-je dit pour l'inciter à se confier.

Elle a décliné l'offre.

— King n'a aucune chance en plaidant la folie, a-t-elle répliqué en remuant la tête. Il aurait mieux fait d'attaquer sous l'angle « Vous vous êtes trompé de bonhomme ». Sanger a beau être un emmerdeur, il a l'esprit vif. On n'a pas la moindre piste concernant le plagiaire, et il le sait. Les jurés aussi, s'ils lisent le *Item*. Il suffit d'un seul bon citoyen qui a trop regardé *Perry Mason* pour tout foutre en l'air.

Quand j'ai repris la parole, c'est la voix de ma conscience torturée qui a parlé par ma bouche :

— D'après vous, il y a un risque pour qu'ils acquittent Lucas sur un doute, même si la défense n'aborde pas la question ?

— Aucun. Il aurait fallu que King brandisse l'argument du tueur unique, et qu'il campe sur ses positions envers et contre tout. Et encore, ç'aurait été une mise à cent contre un. (Elle a remué la tête.) Non, Lucas va tomber. Pour meurtre avec préméditation, tortures et actes de barbarie. Condamnation à perpétuité, aucune possibilité de libération sur parole. Dommage qu'on ait aboli la peine de mort. J'aurais bien appuyé moi-même sur le bouton.

Je n'ai pas répondu. Le silence entre nous s'est prolongé quelques instants.

— Vous m'avez l'air un peu à côté de vos pompes, aujourd'hui, a repris Hancock. Des nouvelles de Kathy ?

La question m'a filé la chair de poule. À l'époque des meurtres, je vivais avec Kathy.

— Toujours aucun signe, ai-je répondu. Je sais juste qu'elle a réservé un aller simple pour Londres auprès d'une compagnie aérienne. De là, elle a pu aller n'importe où.

— Ça me dépasse. Elle est vraiment partie du jour au lendemain, comme ça ?

— Puisqu'on s'était séparés, plus rien ne la retenait ici. Elle avait coupé les ponts avec sa famille.

— N'empêche, c'était elle, la star en obstétrique à l'hôpital de Stonehill, et elle a tout plaqué pour s'envoler vers une destination inconnue.

— Elle était imprévisible.

— Vous aussi, Frank ; au niveau de vos intentions, je veux dire. Remarquez, je me mêle de ce qui ne me regarde pas.

— Comment ça, mes intentions ?

— Voyons, Frank, vous l'imaginiez vivre éternellement dans le péché ? Elle est catholique, mon cher. (Elle a marqué une pause.) Sans parler de vos activités extraprofessionnelles... Vous êtes un cavaleur, vous ne vous en êtes jamais caché.

J'avais encore moins envie de discuter de sexe et de religion avec Emma Hancock que de politique sociale.

— Elle va peut-être finir par revenir, ai-je déclaré en feignant l'indifférence.

— Possible. C'est en général quand on s'y attend le moins que les gens vous surprennent le plus.

Red Donovan, au banc de l'accusation, a enfoui une main dans ses cheveux, puis expiré profondément.

— Bon, si j'ai bien suivi vos explications, docteur, a-t-il commencé d'une voix rocailleuse de gros dur, l'accusé croit que son bras est doué d'une volonté propre. En substance, c'est ça ?

— Pas exactement, a répondu Elmonte d'un ton neutre.

— Ah bon ?

— Le Dr Lucas croit dur comme fer que non seulement son bras ne lui obéit plus, mais qu'il ne lui appartient plus. Pour lui, Satan se l'est approprié.

J'ai entendu Hancock s'éclaircir la gorge. Elle avait pris place au milieu du premier rang, juste derrière la table de la défense. Je m'étais installé sur le côté, près de la porte.

Donovan a levé les mains.

— Veuillez m'excuser. (Il a contourné la table pour venir se placer devant.) Donc, l'accusé croit que son bras droit est la propriété du diable, qui l'utilise à sa guise.

— On peut le formuler ainsi.

— C'est une sorte de contrat de franchise, quoi.

Plusieurs jurés ont gloussé.

— Objection ! a lancé Josiah King en se levant.

— Accordée, a répondu Barton avant de se tourner vers Donovan. Je vous reçois dans mon tribunal au titre de procureur. Si vous décidez d'opter pour une carrière de comique, vous voudrez bien trouver une autre scène plus appropriée à ce genre d'exercice.

Donovan a acquiescé.

— Je vous prie de m'excuser. (Il s'est interrompu quelques secondes.) Docteur Elmonte, êtes-vous au courant des activités du Dr Lucas les jours où Sarah Johnston et Monique Peletier ont été assassinées ?

— De certaines d'entre elles, oui.

— Savez-vous qu'il a pratiqué des interventions chirurgicales sur trois patients à chacune de ces dates ?

Elmonte s'est redressée sur son siège. Quand le tissu de son chemisier a glissé dans son mouvement, j'ai remarqué qu'elle l'avait déboutonné plus bas que ne l'aurait voulu la bienséance dans un tribunal, révélant ainsi le haut de son soutien-gorge en dentelle blanche.

— J'ignorais le nombre exact d'interventions, mais...

Le procureur est retourné prendre un classeur sur la table avant de s'adresser de nouveau à Elmonte.

— En réalité, a-t-il repris en consultant ses notes, il a ôté des cellules carcinomateuses basales du nez d'un patient, et pratiqué deux blépharoplasties... De quoi s'agit-il, au juste ?

— D'une excision des tissus superflus au niveau des paupières.

— O.K. Deux opérations des paupières, donc. (Il a souri.) Plus une rhinoplastie. Ça, je connais : c'est une opération du nez. Et aussi deux liposuccions, c'est-à-dire une aspiration de la graisse au niveau des cuisses, du ventre, etc. (Il a jeté le classeur sur la table.) Le Dr Lucas est-il gaucher ou droitier ?

— Droitier.

— C'est bien la main dont Satan use et abuse ?

Autre gloussement d'un juré.

— Attention, maître, l'a averti Barton.

Donovan a acquiescé. Il jouait avec le feu, il le savait. Robert « Buzz » Barton, surnommé « le Roc », passait pour l'un des juges d'instance les plus brillants et les plus sévères du pays.

Il a regardé Elmonte.

— Répondez à la question, docteur.

— C'est bien cette main-là, a déclaré Elmonte.

— Dans ce cas, docteur, affligé comme il l'est, comment le Dr Lucas a-t-il pu pratiquer des opérations aussi complexes les jours en question ?

— Le fait que le Dr Lucas souffre de la *main étrangère* ne l'empêche pas nécessairement d'accomplir les gestes dont il a la maîtrise. Une intervention chirurgicale s'apparente à un travail technique, et à ce titre, peut être effectuée de manière tout à fait machinale.

— D'après vous, le Dr Lucas s'imaginait-il que Satan en personne opérait à sa place ?

— Il en était persuadé, je suppose.

— Vous supposez...

— Pour autant que l'on puisse se prononcer avec certitude dans le domaine médical, a-t-elle précisé, impassible.

— Vous ne l'avez pas interrogé sur ce point ?

— Non.

— Pourquoi ?
— C'était inutile. La *main étrangère* est une maladie mentale grave. Elle n'apparaît pas et ne disparaît pas comme une simple migraine.
— Dans ce cas, pourquoi n'a-t-il pas signé Satan sur les factures ?
— Objection ! s'écria King.
— De fait, il a signé de son propre nom plusieurs factures pour un montant total de trente-deux mille dollars à la suite des interventions pratiquées ces jours-là, a poursuivi Donovan. De la main droite.
— C'est hors de propos, a déclaré King. Ni les revenus du Dr Lucas ni ses méthodes de facturation ne sont…
— Objection…, a commencé Barton.
— Votre Honneur, a coupé Donovan, ces factures ont un rapport direct avec l'état mental de l'accusé les jours des meurtres. Le Dr Lucas possédait une maîtrise suffisante de son comportement pour pratiquer des opérations délicates, et il a même eu la présence d'esprit de mettre à jour sa comptabilité. Or, on nous demande de croire que sa main était possédée par le diable.
— J'allais dire, maître, que l'objection est rejetée. Mais je vous préviens : la cour n'apprécie pas votre ton.
— Entendu. Je vous remercie. (Donovan s'est approché d'Elmonte, pour s'immobiliser à environ deux mètres d'elle.) Existe-t-il une possibilité, docteur, pour que l'accusé ait inventé les symptômes dont il prétend souffrir ?
— C'est pratiquement exclu.
— Pourquoi ?
— Les tests psychologiques auxquels nous avons soumis le Dr Lucas, dont l'Inventaire de la personnalité multiple du Minnesota et le Rorschach, ont révélé chez lui une tendance à minimiser ces symptômes. Il essayait de paraître moins malade qu'il ne l'est en réalité, et non le contraire.
— Mais l'accusé a de l'intelligence à revendre, non ?
— Les résultats obtenus par le Dr Lucas le placent dans la catégorie des individus extrêmement brillants, a-t-elle répondu. S'il passait ces mêmes tests dans des conditions idéales, il atteindrait sans aucun doute le niveau du génie. (Elle a souri d'un air suffisant.) En effet, il a « de l'intelligence à revendre ».

— Répondez-moi franchement. (Donovan a marqué une pause.) Vous avez de l'admiration pour lui, n'est-ce pas ?

— Objection, est intervenu King.

— Cela pourrait-il affecter le résultat des tests ? a insisté Donovan.

— Accordée, a décrété Barton en foudroyant Donovan du regard. Dernier avertissement, maître.

— Un homme aussi *brillant* ne serait-il pas capable de déterminer quelles réponses apporter à un test standard de façon à donner de lui-même telle image plutôt que telle autre ? a repris le procureur. Par exemple, celle d'un malade plutôt que d'un dépravé ?

— Ces tests sont très performants. En général, ils permettent de déceler les mensonges.

— En général, vous dites.

— Presque toujours.

— N'est-il pas exact que ces tests se révèlent moins fiables lorsqu'ils sont appliqués à des individus sains d'esprit d'un point de vue pénal, mais affectés d'une sérieuse pathologie caractérielle, comme les psychopathes et les sociopathes ?

— Eh bien, il est vrai que ces tests sont quelque peu...

Un cri perçant a soudain résonné devant moi. Je me suis levé d'un bond, et j'ai vu la greffière porter la main à sa bouche, les yeux écarquillés par l'effroi.

Lucas brandissait son poing au-dessus de sa tête, serrant le stylo plume en or de Josiah King. Il l'a violemment abattu sur la table.

Plusieurs jurés se sont détournés. D'autres ont laissé échapper un hoquet de stupeur avant de se pencher pour mieux voir la scène. Au premier rang, une vieille femme a éclaté en sanglots. Les caméras de télévision balayaient la salle d'audience comme des créatures affamées qui se repaissaient du tumulte ambiant, leur objectif tournoyant frénétiquement pour faire la mise au point ici ou là.

King s'est élancé vers Lucas pour le maîtriser, mais n'a pu l'empêcher de lever puis d'abaisser son bras une deuxième, puis une troisième fois. Le sang giclait du stylo projeté de haut en bas.

— Sécurité ! s'est écrié Barton.

Un policier s'est précipité à la rescousse. Avec King, ils ont réussi à cravater Lucas, et à lui immobiliser les bras en l'air. Le dos de sa main était percé en trois endroits. Du sang ruisselait le long de son avant-bras.

Barton a asséné plusieurs coups de maillet.

— Faites sortir l'accusé ! a-t-il grondé.

Un autre policier a surgi de la salle des pas perdus. Prenant chacun Lucas par un bras et une jambe, son collègue et lui l'ont emmené.

Au moment où les trois hommes passaient devant moi, mes yeux ont croisé ceux de Lucas.

— Clevenger ! a-t-il hurlé.

Il a rejeté la tête en arrière pour pouvoir continuer à me regarder.

J'ai senti mon estomac se contracter sous l'effet d'une brusque nausée. Profitant de la confusion générale, je me suis glissé hors du tribunal et je suis monté dans mon pick-up Ram – un modèle de 1989 que j'avais troqué contre une Range Rover de 94 dont je ne pouvais plus payer les traites. J'ai allumé une autre cigarette, empli de fumée mes poumons, retenu mon souffle aussi longtemps que possible. Après avoir remis ça, j'ai démarré et longé Union Street, avec toutes ses devantures obturées par des planches, avant de m'engager sur la voie express en direction de Boston. Dans le virage au niveau du Schooner Pub, je me suis représenté le bar avec sa réserve de scotches pur malt. Quelques doses, et adieu le nœud dans mes tripes... J'avais presque l'impression de percevoir le goût du liquide couleur de bronze, son arôme qui m'environnait, sa chaleur qui se répandait dans ma gorge. J'ai serré les dents et accéléré en passant devant l'établissement, effrayé de sentir à quel point j'avais envie de m'y arrêter.

2

En hiver, l'obscurité envahit Boston dès 17 heures. Je n'en étais que trop heureux. L'intensité du remords qui me tenaillait déclinait chaque jour avec le soleil, comme si l'œil du ciel se fermait peu à peu, comme si mes mensonges se dissolvaient dans les ténèbres qui enveloppaient la ville tout entière.

J'ai marché jusqu'à mon loft de Chelsea, et pressé la touche LECTURE de mon répondeur en arrivant.

— Vous avez onze nouveaux messages, m'a annoncé la voix de synthèse. Premier message. Reçu aujourd'hui à 9 h 40.

« Docteur Clevenger ? Je suis le Dr Roger Drake, de l'hôpital McLean. Je vous téléphone au sujet d'une femme dont je m'occupe en ce moment, au service des consultations externes. Elle a une cinquantaine d'années, et souffre d'une dépression nerveuse particulièrement grave qui ne réagit à aucun traitement. J'ai essayé plusieurs antidépresseurs et autres régulateurs d'humeur, sans résultat ; son état ne fait qu'empirer. Un de mes collègues m'a raconté qu'il vous avait adressé un patient difficile, il y a quelques années, pour une psychothérapie, et que vous aviez obtenu des résultats assez spectaculaires. J'ai un ami à Mass. General qui m'a dit la même chose. D'après eux, quand tout le reste a échoué, vous êtes l'homme à consulter... »

J'ai pressé la touche STOP.

— L'homme à consulter, ai-je répété à voix haute.

Plus maintenant.

J'ai décroché le combiné, composé le numéro de l'agence d'hôtesses Escorte Deluxe. Renoncer à mes diverses dépendances n'avait fait qu'aviver mon appétit pour le sexe. J'appelais Escorte à peu près une fois par semaine depuis trois mois que j'habitais cet appartement, en me promettant à chaque coup de fil que ce serait le dernier.

— Ouais ? a grommelé une voix bourrue.
— Je me demandais si vous auriez quelqu'un de disponible, ce soir.
— Où vous êtes ?
— À Chelsea.
— À l'hôtel Stanley ?
— Non, chez moi.
— C'est où, ça ?
— 1, Winnisimmet Street. Huitième étage.
— Numéro de téléphone ?
— 884-1804.
— O.K., je vous rappelle tout de suite.

Je savais qu'il allait s'adresser aux renseignements pour s'assurer que je ne lui racontais pas de conneries, que je n'étais pas le genre de type à s'éclater en lui faisant envoyer une fille à une adresse bidon pour la mater. Le téléphone a sonné trente secondes plus tard. J'ai décroché.

— Clevenger.
— Z'êtes seul, ou avec des copains ?
— Seul.
— C'est cent quatre-vingts dollars de l'heure en liquide, deux cent cinquante si vous payez par carte de crédit. Je peux vous expédier une nana d'ici vingt minutes.
— Qui serait libre ?
— J'ai une Japonaise de vingt-neuf ans, avec une poitrine d'enfer. Ou une Noire, jeunette, peut-être dans les dix-neuf ans.

Je les connaissais déjà toutes les deux.

— Qui d'autre ?
— Si vous pouvez attendre une petite heure, une blonde de vingt-trois ans. Y a pas grand monde au balcon, mais elle est très mignonne. Racée comme un lévrier. Le genre mannequin, si vous voyez ce que je veux dire.

— Va pour la blonde.

J'ai ensuite eu droit à l'avis classique de dégagement de responsabilité.

— S'agit pas d'un service à caractère sexuel, on est bien d'accord ?
— Évidemment.
— Bon, elle sera chez vous dans une heure.

J'ai raccroché. Au départ, j'aurais pensé qu'affronter une situation aussi immorale que d'avoir à payer des filles perturbées pour m'envoyer au septième ciel suffirait à me donner envie d'arrêter. Or, ce qui me donnait réellement envie d'arrêter, c'était plutôt la façon dont elles me traitaient : avec une sorte de politesse mécanique qui me rendait plus que jamais conscient du poids de ma solitude. Mais peut-être ne pouvais-je m'en prendre qu'à moi-même : je choisissais toujours une fille différente pour éviter de m'attacher à l'une d'entre elles.

Je me suis approché des immenses baies vitrées pour contempler Chelsea, avec ses innombrables maisons jumelées, ses petits immeubles de trois étages, ses usines, ses conduits de cheminée ici et là. Du regard, j'ai parcouru toute la longueur du pont Tobin, dont l'arche reliait Boston ; les banlieusards se pressaient toujours sur son squelette métallique, les phares de leurs voitures évoquant une sorte de mille-pattes sur fond de ciel charbonneux. Rachel Lloyd, la quatrième et dernière victime de l'assassin, la seule femme que j'avais réellement aimée, avait la même vue depuis ses fenêtres, deux bâtiments plus loin. Le défilé silencieux de ces lumières faisait-il partie des choses qu'elle appréciait dans cette petite ville farouche ? me suis-je demandé.

Je connaissais quelques-unes des raisons qui l'avaient poussée à jeter son dévolu sur Chelsea. La vie n'y était pas trop chère, mais cet aspect-là ne l'avait pas influencée ; comme stripteaseuse, elle gagnait assez pour aller se réfugier dans une banlieue plus paisible si elle en avait envie. En vérité, elle adorait l'aspect brut des lieux, le fait que les trois kilomètres carrés de Chelsea vibrent de l'énergie débridée des gens en marge – de ces gens avides qui s'efforcent désespérément d'obtenir plus qu'ils n'ont. C'est une ville où l'anglais n'est que la deuxième langue depuis 1848, date à laquelle les Irlandais, qui parlaient le gaélique, sont venus se tuer au travail dans les usines de la bonne société protestante – et quand ce n'était pas le travail qui les achevait, c'était l'alcool. Ensuite sont arrivés les Juifs russes voulant échapper à l'antisémitisme, et qui parlaient le yiddish. Puis les Polonais. Et les Italiens. Et les Portoricains, les Vietnamiens, les Cambodgiens, les Salvadoriens, les Guatémaltèques, etc., jusqu'aux Serbes fuyant la Bosnie. C'est une ville que le feu a failli anéantir à deux reprises – d'abord en 1908, puis en 1973. Ses rues ne demandent qu'à s'embraser. Ses habitants portent leur douleur en eux, et sur leurs visages. Or, la douleur inspirait à Rachel une confiance beaucoup plus grande que le plaisir. Pour l'avoir autant endurée, elle la considérait comme plus honnête, plus familière.

Je n'avais jamais mis mon âme à nu devant une femme, et certainement pas devant Kathy (dont il se trouve que je partageais la vie à cette époque), mais confronté à la souffrance de Rachel, et à la connaissance intime qu'elle en avait, je n'avais pas eu peur de tout lui raconter. Après sa mort, la décision d'emménager à Chelsea, plus près du souvenir que je gardais d'elle, m'avait apporté un peu de réconfort.

Il s'est passé une bonne heure avant que je n'entende frapper à la porte métallique. Mais le fait de savoir qu'une prostituée se tenait sur le seuil m'excitait moins que la perspective de son arrivée. Saisi par le regret, je n'ai pas répondu.

– Hé ! Y a quelqu'un ? (La voix était jeune. Quelques secondes de silence se sont écoulées.) Et merde. (Profond soupir. Puis, un peu plus fort, d'un ton un peu plus pressant :) Ohé ?

Et là, je me suis dit que c'était sûrement une mère célibataire obligée de financer sa dépendance à l'héroïne. Comme je l'avais sentie perturbée de s'être fait poser un lapin par un client, la tristesse s'est emparée de moi, et j'ai compati à son sort. Avec un haussement d'épaules, j'ai lancé :

– J'arrive !
– Non ! Déjà ?

La réplique a aussitôt pulvérisé mon fantasme de jeune fille en détresse. J'ai quand même continué d'avancer. J'avais besoin de sexe. Au même titre que j'avais besoin des ténèbres. Pour m'aider à oublier l'angoisse que j'avais lue sur le visage de Trevor Lucas au moment où il criait mon nom. J'ai glissé la main dans ma poche afin de m'assurer que la liasse de billets s'y trouvait bien, tiré le verrou et fait coulisser la porte d'environ trente centimètres sur sa glissière.

La fille paraissait son âge ; autrement dit, la moitié du mien. Un mètre soixante-cinq environ, cheveux châtain clair (et non blonds) mi-longs, yeux noisette – comme ceux de Rachel. Elle était étroitement enveloppée dans un manteau de laine blanche souillé aux coutures et au col.

— Moi, c'est Ginger, s'est-elle présentée en souriant.

Elle avait des dents parfaites, ce qui n'a pas manqué de m'étonner. Les autres filles de l'agence avaient toutes un truc de traviole, ou carrément cassé.

— Tu peux m'appeler Clove, ai-je répliqué. Chacun son pseudo, hein ?

— On y va, alors ?

L'arrangement avec Escorte incluait le droit de tout annuler avant même d'avoir entamé quoi que ce soit. Je me suis écarté pour laisser passer Ginger.

Ensuite, j'ai refermé la porte, je me suis dirigé vers le canapé et j'ai sorti de ma poche plusieurs billets de vingt dollars. J'en ai étalé dix en éventail sur la banquette. Il n'était pas question de lui remettre l'argent directement, car un flic pouvait toujours considérer cet échange de la main à la main comme une preuve de sollicitation. Je me suis assis près de l'argent en regardant Ginger enlever son manteau, puis déambuler dans la pièce. Elle portait un jean et un petit haut noir moulant qui mettaient en valeur son corps mince. Un corps que je pouvais voir si l'envie m'en prenait, caresser sur demande, posséder à ma guise... Mon rythme cardiaque s'est accéléré. C'est grisant pour un homme tel que moi, qui se sent comme un gosse en mal d'amour et de sécurité, de contrôler ce genre de relations – même achetées et payées, et aussi médiocres soient-elles.

— C'est vachement grand, ici, a dit Ginger. C'était quoi, avant ?

— Une fabrique de pâtes.

— T'as pas beaucoup de choses.

Le seul autre meuble du loft en dehors du lit, c'était le canapé.

— Je viens d'emménager.

— C'est marrant, je connais pas mal de types qui ont une grosse baraque pour la famille à Brookline ou à Marblehead, et un autre appart pour... leurs rendez-vous.

J'avais vendu ma propre maison victorienne donnant sur la plage de Preston, à Marblehead, afin de payer mes impôts, rembourser mes dettes de jeu, et arrêter de me faire passer pour plus riche que je ne l'étais. Ma seule famille, c'était une mère qui m'avait rangé une fois pour toutes dans la catégorie des toxicos à vie.

— Je n'ai pas d'autre logement, ai-je déclaré.

— Ah.

Ginger avait l'air perplexe.

— Ça t'étonne ?

— Tu rames pour devenir acteur, c'est ça ? Ou mannequin, un truc dans ce goût-là ?

C'était la première fois qu'une hôtesse me posait une question aussi directe sur ma vie. Pour autant, je ne me sentais pas prêt à y apporter une réponse directe.

— Je rame, c'est tout, ai-je dit.

Elle s'est approchée d'une citation encadrée que j'avais accrochée au mur.

— « Toucher le fond, c'est avoir les nerfs à fleur de peau, a-t-elle lu. C'est un état d'esprit débarrassé du superflu. Toucher le fond, c'est se retrouver au plus bas en regardant vers le haut. » (Elle s'est tournée vers moi.) T'as touché le fond ?

— Plutôt, oui.

— T'es pas le seul.

— T'as envie d'en parler ?

— Non, merci.

— Comme tu veux. On n'est même pas obligés de parler du tout.

À cet instant, mon bipeur a sonné. J'ai reconnu aussitôt le numéro sur l'afficheur : c'était celui du *Lynn Daily Evening Item*. À une certaine époque, je graissais la patte à deux de leurs journalistes pour qu'ils me préviennent au cas où ils auraient un tuyau sur une affaire de viols en série à laquelle je collaborais. Mais cette histoire-là remontait à environ un an. Je me suis dit que selon toute vraisemblance, Calvin Sanger était encore au bureau, et qu'il avait quelques questions à me poser.

— Pas de commentaire, ai-je murmuré.
— Quoi ? a fait Ginger.
— Non, rien.
— Faut que tu rappelles ?
— Non.

Elle a haussé les épaules.

— On m'a raconté qu'une danseuse du Lynx Club habitait dans le coin.

À ces mots, j'ai senti ma gorge se nouer.

— Elle a été assassinée, a ajouté Ginger.

Je ne voulais pas évoquer Rachel, et encore moins sa mort. Je voulais juste profiter de la compagnie de cette fille, la serrer contre moi, toucher ses cheveux.

— Pourquoi tu ne viendrais pas me rejoindre ?
— Bon, pas de trucs anaux, a-t-elle récité de ce ton mécanique que je détestais. Les fessées légères, c'est autorisé, du moment que ça laisse aucune marque. Pas de cunnilingus. Pas de jeux humides. Et on utilise mes capotes.
— Parfait. (Moi aussi, je pouvais prendre un ton mécanique.) Déshabille-toi, lui ai-je ordonné. En commençant par le haut. Sans te presser.

De la tête, elle a indiqué les fenêtres derrière elle.

— Tu préfères pas qu'on aille au lit ?
— Non, je ne préfère pas.

En la voyant se raidir, j'en ai déduit qu'elle n'avait pas autant d'expérience que son monologue sur les règles du jeu le suggérait. J'ai trouvé ça excitant. Elle a posé son manteau, avant d'enlever lentement son haut et son soutien-gorge. La pointe de ses seins s'est durcie. Je commençais à bander.

— Il fait froid, chez toi.

De la main, j'ai désigné son pantalon.

Elle a baissé les yeux, puis regardé ailleurs pendant qu'elle ôtait ses chaussures, déboutonnait son jean, ouvrait la braguette et dégageait ses jambes. Elle portait une culotte blanche.

Je suis resté silencieux.

— Sérieux, tu veux pas te mettre au lit ?
— Non.

— Tu vas peut-être pas me croire, mais t'es que mon quatrième client.

Elle s'est légèrement penchée pour faire glisser le slip jusqu'à ses pieds. Lorsqu'elle s'est redressée, Ginger a croisé les bras et entremêlé ses doigts devant son pubis. Ensuite, elle a haussé les épaules.

— Et maintenant ?

Une partie de moi désirait que ce *et maintenant* consiste pour elle à s'allonger, se caresser jusqu'à l'orgasme, puis se retourner pour me permettre de la fesser. Mais soudain, j'ai cru voir ses yeux se remplir de larmes ; ses yeux si semblables à ceux de Rachel. J'en ai eu la gorge plus nouée encore.

— On va se coucher pour que je puisse te serrer contre moi, ai-je réussi à dire. C'est tout ce que je veux. Rien d'autre.

Je l'ai suivie jusqu'au lit, un vieux baldaquin en acajou, le seul meuble de Marblehead dont je ne me sois pas défait. Elle s'est étendue sur le dessus-de-lit en velours vert olive, m'a regardé m'asseoir au bord du matelas, à côté d'elle. J'ai laissé courir mes doigts sur sa joue, le long de sa gorge, entre ses seins, sur les creux et les courbes fermes de son abdomen. Des vagues de poils doux, presque invisibles, se dressaient sous mes caresses, pour se remettre en place aussitôt. Elle a fermé les yeux quand ma main a rendu hommage à la peau tiède et humide entre ses jambes, avant de glisser de sa cuisse à son genou. Puis elle a passé l'index dans la ceinture de mon jean, ce qui a suffi à m'arracher un soupir. Je me suis allongé près d'elle. Sans un mot, elle s'est tournée vers moi, et elle a posé la tête sur mon torse. À mon tour, j'ai fermé les yeux.

J'ai été réveillé par la sonnerie du téléphone. À en croire ma montre, nous avions dormi plus de trente minutes sur les soixante que j'avais payées. J'ai repoussé Ginger avec douceur pour attraper le combiné par terre.

— Clove à l'appareil, ai-je dit.

Près de moi, Ginger a éclaté de rire.

— *Qui ça ?* Je veux parler à Frank Clevenger ! a lancé Emma Hancock d'une voix forte.

Des sirènes hurlaient en arrière-plan. Je me suis redressé, et appuyé sur un coude.

— Emma ? C'est moi.

— Oh, désolée. Je n'avais pas bien entendu. Bon, il faut que vous me retrouviez à l'hôpital d'État de Lynn. Tout de suite.

— Qu'est-ce qui se passe ?

— Lucas a pété les plombs. Il a pris des otages.

J'ai failli oublier de respirer.

— Des otages ? Mais comment diable... ?

Nouveaux hurlements de sirènes.

— Je vous mettrai au courant quand vous serez là, a-t-elle ajouté.

Sur ce, elle a raccroché.

Je me suis levé d'un bond et j'ai enfilé mes bottes.

— Je dois y aller, ai-je dit.

Ginger a agrippé la couverture et l'a remontée sur elle avant de s'adosser à la tête de lit.

— C'est quoi, cette histoire d'otages ?

Sans répondre, j'ai récupéré mon blouson sur le canapé.

— T'es flic, c'est ça ?

— Non. (J'aurais préféré en rester là, mais elle ne faisait pas mine de vouloir se rhabiller. J'ai donc ramassé son jean et son slip.) Je suis psychiatre. Je collabore avec la police.

— C'est vrai ?

Je lui ai apporté ses vêtements.

— Écoute, il faut vraiment que je parte.

Malgré les images qui déferlaient dans mon esprit – celles de Trevor Lucas barricadé dans son unité sécurisée –, j'avais conscience de la douceur de sa culotte dans ma main.

Enfin, Ginger a pris les habits que je lui tendais.

— Je peux t'attendre ici ? a-t-elle interrogé.

— Je ne crois pas que ce soit une bonne idée.

Toujours drapée dans la couverture, elle s'est levée.

— Non, t'as raison. De toute façon, je pense pas avoir eu une seule bonne idée dans ma vie.

Alors que je me dirigeais vers la porte, j'ai pivoté. Je suis incapable de garder mes distances avec les gens perturbés.

— Tu n'as pas d'autres rendez-vous ?

— Écoute, c'était stupide de ma part de te demander ça. Si t'as envie de me revoir, tu me trouveras au Y[1]. Mon vrai nom, c'est Cynthia. Cynthia Baxter.

— Frank Clevenger.

J'avais une bonne dizaine de questions supplémentaires en tête, mais pas le temps de les lui poser – et de toute manière il n'y avait pas grand-chose à voler dans l'appartement. J'ai sondé son regard, y cherchant l'ombre d'un danger. Sans rien déceler de tel ; cela dit, je ne m'étais guère illustré jusque-là par ma capacité à estimer le danger. Dieu sait ce qu'une erreur de jugement pourrait me coûter, cette fois.

— D'accord, reste, lui ai-je dit. Apparemment, on est tous les deux à court de bonnes idées.

J'ai foncé sur la nationale 16 en direction de la voie express, tourné à droite pour m'engager dans Union Street, que j'ai suivie à travers la décrépitude de Lynn jusqu'à Jessup Road, presque à la limite de Saugus. À mi-chemin de l'hôpital, j'ai dû m'arrêter devant un barrage de herses gardé par un policier d'État en grosses bottes de cuir noir lacées jusqu'aux genoux. Trois camionnettes de la télévision et quelques voitures stationnaient sur le bas-côté. J'ai aperçu Calvin Sanger, du *Item*, en grande conversation avec Josh Resnek, journaliste d'investigation au *Boston Globe*. Sanger m'a aperçu lui aussi, et salué de la tête.

Le policier s'est avancé à pas lourds jusqu'à ma vitre et m'a balayé la figure avec le faisceau de sa lampe.

— Passage réservé aux véhicules officiels, a-t-il décrété. Il y a des problèmes à l'hôpital.

— Je sais. C'est là que je vais.

De la main, j'ai indiqué le badge de médecin légiste sur mon tableau de bord.

L'homme a braqué sa lampe dessus en plissant les yeux d'un air sceptique.

---

1. Y, pour YMCA ou YWCA, associations chrétiennes de jeunes, surtout connues pour leurs centres d'hébergement. *(NdT)*

— À mon avis, ils n'ont plus besoin des gens d'ici, a-t-il répliqué. L'État nous a déjà envoyé des experts.

J'ai jeté un coup d'œil à ma montre. 20 h 50.

— Arrêtez de me casser les couilles.

— Hein ?

Il a mis les poings sur les hanches.

— J'ai dit : « Arrêtez de me casser les couilles ! » Je dois rejoindre Emma Hancock, et vous me faites perdre mon putain de temps.

— Sortez de cette voiture.

La pensée que Lucas puisse tuer quelqu'un dans cet hôpital alors que c'était moi le responsable de son internement l'a emporté sur toute autre considération.

— Vous voulez que je sorte ? O.K., venez me chercher. Mais croyez-moi, mes copains de la presse, là-bas, ne vous louperont pas. Et vous serez affecté à la surveillance des patinoires et des toilettes publiques. Pas plus tard que demain.

Il n'a pas cillé. Ses mains se sont déplacées vers sa matraque.

— Écoutez, mon vieux, ai-je repris, optant pour une autre tactique, Hancock m'a demandé de me magner le train. Si je traîne trop, elle va me tomber dessus à bras raccourcis.

— La salope !

Son ton venimeux m'a pris au dépourvu. J'aurais dû renchérir, je le savais, mais n'éprouvant pas de haine envers Hancock, rien ne me venait à l'esprit.

— Suffit de donner un peu de pouvoir à une femme pour qu'elle se croie obligée de s'en servir.

C'était tout ce que j'avais trouvé.

— Un jour, faudra bien que quelqu'un se décide à donner à cette garce ce qu'elle mérite.

Tout en parlant, il tapotait la poignée de sa matraque.

J'ai puisé dans mes souvenirs de lycée, à l'époque des conversations de vestiaires après les matchs de foot :

— Et lui faire tâter de la trique.

À trois reprises, il a claqué son poing dans sa paume.

— En plein dans le cul, a-t-il ajouté.

Sur ce, il s'est dirigé vers les herses, qu'il a écartées pour dégager la voie. Alors que j'accélérais en passant devant lui, il a levé un pouce triomphal.

Un véritable convoi d'ambulances et de camions de pompiers s'étirait sur les cinquante derniers mètres jusqu'à l'hôpital. Une dizaine de voitures de patrouille, tous gyrophares en action, étaient garées dans la plus grande pagaille sur la pelouse devant l'entrée. Deux camions des forces spéciales d'intervention stationnaient nez à nez dans l'allée semi-circulaire. Un énorme projecteur illuminait la façade du bâtiment, dont les sept étages de brique émergeaient de l'obscurité tel un monolithe.

J'ai repéré la Jeep Cherokee rouge du commissaire au milieu du chaos. Emma Hancock, debout près du véhicule, parlait avec un homme élancé vêtu d'un trench. Le temps de me garer, et je me suis dirigé vers eux.

Dès qu'elle m'a vu, Hancock m'a fait signe, puis s'est engagée sur l'herbe pour se porter à ma rencontre.

— Bon sang, mais c'est quoi, tout ce cirque ? ai-je demandé. On se croirait en pleine guerre mond...

Elle m'a interrompu d'un geste.

— Je vous résume la situation en deux mots. (Elle a relâché son souffle.) Lucas a pris le contrôle du Service 5. On ne sait pas comment, mais il a réussi à se procurer un couteau. Les deux autres maniaques avec lui en ont aussi.

— Quelqu'un a donné l'alerte ? Qui vous a prévenue ?

— Lucas a envoyé au poste un aide-soignant chargé d'un ultimatum.

— Qu'est-ce qu'il veut ?

— Le cardinal Bernard Law, pour commencer. Il exige un entretien privé avec lui.

— Law est en ville ?

— Aucune idée. Quoi qu'il en soit, il n'est pas question de mêler le diocèse de Boston à cette histoire.

— Il a réclamé autre chose ?

— Un hélicoptère.

— Et il a menacé de faire quoi, si ses exigences ne sont pas satisfaites ?

— Ça, il ne l'a pas dit. On a évacué le bâtiment, mais il reste trois infirmières, deux travailleurs sociaux et une diététicienne avec lui, dans l'unité sécurisée. (Elle a remué la tête avec fatalisme.) Une des infirmières est enceinte.

— Nom de Dieu !

— D'après l'aide-soignant, il y aurait aussi une visiteuse.

— Qui ? On a une idée ?

— D'après la description qu'il en a donnée, c'est sûrement Elmonte, d'autant que personne n'est parvenu à la localiser. Ce qui nous fait sept personnes en danger là-haut. (Elle a marqué une pause.) Huit, avec le bébé.

— Sans parler des patients…

— Ah oui, les « patients ». Comme Gary Kaminsky, le minable qui a enlevé et violé cette gosse à Elm Street en affirmant que des voix le lui avaient ordonné. Mais ce n'est pas le pire, Frank. Peter Zweig est avec eux.

Zweig était un gamin noir de dix-neuf ans qui avait tué sa mère et son père, puis emporté leurs dépouilles à l'église pour les offrir en sacrifice.

— Il est très malade, ai-je souligné.

— Le pauvre, je le plains de tout mon cœur…, a-t-elle ironisé. Ce gars-là est coupable de plusieurs homicides, au même titre que Lucas.

Un frisson m'a parcouru à l'énoncé de cette vérité.

— Vous avez peut-être raison.

— Évidemment que j'ai raison. S'il n'y avait pas le personnel et Elmonte, je ferais sceller le bâtiment et je reviendrais chercher leurs cadavres au printemps prochain pour leur donner une sépulture décente.

— Votre charité vous perdra.

— Ça me paraît beaucoup plus charitable que de laisser ces démons sur terre.

L'homme au trench s'avançait vers nous. Il portait un bouc noir et tenait un mégaphone. Il devait avoir dans les quarante-cinq ans.

— Docteur Lawrence Winston, a-t-il annoncé en rivant son regard au mien.

Nous avons échangé une poignée de main.

— Frank Clevenger.

— Le Dr Winston collabore avec la police d'État, a précisé

Hancock en me faisant les gros yeux. Nous avons droit à des renforts supplémentaires, car l'hôpital est un établissement d'État.

– Votre aide est la bienvenue, ai-je déclaré.

– Mes cours à Harvard occupent l'essentiel de mes journées, a expliqué Winston. Mais le travail de terrain m'a toujours fasciné. Si j'ai bien compris, vous œuvrez à plein temps dans ce domaine… ?

J'ai jeté un coup d'œil à sa cravate en soie rouge chatoyante, sur laquelle était brodé l'emblème de Harvard.

– Exact. (Je lui ai adressé un clin d'œil.) Je suis un véritable esclave de terrain à plein temps.

– Je ne manque jamais de dire à mes étudiants combien il est important d'avoir le point de vue d'un psychologue local.

Le terme *local* a résonné très distinctement à mes oreilles.

– Psychiatre, ai-je rectifié. Je suis passé par la fac de médecine. (J'ai marqué une pause.) Vous êtes vous-même supervisé par un docteur en médecine, je crois. Qui est-ce ? Je le connais peut-être.

Sa mine s'est allongée.

– J'en doute. Il est très pris par ses activités à Harvard, lui aussi.

– Dites toujours.

– Abraham Hodges.

Hodges et moi, on avait fait ensemble la fermeture de quelques bars à Cambridge. Il possédait à la fois la sagesse de l'érudition et la débrouillardise de la rue – une combinaison plutôt rare.

– Abe est un type bien, ai-je conclu. Vous avez de la chance. Grâce à lui, vous apprendrez des tas de choses.

Winston s'est éclairci la gorge.

– Quand vous êtes arrivé, nous évoquions avec le commissaire Hancock la structure de la personnalité de Lucas.

– Le Dr Winston est d'avis que ce serait une erreur de céder aux exigences de Lucas, est intervenue Hancock. On ne ferait que flatter son narcissisme.

– Si nous tenons bon, Lucas finira par passer la main. (Winston a souri.) C'est le cas de dire… La *main étrangère*, non mais quelle blague ! (Il a recouvré son sérieux.) Croyez-moi, le meilleur moyen pour qu'il y ait des blessés, c'est de se laisser manipuler.

J'ai réfléchi à cette remarque. Pour moi, elle n'avait pas de sens.

– Vos arguments seraient valables si on avait affaire à un véritable sociopathe, ai-je répliqué, mais je ne suis pas sûr que Lucas soit encore capable de maîtriser son comportement. À mon avis, il est réellement psychotique. Or, vous pouvez très bien remporter une partie de lutte à la corde avec un malade mental, et vous retrouver quand même avec ladite corde autour du cou.

— Vous avez entendu parler de la dernière étude sur les prises d'otages publiée dans le *American Journal of Forensic Psychology* ? Par Grovner, Waznoff *et al.* ?

Quand un spécialiste commence à citer la littérature scientifique, c'est en général le signe d'une absence d'intuition.

— Non, je ne lis pas beaucoup les revues de la profession.

— Bon, je ne vous ennuierai pas avec les détails. J'ai moi-même trouvé le cheminement un peu laborieux. La conclusion, en revanche, est particulièrement éclairante. Sur dix-neuf cas de prises d'otages avec séquestration, quatre-vingt-quatre pour cent ont connu un dénouement satisfaisant pour les représentants de la loi grâce à une stratégie rigide de non-coopération.

— Je suis certain que les représentants de la loi se sont estimés satisfaits du dénouement dans les affaires Waco et Ruby Ridge [1].

À ces mots, Hancock s'est raidie.

— L'hélicoptère est peut-être un moyen de rassurer Lucas ; il représente une issue, ai-je repris.

— Je préférerais le convaincre qu'il n'en a pas, a riposté Winston. De cette façon, il comprendra dès le départ que la violence ne lui rapportera rien.

— Il s'est pratiquement arraché le bras pour sortir de la dernière cellule où il était enfermé. Ça ne pouvait pas lui rapporter grand-chose, me semble-t-il.

— Résultat, il n'a réussi qu'à se faire mal. Par conséquent, je suggère d'adopter une position aussi inébranlable que les barreaux de cette cellule, justement.

---

1. À Ruby Ridge, dans l'Idaho, en 1992, un extrémiste, Randy Weaver, résista aux agents fédéraux venus l'arrêter. Sa femme et son fils furent tués dans la fusillade qui suivit. L'avocat de Weaver, Gerry Spence, obtint son acquittement.

À Waco, au Texas, en 1993, l'assaut lancé par l'ATF (Bureau des alcools, tabacs et armes à feu) contre la secte des Davidiens fit quatre-vingts morts. (*NdT*)

Les yeux brillants, il nous a regardés tour à tour, Hancock et moi, comme s'il attendait des félicitations pour cette brillante comparaison.

J'allais lui conseiller de soumettre son idée à Abe Hodges quand des exclamations ont jailli derrière moi. En pivotant, j'ai vu deux pompiers et un flic lever la tête vers une femme nue, obèse, qui se penchait dangereusement par la fenêtre du cinquième étage, à l'extrémité du bâtiment. Ils se sont précipités dans cette direction.

— Que personne ne lui parle, surtout ! a hurlé Winston aux trois hommes, avant de s'élancer.

Je les ai suivis en marchant. Non que mon attitude puisse changer grand-chose. La pauvre serait terrifiée, qu'il y ait quatre ou cinq silhouettes indistinctes en train de foncer vers elle. Aucun de nous n'était encore à mi-chemin quand elle a poussé un cri déchirant, et fait le grand saut. Un silence total s'est abattu sur l'assistance alors qu'elle plongeait vers le sol. J'ai entendu son crâne se fracasser sur le trottoir. Pendant quelques instants, personne n'a bougé ; tout le monde avait les yeux fixés sur la malheureuse. Puis nous avons couru vers elle, et c'est de nouveau en silence que nous nous sommes penchés sur son corps horriblement tordu. Ses longs cheveux blancs flottaient dans une mare de sang. Elle avait la gorge, les seins et l'estomac tailladés.

— Oh, Seigneur ! a chuchoté Winston.

J'étais en nage. L'air froid de la nuit m'a arraché un frisson.

Déjà, les pompiers s'agenouillaient auprès d'elle. Le plus âgé a cherché une respiration.

— Rien, a-t-il dit.

Il lui a pris le pouls, a fait non de la tête. Avec son collègue, ils ont tenté le bouche-à-bouche.

Malgré la lumière qui baignait le corps, il m'a fallu une bonne minute pour me rendre compte que les estafilades sanglantes sur sa peau n'étaient pas tracées au hasard. Elles ressemblaient à des lettres inversées. Je me suis déplacé vers les jambes de la femme, mais les deux hommes qui se penchaient sur elle, puis se redressaient, m'empêchaient de bien la voir.

— Toujours rien, a dit le plus jeune pompier. Il va falloir essayer les chocs électriques.

Il a couru chercher un défibrillateur dans l'ambulance.

Hancock s'est agenouillée à son tour pour examiner le bracelet d'identification autour du poignet de la femme.

– « Grace Cummings, a-t-elle lu. Née le 11 septembre 1929. » Elle avait soixante-huit ans.

– Grace Cummings…, a répété Winston. Ça me dit quelque chose.

– Elle conduisait la voiture qui a percuté ce groupe de gosses à un arrêt de bus dans Glover Street, à Saugus, a expliqué Hancock. Un des gamins est paralysé. On en a pas mal parlé dans la presse, à l'époque. Grace Cummings attendait de passer au tribunal pour tentative d'homicide volontaire.

Comme le sang coulait des lettres gravées dans sa chair, je ne parvenais pas à les distinguer.

– Pourquoi l'auraient-ils tuée ?

Winston a haussé les épaules.

– On ne l'a pas nécessairement poussée. Et si elle s'était infligée elle-même ces coupures avant de sauter ?

Je me suis accroupi près de Hancock, et j'ai commencé à essuyer les blessures avec ma manche.

– Hé, mais qu'est-ce que vous fabriquez ? m'a-t-elle demandé.

Elle a essayé d'écarter ma main, mais j'ai tenu bon. Au bout de quelques secondes, elle a cessé de me tirer le bras pour s'asseoir sur ses talons, le regard rivé au cadavre.

Les lettres se remettaient à saigner, mais les mots étaient lisibles.

GENTIL GARÇON

– Qu'est-ce que ça veut dire, bordel ? a lancé Hancock.

Mon pouls battait plus rapidement que jamais.

– Je l'ignore, ai-je répondu. Mais comptez sur Lucas pour nous l'apprendre.

– Trevor Lucas ? Je suis le docteur Winston !

Le cri avait fusé dans mon dos. Je me suis retourné, et j'ai vu Winston s'avancer sur la pelouse, le mégaphone aux lèvres.

– Ne le laissez pas faire, ai-je dit à Hancock.

– Je suis psychologue, et je travaille pour l'État, continuait Winston.

– Ce n'est pas moi qui détiens l'autorité dans cette affaire, Frank, m'a répondu Hancock. Mais lui.

Elle m'a montré une Caprice noire qui se garait dans l'enceinte de l'hôpital.
– Qui est-ce ?
– Jack Rice. Capitaine de la police d'État. C'est à lui que Winston rend des comptes.
– Sortez, docteur Lucas, et venez me parler, seul à seul, continuait Winston. Quel que soit le facteur qui a déclenché votre colère, la violence n'y changera rien.
– On ferait mieux d'aller trouver Rice.
Je me suis dirigé d'un bon pas vers la voiture, Hancock sur les talons.

Lorsque Jack Rice a poussé la portière côté passager, j'ai été étonné de découvrir un homme d'environ un mètre cinquante, gras au point de paraître presque boursouflé. Il avait des cheveux châtain clair, aussi fins que ceux d'un bébé. Avec son costume sur mesure, gris à rayures bleues, et sa cravate rouge à impression cachemire, il ressemblait à un mannequin obèse échappé d'une vitrine de chez Brooks Brothers. Il a salué Hancock, qui m'a présenté.

– Votre homme, là-bas, Winston, il va tout foutre en l'air si vous le laissez défier Lucas, ai-je attaqué.

Hancock a aussitôt tenté d'arrondir les angles.

– Le Dr Clevenger est à même d'apprécier les qualifications du Dr Winston dans ce domaine, mais nous nous sommes déjà mesurés à Trevor Lucas. C'est un extraordinaire...

Rice a jeté un coup d'œil à Winston par-dessus mon épaule.

– On a déjà un mort, a poursuivi Hancock. Une femme s'est jetée du cinquième étage. On lui avait tailladé le corps. Sauvagement.
– J'ai appris la nouvelle en venant. Qui était-ce ?
– Grace Cummings. Soixante-huit ans.
– Une infirmière ?
– Non. Une détenue.
– Dieu soit loué.

La voix monocorde de Winston a de nouveau résonné devant le centre hospitalier :
– Je veux que vous me fassiez part de vos inquiétudes. Face à face. D'homme à homme.

Désespéré, je me suis pris la tête à deux mains.

— C'est quoi, votre problème, docteur ? m'a demandé Rice.
— Le langage est beaucoup trop menaçant pour un paranoïaque. Lucas risque d'interpréter ce genre d'apostrophe comme une mise à l'épreuve de sa virilité. Ce n'est pas ce qu'on veut. Non, ce qu'on veut, c'est qu'il se sente en sécurité, du moins pour le moment. Il faut lui dire qu'on va se mettre en relation avec le cardinal Law, ou lui obtenir un hélicoptère...
— Pas question. J'ai déjà clairement expliqué mon opinion sur ce point au commissaire Hancock. Nous ne négocions pas avec les preneurs d'otages.
— Je ne parlais pas de négociation, mais de stratégie, ai-je rétorqué. Avec Lucas, les manœuvres d'intimidation ne donneront rien. Il est capable de tout.
— Ce n'est pas ça qui va m'inciter à lui céder.
— L'approche de Winston ne fonctionnera pas.
— Ah non ?

Avec un grand sourire, Rice a indiqué d'un mouvement de tête un point derrière mon épaule.

Pour ma part, j'avais l'étrange impression de m'entretenir avec un fou.

— Non, ai-je décrété.

Il a de nouveau hoché la tête.

— Regardez donc.

J'ai pivoté, pour découvrir Lucas derrière la porte vitrée de l'hôpital. Il avait toujours sa blouse et son plâtre. Plusieurs silhouettes se dessinaient derrière lui, mais les panneaux en verre adjacents à l'entrée principale étaient embués, m'empêchant de bien les distinguer. Lucas a avancé d'un pas, et la porte a coulissé. Il a passé la tête par l'ouverture juste le temps de jeter un coup d'œil à droite et à gauche, puis il est rentré à l'intérieur.

— Vous n'avez rien à craindre ! a braillé Winston.

Quelques instants plus tard, Lucas émergeait du bâtiment avec quatre autres personnes. Lui-même s'était placé au milieu de la première rangée, bras dessus bras dessous avec deux infirmières en blanc à l'air pétrifié. Chacune avait sa main libre maintenue par un homme derrière elle, et chacune avait un gros couteau sous la gorge. À eux cinq, ils évoquaient une sorte d'oiseau étrange aux serres d'acier.

Laissant retomber son mégaphone le long de son flanc, Winston a reculé d'un pas.

— Venez donc me parler ! lui a lancé Lucas.

Winston a fait un autre pas en arrière.

J'ai entendu des grésillements s'échapper de l'émetteur radio que portait Rice.

— Pas de visibilité, a dit une voix.

— Et merde ! a lâché le capitaine.

— Je ne sais pas qui est le grand, derrière, à gauche, a dit Hancock, mais celui de droite, le Noir, c'est Zweig.

— De médecin à médecin, comme vous l'avez dit, a repris Lucas, enjôleur. Face à face.

Winston s'est retourné, et il nous a vus tous les trois en train de l'observer.

— Nous n'avons rien à craindre, ni vous ni moi, poursuivait Lucas. Nous sommes tous les deux des hommes d'honneur, n'est-ce pas ?

— Ne faites pas ça, ai-je lancé dans l'espoir que seul Winston m'entendrait.

Peut-être est-ce moi qui, en voulant lui dicter sa conduite, ai incité Winston à tenter sa chance. Impossible à dire. Peut-être lui aurais-je été d'une plus grande aide en restant silencieux, en lui accordant un peu plus de temps pour réfléchir et se remémorer le contenu de quelque obscur article traitant de la nécessité de battre en retraite au nom de la science. En l'occurrence, il s'est tourné vers nous une dernière fois, puis avancé vers Lucas à pas lents.

Les deux hommes se trouvaient à environ dix mètres de la porte principale de l'hôpital ; ils ne se quittaient pas des yeux. Winston a dit quelque chose, je n'ai pas compris quoi. Pour toute réponse, Lucas a souri, et ses lèvres ont articulé un mot : *Harpie*.

Harpie… Un monstre vorace avec le tronc et la tête d'une femme, la queue et les ailes d'un oiseau, et des griffes acérées.

— Foutez le camp ! ai-je hurlé à Winston.

Celui-ci a reculé d'un pas. Au même instant, l'oiseau a fondu sur lui. Winston a voulu s'élancer, mais deux ailes — formées chacune d'un homme et d'une femme — se sont refermées sur lui. Il est tombé à terre, et la créature l'a englouti. J'ai entendu ses cris assourdis, vu ses doigts labourer la terre gelée alors qu'il tentait, en vain, de ramper vers la liberté.

Rice a tâtonné frénétiquement à la recherche de son émetteur.

— Descendez-moi ce salopard ! a-t-il craché.
— Pas de visibilité, a répondu une voix.
— Pas de cible nette, a renchéri une autre.
— Impossible de tirer ! a aboyé une troisième.

Les cris de Winston se sont éteints au bout de dix ou quinze secondes qui nous ont paru une éternité. Enfin, Lucas et les autres se sont relevés, et ils ont repris leur étrange formation. Winston, immobile, gisait en position fœtale. Du sang – le sien, je n'en doutais pas – gouttait des couteaux posés sur la gorge des deux infirmières retenues en otage.

Le visage de Lucas ne reflétait aucune émotion, mais soudain, il a fixé sur moi des yeux fous.

— Ma vie ! a-t-il hurlé. Rends-moi ma vie !

Des filets de sang dégoulinaient de ses lèvres jusque sur son menton. Son regard est redevenu vide. Avec les quatre autres, il a reculé lentement vers l'hôpital, les portes se sont ouvertes, et le groupe a disparu à l'intérieur.

3

Rice a fusé vers Winston comme un missile doté de jambes minuscules ; il l'a atteint le premier, juste avant Hancock et moi. Il s'est accroupi, l'a fait rouler sur le dos, pour se redresser aussitôt d'un bond. Nous sommes tous restés immobiles, pétrifiés d'horreur. La gorge de Winston, son torse et son estomac ensanglantés portaient la trace d'au moins vingt coups de couteau. Il avait un œil crevé, l'autre grand ouvert, fixé sur le ciel. Un gros morceau de sa lèvre supérieure avait été arraché. Le sang dégoulinait de son menton et de son cou, alimentant un petit ruisseau sinueux sur le goudron.

Deux brancardiers – un homme et une femme – sont arrivés à leur tour, mais ils sont restés à distance respectueuse derrière Rice.

S'étant signée, Hancock a commencé à chuchoter une prière. Au même moment, une bulle rose s'est formée sous la narine de Winston, et elle a éclaté. Le phénomène s'est reproduit encore deux fois. Puis, plus rien.

— Bon Dieu, il respirait encore…, a dit Rice.

Il a remué la tête, pensant sans doute la même chose que moi : Winston avait déjà parcouru une bonne partie du chemin jusqu'à l'autre monde ; mieux valait désormais le laisser achever son voyage.

— Il faut tenter quelque chose, a-t-il néanmoins ajouté calmement.

Après s'être agenouillé, il a approché son oreille du nez de Winston, guettant une respiration. Comme il n'entendait rien, apparemment, Rice lui a renversé la tête avec douceur puis, lui saisissant le menton, il a tiré sur sa mâchoire inférieure pour l'obliger à ouvrir la bouche, et il a essayé de le ranimer. Le sang a aussitôt jailli des lèvres du psychologue. Le ruisseau pourpre par terre a pris peu à peu les proportions d'une grosse flaque. Les mains de Rice se sont mises à trembler.

— Il... il n'a plus de langue, a-t-il annoncé.

J'ai vu une autre bulle rose apparaître et disparaître. Hancock et Rice l'avaient vue aussi, j'en étais certain, mais aucun de nous ne l'a mentionnée.

— Apportez une civière ! a crié Rice aux deux brancardiers.

L'homme s'est élancé vers l'ambulance.

— Qu'est-ce que vous attendez ? Allez l'aider ! a ordonné Rice à la femme.

Celle-ci avait l'air dérouté.

— La civière est tout près du hayon, rien ne la bloque...

— Allez-y, bon sang ! a aboyé Rice.

Cette fois, elle s'est détournée pour rejoindre son collègue au pas de course.

Rice a tendu une main qui m'a paru trop grande par rapport au reste de sa personne – un véritable battoir –, et il en a recouvert le nez et la bouche de Winston, scellant ainsi son destin. Hancock et moi, nous avons échangé un coup d'œil, mais aucun de nous n'a tenté de l'arrêter. Il a maintenu sa paume en place pratiquement jusqu'au retour des brancardiers avec la civière. Lorsqu'il s'est redressé, aucun souffle de vie n'animait plus le corps de Winston.

— Emmenez-le à l'hôpital de Stonehill, a-t-il dit. Pas la peine de vous presser.

Sur ces mots, il s'est éloigné.

Il était 2 heures du matin passées quand j'ai repris la route de Chelsea. L'endroit où était mort Winston exerçait sur moi une attraction étrange, semblable à celle qu'exercent sur l'assassin les lieux de son crime. Ou peut-être le sentiment que j'éprouvais se rapprochait-il plus du lien unissant un général au champ de bataille. À aucun moment je n'avais dérogé à mes principes – du moins, à ce que je croyais être mes principes ; autrement dit, j'avais gardé pour moi certains faits relatifs aux meurtres. Mon cœur me soufflait que c'était la bonne solution, la seule solution, et pourtant, il fallait maintenant compter avec deux autres morts. Je ne voulais pas quitter l'hôpital, mais Hancock m'avait conseillé de rentrer me reposer un peu ; au besoin, elle m'appellerait sur mon bipeur. J'avais peur qu'elle ne commence à se demander pourquoi je ne parvenais pas à partir. Elle ne pouvait deviner que je me sentais responsable de ce qui venait d'arriver, je le savais, mais mon sentiment de culpabilité était si dévorant que je l'imaginais perceptible par tous.

J'ai baissé les deux vitres avant, senti l'air froid du matin me fouetter le visage. J'essayais de me convaincre que j'avais eu raison de laisser Lucas moisir en prison, et passer en jugement pour des crimes qu'il n'avait pas commis. Après tout, il n'avait pas les mains propres, loin s'en fallait… Il avait découvert l'identité de l'assassin longtemps avant moi, mais n'avait cependant rien fait pour arrêter le carnage. Au contraire, il s'était délecté de ce rapport à la violence, une violence qui avait fini par m'enlever Rachel.

Au moins, j'avais réussi à stopper cette tuerie.

Le problème, c'était que je ne m'estimais pas en droit de condamner quiconque, pas même Lucas. Je me rappelais encore mon sentiment de dégoût lorsque, au cours de l'enquête, celui-ci avait suggéré que nous étions pareils, lui et moi. Mais avec la mort de Grace Cummings et de Lawrence Winston, je me retrouvais maintenant avec du sang sur les mains, moi aussi.

Le Schooner Pub se dressait sur ma gauche. Tu as besoin d'un verre, me suis-je dit. Ça commence toujours comme ça. *Tu as besoin.* Un besoin réel – il l'est toujours –, assez réel en tout cas pour me forcer à m'arrêter, à attendre que la flèche rouge vire au vert, puis à effectuer un demi-tour pour m'engager sur le parking du Schooner. En vérité, j'avais bel et bien besoin de quelque chose – mais pas d'un verre, même mon cerveau n'était pas dupe. J'avais besoin de courage pour affronter la suite des événements. Or, je n'en avais pas. L'alcool vous fait oublier un moment que vous êtes lâche, puis le moment en question s'achève, mais dans l'intervalle, le truc que vous devez affronter s'est pourvu de griffes, est devenu une espèce de monstre à fuir à tout prix. Et ce monstre se met à pisser l'alcool plus vite que vous ne pouvez l'avaler ; alors, vous avez besoin de quelque chose d'autre, genre cocaïne, speed, ou encore,

Dieu vous garde, héroïne, quelque chose à vous envoyer d'abord dans les narines, ensuite dans les poumons, et enfin dans les veines, qui vous brouille suffisamment les neurotransmetteurs pour anesthésier la bête.

Je n'ai pas coupé le moteur. Je suis resté au volant sur le parking du Schooner, assailli par le souvenir de cette nuit, moins d'un an auparavant, où j'étais couché avec Kathy, les sinus remplis de sang séché, mon bras gauche engourdi jusqu'au coude, me demandant si j'allais survivre ou mourir, puis me rappelant soudain une autre réserve de coke dans l'armoire, me faufilant hors du lit, tâtonnant dans l'obscurité entre des piles de serviettes et de draps, découvrant avec soulagement que mes doigts étaient encore capables de dénouer le fil de fer autour du minuscule sachet, puis inhalant la poudre par brèves bouffées exquises qui accéléraient les battements de mon cœur, me comprimaient la poitrine et figeaient enfin mon esprit entre deux pensées. Cette image, effrayante, mais aussi étrangement séduisante, m'a incité à redémarrer en trombe, dans un grand crissement de pneus, en direction de la voie express.

— Tu es complètement seul, ai-je murmuré, et ces mots ont résonné à la fois comme une consolation et une condamnation de mon style de vie.

Je n'avais pas de famille à qui parler. Personne n'aurait laissé de message sur mon répondeur pour s'assurer que je n'avais pas sombré une fois pour toutes. J'avais pour amis des barmen, des bookmakers, des flics et le coroner. Des types bien, tous autant qu'ils étaient. Et j'avais de l'affection pour eux — parce que nous étions vraiment proches, ou parce qu'ils étaient suffisamment malins (ou en avaient eux-mêmes suffisamment bavé) pour garder leurs distances, je n'aurais su le dire. Peut-être la discrétion et l'espace sont-ils les dons les plus précieux que l'on puisse faire à un homme comme moi, trop souvent acculé par un père qui se déchaînait toute la nuit, une bouteille dans une main, une ceinture dans l'autre.

J'avais laissé Rachel se rapprocher de moi. Et je l'avais perdue.

La tour ronde de la laiterie, à West Lynn, se dressait désormais devant moi, de l'autre côté de Webster Avenue, qui commence au niveau d'un Pizza Palace condamné par des planches et se termine au niveau du Y. J'ai braqué à droite pour m'y engager, persuadé qu'après m'avoir attendu en vain plusieurs heures, Cynthia serait retournée chez elle.

Je suis resté quelques minutes dans mon pick-up, à me demander si j'allais entrer. Qu'est-ce que j'étais venu chercher, après tout ? Si c'était le sexe, j'avais toujours la possibilité de me faire livrer à domicile. Par une fille différente chaque fois. Si c'était un moyen d'oublier le chagrin causé par la mort de Rachel, ou d'échapper à la culpabilité engendrée par le décès de Grace Cummings et de Lawrence Winston, il ne représentait qu'une autre forme de drogue.

Je me suis frotté les yeux. Je pensais trop – la meilleure défense que j'avais trouvée pour éviter d'avoir trop mal. J'avais envie de voir Cynthia, point final. Je suis descendu de la camionnette.

Au début des années 90, le Y avait été un Comfort Inn une année durant, jusqu'au moment où celui ou celle qui avait misé sur la renaissance de Lynn, comprenant enfin que la ville ne sortirait pas de la tombe, avait échangé le bâtiment contre un avoir fiscal. Depuis, l'endroit faisait office d'étape pour les schizos, toxicos et autres frangines en transit tout juste sortis d'un bouge bien pire ou sur le point d'en découvrir un, mais temporairement assez équilibrés pour prélever sur leurs allocations mensuelles les trois cent quatre-vingts dollars par mois, ou vingt-deux dollars par jour que coûtait une chambre, au lieu de les engloutir dans l'alcool, la came ou les billets de loterie.

Les efforts du personnel pour entretenir le hall avaient abouti à un mélange surréaliste de mobilier kitsch style Paine et d'âmes en peine. Alors que je me dirigeais vers la réception, je suis passé devant un homme et une femme d'un âge avancé, au visage marqué, assis chacun sur une petite causeuse devant une fausse cheminée en pin noueux. Lui regardait fixement le miroir au-dessus du manteau ; elle, l'âtre vide où aurait dû brûler un feu. Impossible de déterminer s'ils formaient un couple, si leur existence suivait une trajectoire ascendante ou descendante, s'il s'agissait pour eux d'une halte provisoire ou du dernier arrêt. Mais j'avais beau me sentir vidé, ces questions suffisaient à faire naître en moi le désir d'aller m'installer sur un des sièges voisins pour m'absorber dans leur histoire. Une impulsion qui n'était pas pour m'étonner ; c'était comme si une sorte de courant d'humanité me poussait depuis toujours vers les désespérés, sans doute parce que j'avais moi-même connu le désespoir dans ma jeunesse.

Le réceptionniste, un jeune homme qui souffrait apparemment de ralentissement cérébral, a commencé par m'informer que les visites n'étaient pas autorisées après minuit puis, après avoir empoché mon billet de dix dollars, il a appelé Cynthia dans sa chambre. Elle lui a dit de me laisser monter.

J'ai gravi l'escalier jusqu'au troisième étage. Au premier coup frappé à la porte de la chambre 305, celle-ci s'est ouverte, révélant Cynthia vêtue seulement d'un T-shirt blanc qui lui couvrait à peine le haut des cuisses. Lorsqu'elle a incliné la tête, ses cheveux châtain clair ont ruisselé sur le côté de son visage.

– J'ai attendu un bon moment avant de partir, a-t-elle expliqué. Mais je me suis dit qu'il avait dû y avoir du grabuge à l'hôpital.

Une boule s'est formée dans ma gorge.

– Exact. Les choses ont mal tourné.

Elle m'a pris par la main pour me conduire à l'intérieur de la pièce. La seule source de lumière provenait des appliques fixées de chaque côté du lit. Une ampoule sur deux fonctionnait, qui fournissait un éclairage tout juste suffisant pour me révéler un décor tel que je l'imaginais : celui d'une chambre d'hôtel bas de gamme en plein processus de délabrement, avec moquette maculée de taches et longs rideaux fanés à motif floral. J'ai néanmoins été surpris de découvrir, accrochée au-dessus du lit, une peinture à l'huile assez réussie qui représentait une femme ailée en longue robe violette.

– Il y a eu deux victimes, ai-je ajouté, sans avoir la moindre idée de ce qui m'incitait à lui faire ce genre de confidence.

Cynthia s'est retournée. Manifestement, elle possédait la faculté rare de savoir garder le silence. Et elle avait des yeux qui semblaient capables de tout comprendre. Les yeux de Rachel.

Je lui ai lâché la main, et je suis resté immobile devant elle. Puis j'ai reporté mon attention sur les ténèbres derrière les vitres.

– La première était une patiente, une femme de presque soixante-dix ans. L'autre, un psychologue venu nous prêter main-forte.

– Ils sont morts comment ?

– Tu lis les journaux ?

– Pas souvent.

— Tu as peut-être entendu parler de ce chirurgien, le Dr Trevor...
— Pour le coup, tout le monde est au courant de *ça*.
— C'est vrai. (Parfois, j'en arrivais presque à oublier le battage médiatique suscité par cette affaire.) Bref, Trevor Lucas a pris le contrôle du service psychiatrique où il est enfermé depuis le début du procès. Apparemment, il aurait poussé cette femme d'une fenêtre du cinquième étage. Après l'avoir sauvagement tailladée. Le psychologue a été tué – lardé de coups de couteau –, en essayant de négocier directement avec Lucas.

Elle s'est assise au bord du lit.
— Tu as assisté à la scène ?

Je l'ai rejointe. Brusquement, je mesurais à la fois toute l'horreur de ce que Lucas venait de faire et de ce que je lui avais moi-même fait quelques mois plus tôt. Accablé, j'ai fermé les yeux, et je me suis caché le visage derrière mes mains. L'image de Winston en train de se débattre pour sauver sa peau m'a traversé l'esprit. Je l'ai revu griffer le sol en tentant d'échapper au monstre créé par Lucas. Les muscles de mes mains, de mes bras et de ma poitrine se sont contractés, m'obligeant à fournir un effort pour respirer.

— Ça ne va pas ? a demandé Cynthia en posant sa main légère sur ma nuque.

Je n'ai pas répondu.

De son doigt, elle a suivi le tracé de mon oreill .
— Tu veux te reposer un peu ?

De fait, j'aspirais à bien plus que du repos : j'avais besoin de sortir de mon isolement, de révéler enfin la vérité à quelqu'un. À cette époque, j'avais l'habitude de voir chez les autres ce que j'avais envie de voir. En l'occurrence, je voyais en Cynthia quelqu'un de pur, de fiable ; une sorte de rivière qui me laverait de mes péchés. Certains vont à l'église se confier à un prêtre. D'autres choisissent un psychiatre pour confesseur. Ma religion n'a pas de nom, mais elle se fonde sur trois principes clairs : il existe entre les gens des liens mystiques impossibles à mesurer ; nous avons le pouvoir de nous guérir les uns les autres ; souvent, la vérité forme un précipité dans notre société, et stagne au fond. Il me semblait juste et bon de faire d'une pute dans un ex-motel reconverti en pension miteuse la dépositaire de mes secrets. Mais c'était aussi une terrible erreur.

— Il n'y est pour rien, ai-je dit.

La gravité de cet aveu m'a arraché un frisson.

— Comment ça ?

Je me suis passé la main sur la figure en même temps que je me redressais, les yeux levés vers le plafond. Avant de répondre, j'ai pris une profonde inspiration, puis relâché mon souffle.

— Trevor Lucas. Il n'a pas commis les meurtres pour lesquels il est jugé.

— Qu'est-ce qui te permet d'affirmer une chose pareille ?

J'ai plongé mon regard dans le sien. Impossible désormais de juguler le flot de mes révélations.

— Je connais le véritable assassin.

Cynthia a acquiescé d'un mouvement de tête hésitant puis, en proie à une nervosité visible, elle a jeté un coup d'œil vers la porte.

Parce qu'elle redoutait sûrement de m'entendre confesser les meurtres, ai-je compris soudain.

— Je ne l'ai pas revue depuis plus de cinq mois. Je me suis arrangé pour la mettre à l'abri après l'arrestation de Lucas.

— Tu as bien dit *la* mettre à l'abri ?

— Oui. La meurtrière.

Les yeux plissés, Cynthia m'examinait avec attention, sans doute pour essayer de déterminer si je la menais en bateau. Après tout, comment pouvait-elle être sûre que je n'étais pas un menteur compulsif, un cinglé cherchant à faire la une ? Ou pis encore. Mon appartement n'avait pas l'air être habité par un médecin. Quant à moi, je n'avais même pas l'air d'un médecin.

— Elle a tué deux personnes, non ? Pourquoi tu l'aurais aidée ? a-t-elle demandé.

— Elle est malade. C'était plus fort qu'elle.

— Dans ce cas, on ne l'aurait pas reconnue coupable.

— Oh, si ! Et elle aurait passé le reste de sa vie en prison. De nos jours, les jurés se foutent de la santé mentale des accusés. Jeffrey Dahmer a *mangé* dix-sept personnes, et pourtant, on l'a estimé suffisamment sain d'esprit pour aller finir ses jours en taule.

— Mais ce n'était pas à toi de… (Cynthia a scruté mon visage encore quelques secondes.) C'était qui, cette femme ? Tu la connaissais bien ?

J'ai décidé, mais trop tard, de faire marche arrière.
– Une amie. Je pensais que nous étions proches, mais je me trompais.
– Ce qui ne t'a pas empêché de laisser Trevor Lucas passer en jugement alors qu'il n'avait rien fait. Pour la sauver.
– Je me figurais que Lucas n'aurait pas de mal à se dénicher un as du barreau qui lui obtiendrait un non-lieu. Et puis, il a décidé de plaider la folie... (J'ai marqué une pause.) À vrai dire, il semble devenu réellement fou. Comme si son séjour derrière les barreaux l'avait poussé à bout.
– Et cette femme, où est-elle ?
– Dans un endroit où elle reçoit de l'aide, un endroit dont elle ne peut pas sortir.
Cynthia s'est détournée un instant avant de river de nouveau son regard au mien.
– Pourquoi tu me racontes tout ça ?
– Il fallait que j'en parle à quelqu'un. Mon instinct me dit que je peux te faire confiance, ai-je répondu en levant les yeux vers le tableau de l'ange au-dessus de son lit.
– Et ton instinct, il te conseille quoi, maintenant ?
J'ai réfléchi à la question. L'image qui me venait à l'esprit n'était pas celle des actes de violence auxquels je venais d'assister, mais celle de Lucas transporté hors de la salle d'audience, la veille.
– De l'aider, lui ai-je finalement déclaré.
– Lucas ?
– Oui.
– Comment ?
– Aucune idée.
De sa main, Cynthia m'a effleuré le visage.
– Tu vas trouver un moyen, a-t-elle affirmé.
– Comment peux-tu en être aussi sûre ?
– Je sais ce que tu ressens.
Je voulais la croire. Je voulais croire qu'il restait encore des anges après la mort de Rachel, et que j'en avais rencontré un.
– Tu es un chaman, Frank. Un guérisseur, poursuivait Cynthia. C'est pour ça que tu souffres autant. Tu ressens ta propre douleur, et aussi celle des autres – donc celle du Dr Lucas.

– Avant, il ne m'inspirait que du mépris, mais maintenant...
– Maintenant, tu te rends compte que tu es humain. (Elle m'a posé un doigt sur les lèvres pour m'empêcher de répondre.) Inutile de t'expliquer. Je comprends. (Elle s'est levée, a fait passer son T-shirt par-dessus sa tête et l'a laissé tomber par terre.) Moi aussi, je ressens la douleur des autres.

J'étais toujours sous l'emprise d'une aube hantée par des visions de carnage. J'ai attrapé Cynthia par les hanches – des hanches tellement douces et fermes, tellement éloignées de la mort – et je l'ai attirée à moi.

Tant bien que mal, j'ai réussi à dormir trois heures d'un sommeil agité, dont à plusieurs reprises m'ont tiré des cris – parfois ceux de Winston, parfois ceux de Lucas, parfois aussi les miens – qui se dissipaient à l'instant où mes yeux trouvaient le panneau d'affichage Camel éclairé par les projecteurs derrière la fenêtre de Cynthia. Et c'était à dos de chameau que je sombrais de nouveau dans l'inconscience, comme à l'époque où Spiderman venait me sauver de ces terreurs nocturnes où je voyais mon père me poursuivre en proférant des obscénités dans les escaliers du petit immeuble où nous vivions.

À 6 h 20, je me suis réveillé pour de bon. La lumière du jour noyait peu à peu celle des projecteurs au-dessus du panneau d'affichage. La main de Cynthia s'était nichée dans la mienne. Je l'ai soulevée doucement, puis posée sur les couvertures blanches à la trame grossière, style literie d'hôpital, qui nous recouvraient. Cynthia a dégluti, pris une profonde inspiration, mais ses paupières sont restées closes. J'ai récupéré mon bipeur accroché à la tête de lit, et je l'ai emporté à la salle de bains, où j'espérais qu'une bonne douche me revigorerait autant qu'une nuit entière de sommeil.

Je n'étais pas sous le jet depuis trois minutes que le rideau en plastique moutarde s'écartait, et que Cynthia me rejoignait. Elle m'a poussé contre la cloison carrelée derrière le pommeau avant de s'agenouiller devant moi. L'eau ruisselait sur son visage et ses épaules quand elle a pris mon sexe dans sa bouche. Comme la pièce s'était embuée, même avec les yeux fixés sur Cynthia, je n'avais aucun mal à imaginer Rachel à sa place. Je lui ai caressé les cheveux pendant qu'elle s'activait. Le plaisir a explosé en même temps dans ma tête et dans mon bas-ventre, et j'ai dû m'appuyer contre le mur pour ne pas chanceler. Mais Cynthia me tenait fermement. Quelques spasmes m'ont encore parcouru, puis j'ai senti mon corps se relaxer, la tension refluer telle la marée descendante, me déserter comme elle déserte quelqu'un qui s'écarte d'une embrasure de porte après y avoir longtemps appuyé les bras. À mon tour, je me suis agenouillé sous la douche chaude, et j'ai embrassé les oreilles de Cynthia, sa gorge, ses épaules rondes, ses seins.

Mon bipeur s'est mis à piauler, mais je n'avais aucune envie de bouger.

— Tu ferais mieux d'y aller, a chuchoté Cynthia.

Avec un grognement contrarié, je l'ai aidée à se relever, et je suis sorti de la cabine.

Le numéro affiché sur l'écran était celui du portable d'Emma Hancock. J'ai noué une serviette autour de ma taille avant de gagner la chambre. Pas de téléphone. Je suis retourné dans la salle de bains dire à Cynthia que je m'habillais pour aller passer un coup de fil.

— J'ai un portable dans mon sac.

Mon visage a dû refléter la surprise, car Cynthia a ajouté en haussant les épaules :

— Pour le boulot.

J'ai fini par localiser son sac en cuir noir – une sorte de besace fermée par un cordon – sur le coussin du fauteuil en osier près de la fenêtre. Je l'ai ramassé, puis ouvert avec l'impression d'être redevenu un gamin curieux – sauf que les affaires de Cynthia ne me rappelaient en rien le contenu du sac maternel. Il m'a fallu écarter un océan de papiers divers, des boîtes de préservatifs Trojan et Magnum, ainsi qu'une bombe de gaz lacrymogène avant de mettre la main sur le téléphone. J'ai composé aussitôt le numéro de Hancock.

— Frank ?
— Mouais.

Remarquant le permis de conduire de Cynthia qui dépassait du sac, je l'ai examiné juste le temps de lire son identité complète : Cynthia J. Baxter. Le permis avait été délivré par l'État du Maryland.

— Où êtes-vous ?
— Au Y.
— Qu'est-ce que vous fabriquez là-bas ?
— Je n'avais pas envie de retourner à Chelsea. J'ai pris une chambre ici pour pouvoir me reposer un peu.
— Au Y... Très classe, vraiment. Pourquoi pas une couchette au foyer des sans-abri de Lynn, tant que vous y étiez ? C'est encore moins cher.
— Pas pensé. La prochaine fois.
— J'ose espérer qu'il n'y aura pas de prochaine fois. (Elle a marqué une pause.) Bon, je vous mets au courant du dernier rebondissement : Lucas vient de nous adresser un autre ultimatum.
— Je vous le répète : il nous faut cet hélico sur le parking de l'hôpital. Quitte à vider les réservoirs, si ça peut faire plaisir à Rice. Au moins, Lucas l'aura concrètement sous les yeux, son issue.
— Il n'a pas reparlé de l'hélicoptère. Ni du cardinal Law.
— Ah bon ? Il demande à voir qui, ce coup-ci ? Le pape ?
— Pas exactement. Vous, Frank.

La pièce m'a paru étouffante, tout d'un coup. Mon cœur s'est mis à cogner à grands coups sourds. Lucas avait-il révélé ce qu'il savait au sujet de ces meurtres ? Ou ce que *je* savais ?

— Frank ? Vous êtes toujours là ?
— Oui.
— À votre avis, qu'est-ce qu'il attend de vous ? C'est moi qui l'ai arrêté.

Et elle s'était aussi arrangée pour qu'on le tabasse jusqu'à le laisser pratiquement pour mort à la prison de Lynn. Pourtant, ce que j'avais fait subir à Lucas était bien pire.

— Je n'en sais pas plus que vous, ai-je répondu en regardant par la fenêtre.
— Vous avez l'air nerveux, Frank. Mais personne n'a suggéré que vous vous précipitiez dans la gueule du loup. Je me disais juste que vous penseriez peut-être à un moyen de mettre à profit ses exigences pour gagner du temps.

Je me suis éclairci la gorge.

— Il réclame quoi, exactement ?
— Il veut vous rencontrer. Dans le service. Il a promis de libérer

deux otages – les deux travailleurs sociaux – à l'instant même où vous entrerez.

Du coin de l'œil, j'ai vu Cynthia s'avancer dans la chambre, mais mon regard n'a pas quitté la vitre.

– Et si je n'y vais pas ?

– Il affirme qu'il les tuera. Ou pour reprendre son expression, que « la Harpie les dévorera ».

J'en ai eu la chair de poule.

– Il a écrit tout ça sur un morceau de papier ?

– Non. Laura Elmonte nous a communiqué l'ultimatum par téléphone. Croyez-moi, elle n'avait plus rien de la baratineuse qui nous embobinait hier dans le box des témoins. Elle hoquetait, elle cherchait son souffle et avait du mal à articuler… De toute évidence, quelqu'un lui faisait quelque chose. Je préfère ne pas savoir quoi.

– Il m'a donné combien de temps pour me décider ?

– Douze heures. Ce qu'il ignore, c'est que le preux chevalier Rice ici présent envisage de donner l'assaut à quatre heures cet après-midi.

– Impossible. Lucas est trop intelligent, trop parano. En cas d'attaque, il n'y aura plus qu'à tous les sortir dans des housses mortuaires.

– Je n'approuve pas, moi non plus. Mais on est sur la propriété de l'État, et Rice n'a pas besoin de mon feu vert.

J'ai consulté ma montre. 6 h 50.

– En gros, je n'ai que huit heures pour donner ma réponse.

– Quelle réponse ?

– Si j'accepte une rencontre avec Lucas dans l'unité sécurisée.

En voyant Cynthia se retourner, je l'ai regardée. Mon esprit avait beau rester fixé sur un souvenir de la bête quincéphale que Lucas avait baptisée la Harpie, je n'en ai pas moins décelé la peur sur son visage. Sans cesser de m'observer, elle s'est assise au bord du lit.

– O.K., je vais vous épargner du temps et des cogitations inutiles, a répliqué Hancock. Il est hors de question – *absolument hors de question*, vous m'entendez ? – que je vous autorise à pénétrer dans ce service. Si vous voulez vous suicider, vous ne me mettrez pas dans le coup, compris ?

Je me suis rappelé les yeux fous que Lucas avait rivés aux miens quand il s'était redressé près du corps de Winston.

— Il est malade, ai-je déclaré, à mon intention plutôt qu'à celle de Hancock.

— C'est ça. Pourquoi n'iriez-vous pas faire un tour à la morgue, histoire de causer un peu avec Winston de la manière dont notre bon docteur réagit à la thérapie ?

— Winston l'a défié. Moi, je capitulerai. Au début, du moins.

— Ce qu'on ne manquera pas de graver sur votre pierre tombale. *Il a capitulé devant un serial killer.*

— Ah oui ? Et quelle épitaphe suggéreriez-vous pour les otages, Emma ? Pour le bébé ?

— Écoutez, je sais que vous êtes capable de toucher le cœur des gens, des gens que personne à part vous ne peut atteindre. Vous avez un don. C'est pour ça que je ne conteste pas vos honoraires. Mais il n'y a pas que Lucas, Frank. N'oubliez pas que Zweig et Kaminsky sont là-haut, eux aussi. Ah, on a également identifié l'espèce de géant blanc qui accompagnait Lucas et Zweig quand ils ont tué Winston. C'était Craig Bishop.

Les yeux clos, j'ai laissé retomber ma tête.

— Je croyais qu'on l'avait transféré en prison en attendant le procès.

— La famille Bishop avait quelques économies, je suppose ; suffisamment en tout cas pour convaincre une pourriture d'avocat d'annuler la décision de transfert. D'après eux, sa maladie mentale est trop complexe pour bénéficier d'un traitement adéquat dans le milieu carcéral. Personnellement, je ne vois rien de compliqué là-dedans : il n'y a pas une grande différence entre décapiter ses victimes et les abattre d'un coup de fusil, quand on y pense.

— Lucas devra d'abord libérer les deux otages, Emma.

— Il n'acceptera jamais de..., a-t-elle commencé, avant de s'interrompre brusquement. Non, je ne peux pas croire qu'on soit en train de gaspiller notre salive à discuter de cette dinguerie. Je vous ai appelé pour qu'on essaie de trouver un moyen de gagner du temps, pas pour qu'on se prenne la tête au sujet d'une mission kamikaze qui n'aura pas lieu de toute façon.

— Dans ce cas, il faut rediscuter avec Rice du cardinal et de l'hélicoptère.
— Je refuse de mêler l'Église catholique à...
— Et l'hélico ?
— Vous pensez vraiment que ça changera quelque chose ?

Je pensais surtout que ce serait un bon moyen d'occuper Hancock.

— En gage de bonne volonté, ça peut modifier notablement la situation. Entre-temps, dites à Lucas que je réfléchis à son offre. Dites-lui aussi que je serai plus enclin à accepter s'il relâche trois otages : d'abord l'infirmière enceinte, dans quatre heures, et les deux autres quand j'entrerai.
— Mais tout ça, c'est du bluff. On est bien d'accord ?
— C'est vous qui menez le jeu.
— Vous ne comptez pas agir dans mon dos et faire quelque chose de stupide, hein ?

Quoi qu'il arrive, me suis-je dit, ça se passera sous ses yeux.

— Vous avez ma parole, Emma.
— Parfait. Je vais reparler de l'hélico à Rice.
— Je lui en parlerai aussi dès que possible. D'ici là, vous me bipez si vous avez besoin de moi.

Après avoir raccroché, je suis resté immobile, à contempler la vue par la fenêtre sans rien regarder de particulier, pressentant déjà que le chapitre suivant de mon existence serait le plus sombre.

— Tu veux vraiment y aller ? Dans l'unité sécurisée ? m'a demandé Cynthia, toujours assise sur le lit.

J'ai pivoté vers elle.

— Je ne sais pas encore.
— Tu m'as l'air de quelqu'un qui le sait très bien, au contraire.

Dans sa voix, la douceur le disputait à la réprobation.

La dénégation ne m'est ni étrangère ni spécialement familière. Je me suis accordé quelques secondes pour m'en défaire.

— Si j'en sors vivant, ai-je dit, je saurai te retrouver.

4

J'ai quitté le Y à environ 7 h 15. Cynthia m'a accompagné jusqu'à mon pick-up. Il faisait encore plus froid que je ne l'avais imaginé ; peut-être dans les moins cinq degrés, avec un petit vent glacé dont ne me protégeait guère mon blouson de moto, troué au niveau du coude droit à la suite d'une chute par une nuit pluvieuse. Cynthia et moi, nous nous sommes embrassés, et notre souffle s'est mêlé, blanc dans l'air hivernal.

Alors que je regardais Cynthia s'éloigner, une Cutlass Supreme rouge, probablement un modèle de 90, s'est arrêtée à ma hauteur.

Au volant, Calvin Sanger a ôté la cigarette fichée entre ses lèvres avant de se pencher vers le siège passager et de baisser la vitre.

— Z'êtes pas un peu loin de chez vous ? a-t-il lancé.

Il portait encore la tenue que je lui avais vue à l'hôpital de Lynn : pantalon de velours beige à grosses côtes, chemise de flanelle rouge et blouson de cuir brun style bomber. Ses vêtements semblaient toujours flotter sur sa silhouette longiligne d'un bon mètre quatre-vingts. D'après ce que je savais de ses habitudes quand il bossait sur une grosse affaire, Sanger avait dû dormir une heure tout au plus devant son bureau, au *Item*. Pour autant, il n'avait pas l'air fatigué.

— J'ai eu un coup de barre sur la voie express, ai-je déclaré. Alors, je me suis arrêté ici pour la nuit.

Sanger a jeté un œil au bâtiment.

— Ils vous ont pas demandé plus de cinquante sacs, j'espère.

— Les chambres, ici, c'est plutôt dans les vingt.

— Je sais, a-t-il déclaré, avant d'envoyer d'une chiquenaude la cendre de sa cigarette de l'autre côté de la vitre, et de souffler la fumée. Je sais aussi qui est cette fille.

Une remarque qui m'a fait douter de n'être « que le quatrième client » de Cynthia.

— C'est votre job de savoir des tas de trucs, je suppose, ai-je répliqué.

— Le plus possible, oui.

Il s'est fendu de ce grand sourire que l'objectif capturait tous les ans pour la une du *Item*, à la fin du marathon de Boston. Il n'avait pas encore trente-cinq ans, mais son visage se distinguait par un front proéminent, des pommettes saillantes et une mâchoire carrée qui lui permettraient sans doute d'offrir, la soixantaine venue, à peu près la même image qu'aujourd'hui. Par contraste avec sa peau noire, ses yeux bleu clair paraissaient presque translucides.

— Y a pas de mal à ça, ai-je repris. (J'étais frigorifié, et je n'avais pas l'intention de lui répondre.) Bon, on se retrouve tout à l'heure à l'hôpital.

Je me détournais déjà pour ouvrir ma portière.

— Une question, Clevenger ! Si vous avez une seconde.

De nouveau, j'ai pivoté vers lui.

— Hancock vous l'a dit, je n'ai aucun commentaire à faire sur le procès ou la prise d'otages.

— D'accord. Pigé. En fait, c'est autre chose qui me turlupine.

Comme je ne répondais pas, il a ajouté :

— Cette histoire de plagiaire.

J'ai senti une crispation au niveau des maxillaires.

— Bon, on part du principe que Trevor Lucas a massacré les deux premières victimes – Sarah Johnston et Monique Peletier –, et qu'un second boucher s'est chargé des deux dernières – Michael Wembley et la danseuse.

Cette façon de ne pas nommer Rachel m'a déplu.

— Michael Wembley et Rachel Lloyd.

— C'est ça, la stripteaseuse.

— Continuez.

— Eh bien, j'ai du mal à m'expliquer pourquoi Hancock a écarté le fait que *toutes* les victimes connaissaient Lucas.

— Elle ne l'a pas écarté. Au contraire, elle a même creusé cette piste. Tout comme le bureau du procureur. (J'ai haussé les épaules.) Manifestement, ce qui les a surtout convaincus, c'est que les deux derniers meurtres ont été commis *après* l'arrestation de Lucas.

— Y a pas de doute. À vrai dire, c'est tellement convaincant qu'on finit même par se demander si notre bon docteur a ne serait-ce qu'une seule mort sur la conscience. Après tout, l'assassin était peut-être en rapport à la fois avec les quatre victimes *et* avec Lucas.

Sanger guettait ma réaction, ai-je pensé. À moins que mon sentiment de culpabilité ne me rende complètement paranoïaque.

— Et les différences entre les meurtres, alors ? ai-je objecté. On a découvert les deux premiers corps à Lynn, avec les empreintes de Lucas partout. Ces deux femmes étaient ses patientes. Et ses maîtresses.

— Ça ne prouve pas qu'il les a tuées.

— D'où la nécessité d'un jury.

— Mouais, sauf que Lucas plaide la démence, il ne plaide pas non coupable.

— C'est sûrement un signe, non ?

— Ce qui ne l'empêche pas de prétendre qu'il n'a tué personne.

— « Prétendre » me semble le terme adéquat, en effet. Mais bon, c'est vous, le journaliste.

— Et vous, vous en pensez quoi ? Franchement, ça vous paraît possible que le plagiaire soit le seul et véritable assassin ?

— Vous voulez mon avis ? (Je me suis penché, et j'ai posé les mains sur le montant de la portière.) Je suis psy, Calvin, vous êtes journaliste, et Emma Hancock est un flic chevronné – le meilleur que je connaisse. Mon avis, c'est qu'elle nous dit ce qu'elle veut bien nous dire. Rien de plus. Mais croyez-moi, si elle pensait une seconde que quelqu'un d'autre avait charcuté sa nièce, elle retournerait chaque centimètre carré de cette ville jusqu'à la faire trembler sur ses fondations. (À ce stade, j'avais les doigts complètement engourdis.) Le voilà, mon avis.

Sanger a tiré une longue bouffée de sa cigarette, puis a soufflé la fumée par les narines.

— Mouais, ça se tient.

Persuadé d'avoir laissé transparaître plus d'émotions que je n'aurais dû, je me suis tourné vers la portière de mon pick-up. J'ai fait volte-face une dernière fois.

– Personne ne vous a jamais dit que les clopes pouvaient vous tuer ?

– Pas quelqu'un qui m'a vu courir, en tout cas. (Il m'a adressé un clin d'œil.) Bon, rendez-vous à l'hôpital.

– O.K.

Je me glissais au volant lorsque Calvin Sanger a redémarré. J'ai mis le contact, allumé une cigarette à mon tour, puis j'ai emprunté un tas de petites rues transversales pour rejoindre la voie express, tout en jetant de temps à autre un coup d'œil dans le rétroviseur pour m'assurer que Sanger n'avait pas rebroussé chemin pour me suivre.

À 7 h 40, je roulais en direction du nord sur la nationale 95. Le soleil était éblouissant, mais une légère bruine s'obstinait à geler sur mon pare-brise.

Au bout de quarante-trois ans d'existence sur cette planète, je n'avais qu'une seule personne à voir avant de me précipiter dans la gueule du loup. J'ai composé sur mon portable le numéro de Matt Hollander à la clinique Austin Grate, à une trentaine de kilomètres plus au nord, vers Rowley.

Hollander et moi, nous avions suivi à Tufts la même formation en psychiatrie. Avec un an d'avance sur moi, il était devenu mon mentor quand j'avais commencé mon internat. L'association avait plutôt bien fonctionné. À l'époque, j'avais une plus forte tendance que lui à l'arrogance (synonyme d'une piètre estime de soi), mais la remarquable capacité de Matt Hollander à comprendre les émotions et les comportements les plus étranges m'avait immédiatement convaincu qu'il me restait encore beaucoup à apprendre sur la nature humaine et que j'étais au bon endroit pour les apprendre. Alors, j'ai décidé de parler moins et d'écouter plus, un comportement que les Amérindiens et les bouddhistes adoptent assez naturellement, mais que la plupart d'entre nous n'acquièrent que de haute lutte. Woody Allen a dit un jour que nous passons quatre-vingt-dix pour cent de notre vie à être présents, tout simplement. Essayer de guérir les gens en détresse psychologique consiste pour quatre-vingt-dix pour cent à se taire, du moins le temps qu'ils épanchent la vérité. Ça paraît facile, mais croyez-moi, ça ne l'est pas.

Après l'internat, pendant que j'ouvrais puis fermais mon cabinet de psychothérapie avant de m'orienter vers la médecine légale, Matt Hollander consacrait sa fortune familiale à l'acquisition d'une kyrielle d'établissements psychiatriques haut de gamme.

Aucun de nous n'aurait pu prédire, au moment de notre rencontre à Tufts, que quinze ans plus tard, je solliciterais de sa part une faveur qui nous mettrait tous les deux en porte-à-faux par rapport à l'éthique de notre profession, et à la loi.

C'est le réceptionniste qui a décroché. J'ai décliné mon identité, demandé Matt Hollander, et patienté.

— Ça fait un bail ! a lancé mon vieux copain en guise de salut.
— Je me disais que je pourrais peut-être passer te voir.
— Où veux-tu qu'on se retrouve ? Pourquoi pas l'Agawan, tiens. C'est au bout de la route qui part d'ici, sur l'A1.

J'en ai déduit qu'il ne souhaitait pas ma présence à l'hôpital après ce que nous avions fait.

— Je connais. Je serai là-bas dans vingt-cinq minutes.
— Prends ton temps, Frank.

Et il a raccroché.

L'Agawan est un routier dans la plus pure tradition, avec une nourriture acceptable, un service bruyant et des ondes positives qui attirent une foule de clients massés au comptoir sur deux ou trois rangées. Matt m'attendait déjà dans un box pour six personnes au fond de la salle. Il m'a fait signe de la main.

Je me suis assis en face de lui, et j'ai constaté qu'il avait déjà bien entamé une assiette de bœuf haché et de pommes de terre à l'eau.

— Heureux de te revoir, Matt. T'as l'air…
— Gros, a-t-il achevé.

Avec un sourire, il a haussé ses épaules dodues avant d'engloutir ma main dans les siennes. Il était vêtu d'une chemise blanche trop large à col boutonné et d'un pantalon de toile, mais je me rendais bien compte qu'il n'avait pas perdu un seul des cent cinquante kilos qu'il devait peser la dernière fois où je l'avais vu, environ six mois plus tôt. Ses cheveux prématurément gris, peignés en arrière avec soin, étaient encore humides. Il a fixé sur moi des yeux brillants, couleur saphir.

– Plus je prends du poids, mieux je me sens.

J'ai hoché la tête. À l'époque de l'internat, Matt m'avait fait part de sa théorie selon laquelle les molécules de graisse « lubrifient » les rouages de l'esprit. Il l'avait défendue en citant des exemples de célébrités bien en chair, comme Benjamin Franklin, Winston Churchill, « Minnesota Fats », H. L. Mencken et Luciano Pavarotti. En revanche, prétendait-il, les paumés, les voleurs et les meurtriers étaient la plupart du temps de vrais fils de fer.

– J'avais besoin de reprendre contact, ai-je commencé.

– Tu aurais pu essayer de me joindre plus tôt. Je t'avais conseillé d'attendre à peu près un mois que les choses se tassent.

– Je me suis dit qu'il valait mieux laisser passer plus de temps.

– Pourquoi ?

– Question de prudence.

Il a avalé une grosse bouchée de hachis, puis acquiescé.

– J'accepte cet argument, a-t-il repris, si tu l'entends sur un plan émotionnel.

– Pardon ?

– Tu ne voulais pas affronter tes sentiments.

– Laisse tomber, Matt. Garde ce genre de discours pour les clients qui te paient.

– Tu n'avais pas peur de la police. Tu avais peur de ce qu'il pouvait y avoir au fond de ton cœur.

Je me suis penché vers lui pour rétorquer à voix basse :

– Écoute, Matt, ce qu'on a fait pourrait nous valoir de vingt ans à la perpétuité. C'est *ça* qui me flanquait la frousse. Je n'avais pas envie que mon cœur, comme tu dis – et le reste de ma personne avec – finisse à Concord.

– Des conneries, tout ça.

Il a fait signe à la serveuse.

– Je n'ai pas faim, Matt.

– Moi, si.

À cet instant seulement, j'ai remarqué qu'il ne lui restait presque plus de hachis.

– Tu avais la trouille de regarder en face certains aspects de ton existence, Frank : tu as vécu avec quelqu'un pendant plus d'un an ; tu croyais l'aimer, et une partie de toi – sans doute la plus sombre – devait réellement l'aimer. Alors, ne viens pas me dire que cette femme t'est totalement indifférente aujourd'hui.

— D'accord. Tu as peut-être raison. Mais ce n'est pas ce qui m'amène.

Il a brandi sa fourchette dans ma direction.

— Pas de « peut-être » avec moi, ou je t'arrache un morceau de joue. (Il a saucé son assiette avec un morceau de pain qui a disparu dans sa bouche comme par magie.) Tu as un sacré travail à faire sur toi-même pour découvrir ce qui te pousse toujours à prendre pour partenaires des femmes dont tu ignores tout.

— Après la vie que j'ai menée avec mes parents, ça me paraît plus sûr, je suppose.

— Ça, tu es mieux placé que moi pour en juger. Du moins, tu devrais l'être. Les étrangers dont tu croises la route ne sont pas nécessairement moins hantés que les autres. C'est juste qu'ils ne t'ont pas encore présenté leurs démons.

J'ai repensé à l'ampleur de mes confidences à Cynthia, et gardé le silence.

En face de moi, Matt s'est tapoté les lèvres avec sa serviette.

— Le vrai problème, à mon avis, c'est que tu n'as pas assez de couilles pour te connaître toi-même.

— Hein ?

— Tu es comme un gamin maltraité, Frank. Dévoré de l'intérieur par la rage et l'impuissance. Et aussi, par le besoin de te venger. Ce n'est pas pour rien que tu as choisi l'alcool et la coke. Et ce n'est pas par hasard que tu as jeté ton dévolu sur une meurtrière.

— Tu veux dire qu'elle m'attirait *à cause* de sa violence ?

— Oui, c'est exactement ce que je veux dire. (Il a encore englouti une bouchée de pommes de terre et un morceau de pain.) Parce que, inconsciemment, la violence te touche plus profondément que tout. Ce sera toujours le cas, jusqu'au moment où tu t'ouvriras enfin aux autres, où tu assumeras le risque de laisser une personne devenir proche de toi au point de pouvoir te faire du mal, mais aussi de t'aimer vraiment.

La serveuse, une femme d'une cinquantaine d'années avec la carrure et la voix d'un homme, s'est approchée de notre table.

— Je vous remets ça, doc ?

Sans me quitter des yeux, Matt a indiqué son assiette.

— C'est un « oui », je suppose, a enchaîné la serveuse. Et pour vous, mon chou, qu'est-ce que ce sera ?

— Un café, c'est tout.

— Lait ? Sucre ?

— Ni l'un ni l'autre.

— Laurel et Hardy, a-t-elle gloussé avant de s'éloigner.

— Je me rends bien compte que ce n'est pas facile, Frank. Pour ma part, je commence seulement à embrasser ma propre âme, avec tout ce qu'elle peut avoir de fragile, de ridicule, de pitoyable et de sublime.

— Félicitations.

— Tu parles ! Une cour interminable et pathétique ! Et encore, je suis loin de voir le bout du tunnel. Mais crois-moi, le jeu en vaut la chandelle. (Il m'a fait un clin d'œil.) Bon, revenons-en à nos moutons : pour quelle raison m'as-tu téléphoné aujourd'hui en particulier ?

— Je vais peut-être m'absenter un moment.

— Ah oui ? Pour aller où ?

— J'ai quelques trucs à régler avec ma famille. Je ne pense pas t'avoir expliqué les problèmes que ma tante... (Je me suis brusquement interrompu, incapable de mentir à Matt.) O.K. : je vais aller négocier avec Trevor Lucas dans l'unité sécurisée.

Matt a grimacé.

— Ne sois pas ridicule, Frank. Si tu y vas, tu n'en ressortiras jamais.

— Lucas a pris sept personnes en otages. Et il y a déjà deux morts.

— Et tu veux absolument être le troisième, c'est ça ?

— L'un des otages est une infirmière enceinte.

Il m'observait toujours. Peu à peu, j'ai vu la colère déserter son visage.

— J'ai suivi toute l'affaire à la télé, Frank. Les trois chaînes en ont fait leurs gros titres. Je craignais que tu ne culpabilises.

— J'ai laissé Lucas moisir en prison. Je l'ai laissé passer en jugement alors que je connaissais la vérité. Tu trouves que ce n'est pas une raison suffisante pour culpabiliser ?

— Je ne sais pas, Frank. Ce n'est pas mon boulot de me prononcer sur les torts de chacun. Le tien non plus, si je me rappelle bien. (Il a jeté un coup d'œil par-dessus mon épaule afin de s'assurer que personne ne pouvait l'entendre, puis rivé son regard au mien avant de reprendre la parole d'un ton radouci.) Sauf hallucination de ma part, tu a introduit en douce une meurtrière chez moi il y a six mois presque jour pour jour, en me suppliant de la cacher dans mon unité sécurisée. Tu étais horrifié à l'idée qu'une femme devenue une criminelle parce qu'elle avait été torturée dans son enfance, gâchée avant d'avoir eu la moindre chance de s'en sortir, puisse vivre le reste de son existence derrière les barreaux, ou pis, finisse sur la chaise électrique. Je suis absolument certain de t'avoir entendu m'affirmer que Rachel – qui incarnait peut-être tout ce que tu cherches chez une femme – aurait voulu qu'on soigne sa meurtrière, et pas qu'on l'anéantisse. Je m'en souviens d'autant mieux que ça m'a frappé. Sur le coup, j'ai pensé que ça en disait long sur elle.

J'ai senti ma gorge se nouer.

La serveuse nous a apporté mon café et une seconde portion de hachis pour Matt.

— Merci, ai-je articulé avec peine.

Elle m'a regardé d'un air compatissant en posant tasse et assiette sur la table. Sans doute me prenait-elle pour un des patients de Matt.

— Je ne vous embêterai pas plus longtemps, a-t-elle lancé. Faites-moi signe si vous voulez un autre café.

Sur ce, elle est retournée derrière le comptoir.

Matt s'est penché vers moi, faisant disparaître dix ou quinze centimètres de table sous sa bedaine.

— Tu devrais peut-être t'accorder un peu de répit, au lieu de donner à Lucas l'occasion de prononcer ta condamnation à mort. Tu n'as pas demandé à te retrouver mêlé à tout ça, et personne n'aurait pu prédire la tournure des événements. À l'époque, on s'est dit tous les deux qu'un avocat véreux allait tirer Lucas de là en deux temps trois mouvements.

— Sauf que ça ne s'est pas passé de cette façon.

— Non, c'est vrai. La police n'a pas résolu l'affaire après la première victime ; Lucas n'a rien fait pour prévenir les meurtres, alors qu'il avait la possibilité d'intervenir ; et, il y a vingt ans de ça, personne n'a rien fait non plus pour une gamine de onze ans et sa petite sœur, toutes les deux violées par leur père. Non, personne n'a jamais aidé cette fille jusqu'à maintenant, soit quatre victimes trop tard. Cinq, si on compte la vie dont elle-même a été privée. (Il a englouti une grosse bouchée de hachis.) Les événements ne sont pas tellement prévisibles, mon vieux ; en d'autres termes, on ne peut pas les contrôler. En allant jouer ta vie, tu réussiras peut-être à convaincre tout le monde que tu es un saint, mais ne compte pas sur moi pour chanter tes louanges à ton enterrement.

— La dernière chose que je souhaite à mon enterrement, c'est que tu chantes.

Malgré lui, manifestement, Matt a souri. Il s'est de nouveau attaqué au contenu de son assiette, puis il a recouvré son sérieux.

— J'en déduis que tu espérais la voir, non ?

Mon cœur a fait un bond dans ma poitrine.

— Je n'ai pas dit ça.

— Exact. Tu m'as dit que tu avais besoin de reprendre contact avec moi, comme ça, sans prévenir, juste avant de monter en première ligne. (Il s'est tapoté le front.) Hé, n'oublie pas que je graisse et que je huile ce lance-roquettes tous les jours... ! En réalité, tu veux reprendre contact avec le passé : non seulement avec ce qu'on a fait, mais aussi avec la personne pour qui on l'a fait. Tu as besoin de savoir si tu t'es conduit comme le dernier des imbéciles.

— Ça, je ne suis pas sûr d'avoir envie de le savoir.

— Un bon conseil, Frank : laisse tomber.

Pendant quelques secondes, seul le cliquetis de la fourchette maniée par Matt a résonné entre nous.

— Elle est toujours dans le service ? ai-je demandé. Ou tu l'as transférée dans un autre hôpital ?

Il a pincé les lèvres, et deux profonds sillons sont apparus sur son front.

— Dans ton intérêt, Frank, je devrais sans doute te mentir.

— Si tu raisonnais comme ça, tu aurais choisi un autre métier.

Matt a regardé par la fenêtre.

— Avant le début du procès, j'ai envisagé de l'envoyer dans mon établissement des îles Vierges. C'était sûrement la meilleure chose à faire. (Ses yeux se sont de nouveau posés sur moi.) Sauf que je ne l'ai pas faite.

— Pourquoi ?

— Elle me suppliait d'organiser d'abord une entrevue avec toi. Je ne sais pas, quelque chose en moi devait aspirer à cette rencontre. (Il a haussé les épaules.) Je me demande si je ne suis pas encore plus dingue que toi.

— J'en doute.

Il a attrapé ma tasse pour boire une gorgée de café.

— Si je m'arrange pour te laisser la voir, tu devras rester discret. Ne pas mentionner son véritable nom, ni le tien. Je l'ai admise sous l'identité de Nancy Matheson, et j'ai tout mis en œuvre pour protéger le secret. J'ai même gardé certains membres du personnel que j'aurais sans doute virés en d'autres circonstances, histoire de limiter le nombre de personnes qui seront mises en sa présence.

— Quand je te l'ai amenée, crois-moi, je mesurais l'énormité de ce que j'attendais de toi. Merci, Matt.

— Pas de quoi. Je te demande simplement de ne pas tout bousiller.

— À ton avis, quelqu'un soupçonne la vérité ?

— Je ne pense pas. Au début, pendant les premières semaines de son séjour, elle ne cessait de répéter qu'elle était elle-même médecin, qu'on l'avait droguée et transportée contre son gré dans mon service. J'ai résolu le problème en aidant le personnel à diagnostiquer une schizophrénie paranoïde, et en lui prescrivant du Haldol et de l'Ativan à très haute dose. Quand j'ai enfin pu lui parler assez longuement, elle a paru comprendre que c'était dans son intérêt de séjourner à l'hôpital plutôt que derrière des barreaux. Depuis, elle n'a plus reparlé de cette histoire de docteur. (Il a terminé son hachis.) Cela dit, on ne sait jamais ; il y a ce psychologue, un certain Scott Trembley – un jeune homme charmant –, qui s'intéresse tout particulièrement à elle depuis le début. On m'a rapporté qu'ils ont encore des entretiens privés tous les jours.

— Mais ce Trembley, il a mentionné quelque chose ?

— Pas devant moi, en tout cas.
— Tu n'es pas très rassurant.
— Désolé. J'ignorais que j'étais chargé de te remonter le moral.
J'ai tourné la tête vers la fenêtre, sans rien regarder de particulier.
— Tu as pu l'amener à s'exprimer ? À ton avis, elle progresse ?
— Difficile à dire. Je ne la suis que depuis six mois. Il faudra peut-être des années pour cerner ce genre de pathologie, inutile de te le préciser.
— Si je comprends bien, elle ne va pas mieux *du tout* ?
Il a haussé les épaules.
— On avance à petits pas, camarade. Elle semble un peu plus désireuse de parler de son enfance, peut-être un peu plus ouverte à l'idée que le traumatisme subi dans sa jeunesse ait pu alimenter sa colère d'adulte. Mais je l'ai vue dans le service, pas en situation sociale. Rien ne prouve qu'elle n'ait pas délibérément choisi d'offrir le moins de résistance possible en me disant ce que j'ai envie d'entendre – dans son optique, du moins.
— Elle possède une extraordinaire capacité de dissimulation.
— Comme la plupart des tueurs en série.

J'ai suivi la Silverado Suburban de Matt Hollander sur la nationale 97 jusqu'à une simple flèche en bois clouée à un arbre, sur laquelle on avait peint les lettres CAG. À partir de là, la route sinuait sur plusieurs kilomètres entre des fermes et des forêts avant de s'arrêter devant les piliers en pierre à l'entrée de la clinique Austin Grate. Nous nous sommes garés sur l'allée circulaire devant la propriété somptueuse de Matt.
Celui-ci avait déjà atteint ma portière que je n'étais même pas encore descendu de mon pick-up. Je me suis alors souvenu que sa taille était inversement proportionnelle à sa rapidité de mouvements.
— J'ai prévenu la surveillante, m'a-t-il dit, de façon à tout organiser pour ta visite. Je lui ai raconté que tu étais psychiatre, et que je t'avais consulté sur ce cas.
Nous avons marché jusqu'au bâtiment principal, construit à l'origine, en 1809, comme résidence d'un riche marchand, puis reconverti en école et en maison de repos avant d'être transformé

en hôpital psychiatrique par le précédent propriétaire. Matt avait fait arracher des mètres de moquette, de linoléum et de Formica, et restaurer chaque centimètre des larges lattes du plancher en pin, des lambris et des balustrades. Ni le hall d'entrée ni les couloirs ne laissaient supposer les fonctions précédentes, ou actuelles, de l'édifice. Celui-ci me rappelait un peu les bureaux d'admission de la demi-douzaine d'universités appartenant à la Ivy League[1] qui avaient rejeté mon dossier – une des raisons pour lesquelles je n'avais jamais accepté de travailler pour Matt à Austin Grate. L'élégance engendre chez moi un certain malaise, en ce qu'elle se situe trop loin de la laideur réelle des choses. Les portes et les cloisons de l'ascenseur où nous sommes montés étaient lambrissées de panneaux d'acajou. Le clavier de contrôle en cuivre scintillait. La vue de quelques graffitis m'aurait rassuré, mais il n'y avait aucune obscénité griffonnée nulle part. Matt a pressé le bouton du quatrième étage.

— Il a fallu qu'on fasse rénover le service sécurisé, a-t-il dit, pour répondre aux normes strictes imposées par l'État. La différence va te sauter aux yeux.

Quand les portes ont coulissé, les néons fixés au plafond du couloir ont noyé l'éclairage incandescent de la cabine. Des dalles en vinyle lustrées, noires et vertes, recouvraient les sols. Les murs de parpaing étaient simplement peints en blanc. Tout brillait, sans que rien n'arrête l'œil.

— Sous le béton et le plastique, il y a des boiseries magnifiques, comme au rez-de-chaussée, a déploré Matt en remuant la tête d'un air navré. C'est vraiment dommage. Si on m'avait donné le choix, je les aurais laissées apparentes ici aussi. Quand on construit une forteresse, les gens ont tendance à se comporter comme s'ils en habitaient une.

À l'entrée du service, un poste de garde, avec des parois vitrées de presque deux centimètres d'épaisseur, se dressait entre deux portes blindées percées d'ouvertures grillagées. L'agent de sécurité a actionné un interrupteur pour déverrouiller la première porte. Matt

---

1. Groupe des huit universités les plus prestigieuses du nord-est des États-Unis. *(NdT)*

a marqué une pause avant de lui demander de nous laisser franchir la seconde.

— Quinze minutes maximum, m'a-t-il averti. Et si Mlle Matheson te donne l'impression de perdre la maîtrise d'elle-même, ou commence à te parler de ses hallucinations relatives à sa carrière de médecin, tu sors sur-le-champ. C'est bien compris ?

J'ai hoché la tête.

Matt a fait signe à l'agent de sécurité. La serrure a cliqueté. Nous sommes entrés.

Le couloir principal du service offrait un aspect dépouillé, à l'exception d'une reproduction de tableau sous Plexiglas boulonnée au mur de place en place. Ici et là, des infirmières apportaient des plateaux de médicaments. Je n'ai vu que trois patients dans la salle de repos, chacun avec un membre du personnel à portée de main.

— Vous êtes en sous-capacité ?

— En fait, on est au complet. Neuf hommes, neuf femmes, m'a expliqué Matt. Tous les patients suivent actuellement un programme cinquante/dix. Cinquante minutes dans leur chambre, dix minutes dehors, en plus des séances de thérapie déjà prévues. On organise les emplois du temps de manière qu'il n'y ait jamais plus de trois patients au même moment dans les parties communes.

— Très efficace.

— Simple question d'arithmétique, a-t-il répliqué en m'adressant un clin d'œil. Si, tout gosse, tu n'as pas la possibilité de structurer ta personnalité — et tu sais aussi bien que moi que personne ici n'a connu autre chose que le chaos et la cruauté —, le monde extérieur finit par te rendre la structure dont tu as été privé, avec les intérêts en prime, et en une seule fois. D'où les portes verrouillées, les programmes en chambre, les cellules.

— C'est nécessaire, je suppose.

— Bien sûr que c'est nécessaire. Ces gens-là sont dangereux. Mais c'est également une tragédie. Ça, malheureusement, le système carcéral refuse de le comprendre. On ne peut pas guérir quelqu'un en le punissant.

J'ai songé à Trevor Lucas, mais gardé le silence.

— Tu sais ce que Gerry Spence a dit ? a repris Matt.

— Non.

— Le désir de s'ériger en juge devrait rendre inapte à occuper cette fonction.

Matt m'a escorté jusqu'à la salle d'entretien C, une pièce d'environ trois mètres sur quatre, aux murs rose pâle, avec une petite table basse en bois naturel et deux fauteuils recouverts de tissu, disposés l'un en face de l'autre. Là encore, une ouverture grillagée donnait sur le couloir principal du service.

— J'espère que tu trouveras ce que tu es venu chercher, m'a lancé Matt avant de sortir.

J'ai pris place dans l'un des fauteuils. Lorsque j'ai essayé de le déplacer pour avoir une meilleure vue depuis la fenêtre, il n'a pas bougé. En baissant les yeux, je me suis rendu compte que les pieds étaient fixés au sol. Même chose pour la table basse.

Quelques minutes plus tard, les bruits de pas aléatoires à l'extérieur de la salle se sont rassemblés en deux séries bien distinctes qui venaient dans ma direction. Le cœur battant, je me suis levé. En revenant à Austin Grate, j'avais obéi à une impulsion dont l'élan me désertait peu à peu. Qu'est-ce que j'attendais de cette rencontre, après tout ? Comment interpréter mon désir de revoir Kathy ? J'ai eu envie de la chasser de mes pensées et de reprendre la route.

À cet instant, la porte s'est ouverte, révélant Kathy sur le seuil, en jean et T-shirt blanc, accompagnée par Matt. Avec ses cheveux blonds, sa silhouette parfaite et ses yeux verts, elle m'est apparue exactement telle que je l'avais quittée six mois plus tôt, telle qu'elle était lorsque nous vivions ensemble à Marblehead. À première vue, nous offrions un tableau idyllique : un psychiatre et une obstétricienne dans une maison victorienne au bord de la plage. Personne n'aurait pu deviner que dans ce décor se jouait un drame de la jalousie aux conséquences fatales.

À l'époque, Kathy couchait en même temps avec Trevor Lucas et moi, tout en vouant à nos petites amies une haine féroce. Il y en avait eu quatre. En la regardant, j'ai éprouvé un mélange de haine, de pitié et de tristesse semblable à celui que j'avais éprouvé la nuit où je l'avais emmenée chez Matt Hollander en sachant qu'elle avait tué trois des patients de Lucas (dont un homme), et le seul amour de ma vie, Rachel.

— Tu préfères t'entretenir seul avec Mlle Matheson ? s'est enquis Matt.

Kathy lui a jeté un coup d'œil avant de reporter son attention sur moi.

J'hésitais. Il était encore temps de reculer. Mais je n'ignorais pas qu'une telle décision me plongerait dans un tumulte d'émotions plus grand encore.

— Tu souhaites que je reste, peut-être ? a insisté mon ami.

— Non, ai-je lâché. (J'ai fait un effort pour me ressaisir en me rappelant que mon entrevue avec Kathy devait paraître professionnelle.) Préviens-moi quand les quinze minutes seront écoulées.

Matt a conduit Kathy vers le fauteuil en face du mien.

— Retrouve-moi à la maison quand vous aurez terminé, m'a-t-il dit avant de quitter la pièce.

J'avais l'esprit paralysé par l'angoisse. Je me suis assis lentement. Aucun de nous ne soufflait mot. Seul un tic-tac régulier troublait le silence. Levant les yeux, j'ai remarqué une horloge accrochée derrière une grille métallique, au-dessus de l'ouverture grillagée.

— Qu'est-ce que tu viens faire ici ? m'a enfin demandé Kathy d'une voix dénuée d'émotion.

— À vrai dire, je n'en sais trop rien.

Elle ne me manquait pas, je n'étais pas heureux de la revoir, je ne ressentais aucun désir pour elle. Pourtant, j'avais toujours conscience d'un lien entre nous. Peut-être n'était-ce pas seulement la violence qui nous unissait, mais aussi la douleur. Si Kathy ne m'avait avoué son passé traumatisant qu'après les meurtres, il n'en demeurait pas moins que nous avions connu tous les deux une enfance privée de sécurité. Et que nous avions tous les deux cherché un moyen de maîtriser notre souffrance en devenant médecins, en essayant de soulager la souffrance des autres.

Quelques secondes se sont écoulées. Enfin, Kathy a esquissé un léger sourire.

— Tu vas bien ?

— Je fais aller.

— Je pensais qu'au moins un de nous deux s'en sortait mieux que ça.

J'ai hoché la tête.

— Tu as réussi à ne pas replonger dans la drogue ? Tu reprends des forces ?

Les paroles de Matt pendant le déjeuner me sont revenues à la mémoire, mais je n'ai pas supporté que Kathy tente un rapprochement.

— On ne te traite pas trop mal, ici ?

Toute trace d'amabilité a aussitôt disparu de son visage.

— Ce doit être génial, non ? D'avoir enfin le contrôle absolu, je veux dire.

— Ça n'a rien à voir.

— Oh ! a-t-elle ironisé. Désolée, c'est tellement facile de se tromper. Tu es libre de partir. Je suis enfermée. Ton copain Matt a la possibilité de me bourrer de Haldol ou de Thorazine chaque fois qu'il en a envie. Si quelqu'un pense que j'ai fauché un crayon ou une cuillère en plastique, j'ai droit à une fouille corporelle en règle. Et au cas où je m'aviserais de te menacer, je me retrouverais aussitôt en « salle d'isolement » ou confinée dans ma chambre. (Son regard s'est porté vers mon entrejambe.) J'avais juste *l'impression* que tu avais le dessus.

Instinctivement, j'ai déplacé mon avant-bras vers mon bassin.

— Écoute, Kathy, on ne s'engage pas sur la bonne voie. Tu ne voudrais pas qu'on... disons, qu'on reprenne cette conversation de zéro ?

— Pourquoi ? Tout ce pouvoir, ça te fait bander, Frank ? Est-ce que tu t'imaginais que j'allais arriver en petite blouse verte ouverte dans le dos ? (Elle a écarté les genoux, laissé courir son doigt le long de sa cuisse, puis sur la couture du denim entre ses jambes.) Ça ne te donne pas envie de me fesser ? (En cet instant, elle se mordillait la lèvre inférieure comme une écolière timide.) Ou de me baiser ?

J'ai senti mon estomac se nouer.

— Ça me rend triste, ai-je réussi à dire. Et ça me donne surtout envie de t'aider.

— De m'aider ? (Elle a pouffé, s'est penchée en avant et, les yeux plissés, elle m'a dévisagé d'un air dubitatif.) C'est pour cette raison que tu m'as imposé cet enfer, peut-être ?

— Je pensais que tu serais mieux à l'hôpital qu'en prison.

— Parce que c'est ton domaine.

– Parce que tu es malade.

Et parce que je croyais t'aimer.

– Ah oui... Cette pauvre petite Kathy, si malade... Internez-la donc, et elle remerciera encore son cher psy tout-puissant de l'avoir épargnée. Et si on parlait un peu de *ta* maladie, hein ? (Elle s'est carrée dans son fauteuil.) C'est drôle, j'aurais juré que tu m'infligeais ce genre de torture pour avoir tué ta petite pute de Rachel.

J'ai reçu ces mots comme un coup de pied en plein dans le ventre.

– Arrête, Kathy.

– Non, mais regarde-toi, a-t-elle dit en me faisant les gros yeux. Elle t'obsède toujours.

Si je m'étais écouté, j'aurais bondi sur Kathy et je l'aurais frappée à mains nues pour avoir osé souiller le nom de Rachel. Mais c'était la malade en elle qui parlait, me suis-je rappelé. Ma visite n'avait fait que raviver ses sentiments primaires de jalousie et de rage. Confronté à une telle situation, il me fallait absolument garder mon calme, penser et agir en psychiatre.

– Et toi, tu la détestes toujours, bien qu'elle soit morte, ai-je répliqué. Tu sais pourquoi, au moins ? Hollander t'a permis de voir plus clair en toi ?

– Franchement, ça relève de la psychanalyse de niveau élémentaire. D'après lui, le fait que mon père m'ait violée, puis rejetée en faveur de ma jeune sœur au moment où j'abordais la puberté y est pour beaucoup. Et toujours d'après lui, je vis depuis cette époque dans un état permanent de confusion et de colère. De grande colère.

– Et toi ? Qu'est-ce que tu en penses ?

Elle a fixé sur moi un regard vide, avant de s'exprimer d'une voix de robot :

– Je me sens à même aujourd'hui de parler plus librement de mes émotions. Je ne ferai plus de mal à personne, j'en suis sûre.

À ce stade, j'ai voulu mesurer la douleur provoquée en elle par ce qu'on lui avait infligé.

– Mais *toi*, tu commences à avoir mal ?

– Ça t'éclate vraiment, ce petit jeu de pouvoir, hein ?

– Il n'est pas question de pouvoir, Kathy. Je t'ai amenée ici pour que tu ailles mieux.

— Tu seras peut-être capable de faire gober toutes ces conneries à ton copain Matt, mais je crois qu'il est grand temps de nous montrer honnêtes l'un envers l'autre, Frank. Tu t'es débrouillé pour trouver un moyen de nous enfermer tous les deux, Trevor et moi, alors qu'il n'était coupable de rien.

— Il savait, ai-je riposté en grinçant des dents. Pourtant, il t'a laissée tuer encore et encore.

— Comme si quelqu'un avait pu m'arrêter. (Sa voix exprimait un mélange d'orgueil et de défi.) Non, Trevor s'est contenté de me laisser l'aimer. En réalité, c'est ça qui te ronge. Parce que tu n'as jamais permis à quiconque d'établir une relation d'intimité avec toi. (Elle a secoué la tête.) Tu as essayé de t'arranger pour que le système nous colle à tous les deux une camisole à vie. Mais Trevor te donne plus de fil à retordre que tu ne l'imaginais, je suppose. Enferme un homme *comme lui* dans un asile, et tu peux être certain qu'il finira par prendre les rênes.

Les battements de mon cœur se sont précipités. Je ne me doutais pas qu'elle était au courant des événements récents à l'hôpital de Lynn.

— Hé oui, mon chéri, nous aussi, on lit le journal ! Tu comprends, il ne faudrait pas qu'on soit coupés de la réalité…

— Je n'ai jamais voulu ça.

— N'empêche, c'est arrivé à cause de toi.

J'en avais la chair de poule.

Kathy s'est levée pour avancer d'un pas vers moi.

— Je ferais n'importe quoi pour sauver Trevor. (Elle a déboutonné son jean.) Emmène-moi le voir. Il a besoin de moi.

La seule pensée de Kathy et Trevor unissant leurs forces dans l'unité sécurisée m'a glacé jusqu'aux os.

— Je t'en prie, Frank. Je suis la seule à pouvoir aider cette femme enceinte et son bébé.

Dans la mesure où les nouvelles parvenaient à Kathy, je n'osais même pas imaginer sa réaction lorsqu'elle apprendrait que j'avais moi-même pénétré dans l'unité. Et je ne désirais plus qu'une chose : partir. Je me suis redressé, et dirigé vers la porte.

Aussitôt, Kathy s'est interposée, et elle a ouvert sa braguette.

— Vu qu'on m'a interdit les objets tranchants, je ne peux pas me raser comme l'aimait Trevor, mais ça reste joli quand même. Et ça reste à lui.

Apercevant une infirmière dans le couloir, je lui ai fait signe.

Kathy m'a attrapé par le poignet avant de placer ma paume sur les formes parfaites de son abdomen, dont je caressais encore la peau avec tant d'avidité six mois plus tôt.

— Glisse-la dans ma culotte, a-t-elle susurré. Prends ce que tu veux. Mais accorde-moi un moment avec lui.

D'une saccade, j'ai retiré ma main juste avant que l'infirmière ne pousse la porte.

— Déjà fini ?

Kathy s'est tournée vers le mur.

— Déjà ? a-t-elle répété d'une voix chantante, particulièrement odieuse.

Je me suis précipité dehors, vers la porte blindée.

— Docteur ? a crié Kathy derrière moi.

Je ne me suis pas retourné.

— Est-ce que je vous reverrai ? Vous me rappelez tellement mon père...

Je n'aspirais qu'à m'éloigner au plus vite de Kathy et d'Austin Grate, mais je savais que Matt m'attendait. J'ai marché jusque chez lui en m'efforçant de maîtriser la tempête d'émotions qui se déchaînait en moi. À la porte, j'ai fait retomber le heurtoir en cuivre à trois ou quatre reprises. Plusieurs secondes se sont écoulées avant que je ne sente le sol de la véranda se mettre à vibrer sous les pas de Matt. Il a ouvert la porte, plongé son regard dans le mien, et pincé les lèvres.

— Je t'avais prévenu, Frank. Suis-moi.

Il s'est détourné, et m'a guidé vers son bureau.

Les flammes faisaient rage dans l'âtre, bondissant de temps à autre pour aller lécher les deux griffons sculptés de chaque côté du manteau en marbre. Matt s'est affalé dans un énorme fauteuil recouvert de tapisserie, et j'ai pris place sur le canapé. Un léger tremblement m'agitait, qui me mettait mal à l'aise.

— Prends le temps de te calmer, m'a-t-il conseillé.

Je suis parvenu à immobiliser mes jambes, mais pas le reste. Comme pour m'encourager, Matt a pressé l'air de ses paumes. J'ai détourné les yeux.

— Respire à fond, Frank.

Sur mes genoux, mes poings se sont crispés.

— Ne joue pas les putains de thérapeutes avec moi, Matt ! (J'ai essayé de me calmer, mais impossible de garder ce que j'avais sur le cœur.) Qu'est-ce qui t'a pris de me raconter qu'elle allait mieux, bon Dieu ? Je n'ai pas constaté la moindre amélioration.

— Je m'en rends compte. Tu as l'air de quelqu'un qui viendrait de voir un truc monstrueux, a-t-il répliqué, impassible.

Ses yeux perçants ne cillaient pas.

— Elle est toujours aussi dingue de Trevor Lucas que le jour où je l'ai traînée ici de force. Elle m'a supplié de l'emmener à l'hôpital de Lynn, dans l'unité sécurisée. (Je l'ai regardé.) Je ne pense pas qu'elle éprouve le moindre remords à l'idée d'avoir assassiné quatre personnes. Je pense au contraire que sa haine envers ses victimes n'a fait que grandir depuis six mois.

— Et moi, je ne suis pas certain que tu sois en état de penser quoi que ce soit, a-t-il rétorqué sans se démonter. De ta part, j'espérais mieux.

Cette dernière remarque m'a piqué au vif. Plus jeune, j'avais pris mes repères d'adulte où je pouvais les trouver. Et Matt Hollander m'en avait fourni une bonne quantité.

J'ai vu soudain son expression se radoucir. Peut-être avait-il perçu la contrariété sur mon visage. Il s'est penché en avant pour s'exprimer avec gentillesse :

— Bon, examinons les quelques faits dont nous disposons. Quelles émotions t'a inspirées Kathy ?

— De la colère.

— C'est évident...

— De la tristesse.

Il a hoché la tête, attendant manifestement la suite.

— Un sentiment d'impuissance. (Il m'a suffi de caractériser par ce terme le tumulte en moi pour commencer à me détendre.) D'impuissance totale.

— N'oublie jamais d'écouter avec ta troisième oreille, Frank.

La troisième oreille... Je me suis installé plus confortablement sur les coussins en cuir fatigué. Tout me paraissait plus clair, soudain. J'étais tellement impliqué dans le drame de Kathy que je n'avais pas su analyser mes émotions, et encore moins les siennes. Ce qu'elle avait suscité en moi reflétait vraisemblablement son état mental.

— Si tu t'es senti aussi désarmé après ton entretien avec Kathy, ça signifie quoi, à ton avis ?

— Elle a cette impression, ai-je répondu aussitôt en me remémorant ses reproches au sujet de ma décision de la mettre en service sécurisé – « mon domaine », comme elle l'avait qualifié.

— Multipliée par cent, je dirais. (Il a levé les mains comme pour renforcer ses propos.) Vous avez vécu ensemble, tous les deux. Sur un pied d'égalité. Aujourd'hui, tu viens lui rendre visite dans un établissement psychiatrique. Quoi qu'il ait pu se passer avant, elle est maintenant en situation d'internée, et toi, de psychiatre. Du coup, elle se retrouve merveilleusement vulnérable.

— Et complètement remontée. (J'ai réfléchi à ma conversation avec elle. Un frisson m'a parcouru l'échine au souvenir de ses dernières paroles.) Elle m'a lancé que je lui rappelais son père.

Matt a fermé les yeux. Lorsqu'il les a rouverts, il avait l'air exalté, mais serein.

— Je serais tenté d'y voir un progrès.

Nous avons observé un moment de silence, comme pour admettre enfin la présence d'une force plus puissante que nous deux réunis. Les psychiatres l'appellent « empathie », mais la plupart des gens la nomment « Dieu ».

— L'impuissance que tu lui as fait ressentir est seulement un aperçu de ce qu'on peut éprouver à se faire violer sans arrêt par son père quand on a neuf ans, puis dix, puis onze, a poursuivi Matt. Comme elle ne peut se résoudre à affronter une réalité aussi horrible, elle la projette sur toi. Elle engendre en toi certaines émotions pour t'obliger à expérimenter une partie de sa peine, de sa colère et de son impuissance – autant de dons de l'âme, si tu veux bien les accepter en tant que tels. Et pour finir, elle t'en révèle l'origine, si tu veux bien l'écouter.

— Sauf que son « âme », elle l'a moins projetée sur moi que sur d'autres. Je suis toujours de ce monde...

— Sa violence est notre donnée la plus significative, Frank. Tu sais aussi bien que moi que les mutilations infligées aux corps découverts par la police témoignent des mutilations dont elle-même a été victime, au moins sur un plan psychologique. Seuls ceux que l'on a assassinés spirituellement deviennent des meurtriers. Charlie Manson nous l'a prouvé. Dans la salle d'audience, au moment où la sentence de mort était prononcée, il a crié à Bugliosi[1] : « Vous ne pouvez pas me tuer, je suis déjà mort. » Les gens ont cru qu'il perdait les pédales, mais il nous disait sa vérité.

— Pour toi, il n'existe donc pas un seul meurtrier dont on ne puisse expliquer les actes. Tu ne crois pas au mal fondamental, déterminé à la naissance.

— Non.

— Pas d'exceptions ?

— Aucune. (Il a souri avec chaleur.) Mais tout ça, ce ne sont que des questions de pure forme, Frank. Tu as les mêmes convictions que moi. Alors, qu'est-ce que tu voulais vraiment savoir, en venant ici ?

— À ton avis, j'ai bien fait de te l'amener ?

— Au lieu de ?

— La livrer aux autorités, peut-être ?

Matt a plissé les yeux.

— Et ignorer l'humanité en toi ? Sachant ce que tu savais sur ce qui l'a poussée à tuer, et alors que tu as juré de soigner et de ne pas blesser, comment est-ce que tu aurais pu la condamner à rester enfermée dans une cage comme un animal jusqu'à la fin de ses jours ? (Il s'est penché en avant.) Elle est *malade de violence*. Tu as fait ce que ferait n'importe quel parent, frère, sœur ou amant d'une personne comme elle s'il en avait l'occasion. Le courage aussi. Tu lui as procuré de l'aide.

— Mais pour quel résultat...

— Rappelle-toi une des lois fondamentales de la physique : toute force engendre une force égale et opposée. Tu as rué dans les bran-

---

1. Vincent Bugliosi représentait le ministère public lors du procès de Charles Manson. *(NdT)*

cards, mon vieux. Tu as accompli un acte de grâce. Du même coup, tu as défié Satan. À partir de là, attends-toi à toutes sortes d'emmerdes.

J'ai gardé le silence quelques instants, avec l'impression d'entendre de nouveau Lucas évoquer Satan à cor et à cri pendant le procès. J'ai réfléchi au fait qu'il avait d'abord réclamé la présence du cardinal, et ensuite la mienne. Peut-être, en fin de compte, la soif de vengeance n'avait-elle pas grand-chose à voir avec sa décision de me rencontrer dans l'unité sécurisée. Peut-être, consciemment ou pas, était-il prêt à affronter l'enfer en lui.

— Tu penses à quoi ? m'a demandé Matt.

— La nuit où je t'ai amené Kathy, je t'ai dit que je ne pourrais jamais me résoudre à aider un homme comme Trevor Lucas ; pas après qu'il s'est contenté de se délecter du carnage. Pas après ce qui est arrivé à Rachel.

— Et… ?

— Aujourd'hui, je crois que tout ira de travers dans ma vie tant que je n'aurai pas essayé de l'aider.

Matt s'est absorbé un moment dans la contemplation des flammes, manifestement plongé dans ses pensées. Enfin, il a reporté son attention sur moi.

— Lucas a certainement érigé toutes sortes de défenses pour se protéger de sa vérité intérieure. Si cette vérité est aussi terrible qu'on le pense, et si Lucas la projette sur toi, il risque de te faire éprouver des choses inédites. Des choses extrêmement répugnantes. Et au cas où tu remporterais un succès inespéré, où tu parviendrais à percer les défenses de Lucas jusqu'au cœur de sa pathologie, il lui faudra peut-être te tuer simplement pour l'avoir vue. Si ça se trouve, il ne saura même pas pourquoi.

— Mais il y a quand même une chance pour qu'en la voyant, cette pathologie, en la ressentant en moi, je parvienne à la désamorcer, n'est-ce pas ?

— C'est tout le pouvoir de l'empathie. (Il a haussé les épaules.) Cela dit, je ne parierais pas sur toi.

— Je ne suis pas sûr que les otages soient très bien cotés en ce moment.

Il a pris une profonde inspiration, puis relâché son souffle.

— O.K., Frank, il y a une chance. L'ombre d'une chance, disons.

— Dans ce cas, je dois la saisir.

Nous sommes restés encore un moment sans parler. Enfin, Matt a rompu le silence :

— Quand je t'ai dit tout à l'heure que j'espérais mieux de ta part…, a-t-il commencé.

J'ai hoché la tête.

— Personne n'aurait pu faire mieux.

5

J'ai repris à toute allure la direction de Lynn juste avant 11 heures. Au bout de quelques kilomètres à peine, mon esprit tournait en rond comme un jury incapable de rendre son verdict. Matt était-il dans le vrai ? En amenant Kathy à Austin Grace, avais-je accompli un acte de grâce ? Ou les affirmations de Kathy – je n'avais jamais cru que Trevor finirait par trouver un avocat pour le libérer ; je m'abusais moi-même en pensant que je l'avais aidée ; j'avais souhaité inconsciemment les enfermer *tous les deux* – étaient-elles plus proches de la vérité ?

Alors, j'ai repensé à cette nuit où j'avais extorqué des aveux à l'esprit tourmenté de Kathy. Je l'avais persuadée de me retrouver au Walton's Ocean Front, un motel isolé sur Plum Island, une bande de terre en forme de doigt crochu près de Newburyport, à plus de la moitié du chemin entre Boston et le New Hampshire. Sous l'influence d'une dose de Penthotal, elle m'avait avoué non seulement les quatre meurtres, mais aussi l'incendie de la maison familiale dans lequel sa petite sœur avait péri. Kathy était devenue folle de jalousie et de haine quand son père avait commencé à coucher avec sa fille cadette, et ces sentiments violents l'avaient de nouveau submergée quand Trevor et moi avions jeté notre dévolu sur d'autres partenaires.

Ce soir-là, j'avais songé sérieusement à tuer Kathy pour venger Rachel. Mais j'étais parvenu à me maîtriser. Je savais alors, tout comme je savais maintenant, et sans le moindre doute, qu'aucun gosse ne demande à être psychologiquement brisé, qu'aucun être humain ne décide de devenir un assassin. Kathy avait tenté d'échapper à sa pathologie en devenant obstétricienne, en donnant la vie, en habitant une belle maison au mobilier impeccable. Mais le passé est un adversaire increvable. Chercher à fuir sa propre vérité est une entreprise folle, interminable, perdue d'avance.

Sous le couvert de la pluie noire qui tombait cette nuit-là, j'avais emmené Kathy, la femme avec qui j'avais vécu et que j'avais cru aimer, à la clinique de Matt Hollander.

– Non ! me suis-je exclamé soudain.

Je n'avais pas cherché à la détruire, de même que je n'avais pas cherché à détruire Lucas. J'avais fait ce qui me semblait approprié. Et je l'avais fait à l'encontre des lois de la société, envers lesquelles j'entretiens un certain respect, et une saine dose de mépris. Cette initiative avait eu des conséquences épouvantables. En tant qu'homme, en tant que guérisseur, je n'avais d'autre choix que de les affronter.

Mon bipeur a sonné de nouveau. Je n'ai pas reconnu le numéro sur l'afficheur, mais lorsque je l'ai composé sur mon téléphone portable, c'est Emma Hancock qui m'a répondu.

– Où êtes-vous ? ai-je demandé.

– Chez Carlo. Ravie que vous n'ayez pas identifié le numéro. À une certaine époque, ç'aurait peut-être été le cas.

– Pourquoi ? C'est qui, ce Carlo ?

– La fine fleur de Lynn. Un chef d'entreprise dominicain domicilié à Union Street. On vient de faire une descente dans son humble demeure, tuyautés par un gosse de quatorze ans mort de trouille parce qu'on l'a chopé en train de sniffer de la coke dans les W.-C. au collège Caldwell. C'est Carlo qui la lui avait refilée pour le remercier d'avoir joué les livreurs. On a déjà récupéré plus de trente grammes de poudre planqués à droite et à gauche, dans les radiateurs, le réservoir de la chasse d'eau, et j'en passe. (Elle a marqué une pause.) Bref, je vous ai bipé parce qu'il semblerait que Lucas ait mordu à l'hameçon. Il a demandé une heure de plus avant de relâcher le premier des trois otages qu'on lui réclame en échange de l'hélico et de vous-même.

– Pourquoi ? Pourquoi il réclame une heure de plus ?

— Aucune idée. Mais tant mieux. Ça va nous permettre de souffler un peu.

J'étais convaincu que Lucas ne faisait pas ça pour nous arranger, mais je n'avais pas le temps d'essayer de deviner avec Hancock quels projets tordus il pouvait bien avoir en tête.

— Rice a donné son feu vert pour l'hélico ?

— Il devait se poser devant Lynn State il y a environ cinq minutes, a déclaré Emma. La question, maintenant, c'est de savoir où on veut en arriver avec tout ça. Si jamais Lucas respecte les clauses du marché, et nous pas, il risque de se mettre salement en rogne. On a besoin d'un plan pour gagner du temps — et éventuellement, récupérer encore quelques otages avant que Rice ne lance ses troupes, à 16 heures. Il y a déjà trois véhicules d'assaut et une vingtaine d'ambulances garés dans Jessup Road. J'ai aussi entendu dire que l'hélico était équipé pour le combat.

— Quand pouvez-vous me rejoindre à l'hôpital ?

— J'en ai encore pour un peu plus d'une demi-heure. Où êtes-vous, au juste ? C'est possible de se retrouver là-bas, disons, à 11 h 45 ?

J'ai regardé ma montre. 11 h 07.

— Pas de problème. J'y serai.

Il ne me fallait pas plus de vingt minutes pour atteindre Lynn State, mais j'ai quand même écrasé la pédale d'accélérateur, sachant que je n'aurais pas trop du délai qui m'était imparti avant l'arrivée d'Emma Hancock.

Calvin Sanger, sans doute la dernière personne que j'avais envie de voir, fumait une cigarette assis sur le capot de sa Cutlass à l'entrée de Jessup Road. Je lui aurais volontiers filé sous le nez, mais déjà, il avait repéré mon pick-up et venait se planter au milieu de la route. Je me suis arrêté à quelques mètres de lui, et il s'est approché de ma vitre. Au moment où la voiture derrière moi me doublait, il a adressé un petit signe de tête au conducteur. La pensée qu'il ait pu me faire suivre m'a donné des sueurs froides.

— Aucun changement, a-t-il dit. C'est toujours Lucas qui tire les ficelles.

— Je ferais mieux d'y aller.

— O.K. (Il a tourné la tête vers le bout de la rue, puis reporté son attention sur moi.) Écoutez, Frank, je ne suis qu'un élément mineur dans cette histoire, a-t-il fait d'un ton arrogant laissant supposer qu'il avait au contraire une très haute opinion de lui-même. Je bosse pour le *Lynn Daily Evening Item*. Tiré à vingt-cinq mille exemplaires. C'est rien du tout.

— C'est toujours un chèque en fin de mois.

— Trois cent quatre-vingt-cinq dollars par semaine. Les filles qu'on connaît au Y, vous et moi, se font plus que ça, j'en suis sûr. (Il a tiré une dernière bouffée de sa cigarette, a laissé tomber le mégot et l'a écrasé de son talon.) Ce serait d'enfer que je décroche un scoop sur ce coup-là. Si vous me refilez des infos, peut-être que ça lancera ma carrière. Peut-être même que ça me propulsera jusqu'au *Boston Globe*...

— Sauf que je n'ai rien à vous refiler.

— J'ai des contacts chez les flics de Revere et de Salem. Je vous aurai des affaires dans les deux commissariats.

— Calvin, je ne peux pas...

Un tressaillement agita sa paupière.

— Vous ne voulez pas. (Sa voix se fit amère.) Et Hancock ? Je suis persuadé qu'elle en sait plus long sur le plagiaire qu'elle le prétend. Dites-moi ce que vous avez appris, et je ferai en sorte que vous passiez pour un héros. Refusez de coopérer, et je ne réponds plus de rien.

— Je dois comprendre quoi, là ?

— Y a des gagnants et des perdants dans chaque histoire, des héros et des salopards dans chaque ville. Suffit que je le décide pour qu'on ne vous confie plus une seule affaire à Lynn, et encore moins à Revere ou Salem.

En général, je réagis plutôt mal aux menaces. J'ai fixé un point à travers le pare-brise. Puis, sans prévenir, j'ai ouvert ma portière à la volée. Sanger l'a prise en pleine poitrine. Il a reculé en titubant, avant de mettre un genou à terre. Je suis descendu de mon pick-up pour le rejoindre. Je l'ai saisi par le collet, et j'ai amené son visage près du mien.

— Allez-y, Sanger, écrivez votre article de merde. Si ça me pose un problème, vous en serez le premier informé.

Je suis remonté dans mon pick-up, et j'ai foncé jusqu'au bout de Jessup.

Les alentours de Lynn State ressemblaient à un campement militaire pendant l'opération Tempête du désert. Un hélicoptère Huey, avec mitrailleuses calibre 50 à l'intérieur des portes, s'était posé sur l'herbe devant l'hôpital, au milieu d'un cercle de voitures de police. Une grande tente blanche abritait un système de sonorisation géant et des piles de caisses. Le parking était en grande partie occupé par trois véhicules d'assaut – des camions blindés massifs, vert olive, perchés sur des pneus de soixante centimètres de large. À l'arrière se dressait une « structure temporaire » en aluminium marquée POLICE D'ÉTAT. La Caprice noire de Rice était garée perpendiculairement à l'un des côtés. Je me suis arrêté tout près, et j'ai pressé le pas jusqu'à l'escalier de fortune en bois installé devant la remorque.

Rice, assis à son bureau, était en conversation avec un de ses hommes. Il a d'abord jeté un coup d'œil derrière moi, puis il m'a regardé.

— Quand on parle du loup…, a-t-il dit. (Il s'est levé, mais il dominait à peine la table tant il était petit.) Docteur Clevenger, j'étais justement en train de discuter de vous avec le lieutenant Patterson.

Celui-ci s'est levé à son tour. Il devait faire pas loin d'un mètre quatre-vingt-dix, avec des épaules de déménageur et un torse comme une barrique. Il portait une tenue de combat bleu nuit, et un col roulé à côtes bleu nuit également. Ses cheveux blonds étaient coupés à ras. Il a englouti ma main dans la sienne et l'a secouée deux fois, avec trop de force à mon goût.

— Je crois qu'on a réussi à focaliser l'attention de notre bon Dr Lucas sur son hélico et ses projets de rencontre avec vous, a fait Rice en souriant. Le lieutenant Patterson est d'avis qu'il faut donner l'assaut plus tôt, à 12 h 30. On devrait pouvoir occuper Lucas avec les détails de l'échange encore un moment après la libération du premier otage, mais il va vite devenir nerveux.

— C'est quoi, votre plan ?

— Le lieutenant Patterson va tout vous expliquer.

Patterson a pris une profonde inspiration avant de souffler par le nez, comme s'il était sur un banc de musculation et se préparait à soulever deux fois son poids.

— Vous allez faire semblant d'entrer dans le bâtiment, a-t-il dit. Comme ça, on aura une chance de récupérer les deux otages que Lucas pense échanger contre vous. Au dernier moment, on donnera l'assaut.

— Quel genre d'assaut ?

— On a prévu plusieurs vagues d'attaque. À 12 h 28, une équipe de six hommes va escalader la façade arrière de l'hôpital et se tenir prête à exploser les fenêtres du cinquième étage. À 12 h 30 précises, l'hélico décolle, et grâce au système de sono installé sous la tente, on dit à tous ceux qui se trouvent dans l'unité de se jeter à terre. Trente secondes plus tard, les gars dans l'hélico arrosent les vitres à la mitrailleuse pour dégommer tout ce qui est encore debout. Ce qui permet aux hommes postés derrière de lancer l'offensive, en même temps que les véhicules d'assaut défoncent l'entrée principale pour amener des renforts. (Ses yeux se sont éclairés.) En quatre minutes, on aura complètement investi les lieux.

— Et vous estimez le nombre de pertes à… ?

— Avec un peu de chance, zéro, affirma Rice.

— Je vous rappelle que vous avez là-dedans des patients psychotiques qui n'ont pas besoin qu'un système de sono leur gueule dans les oreilles pour entendre des voix.

— Des *tueurs* psychotiques, a rectifié Patterson. À l'heure actuelle, ils ont dû tous passer dans le camp de Lucas.

— Il en a jeté au moins un par la fenêtre, ai-je répliqué.

Patterson a haussé les épaules.

— Tout ce qu'ils ont à faire, c'est se coucher quand on le leur dira.

— Ils sont paranos. Ils ne vont pas se coucher simplement parce que vous le leur demandez !

— Ils finiront couchés d'une façon ou d'une…, a commencé Patterson.

Rice a levé le battoir qui lui servait de main. En un éclair, je l'ai revu en train de couvrir le nez et la bouche ensanglantés de Winston. Malgré moi, j'éprouvais un certain respect pour lui.

— Vous voyez un moyen de les protéger, docteur Clevenger ? a-t-il demandé. Quel genre de mise en garde ou de message il faudrait leur transmettre ?

— Je m'en charge.
— Vous ne serez pas disponible. On a besoin de vous pour simuler l'échange d'otages. Pas question de perdre du temps en vous laissant bavarder à la sono.
— Non, je voulais dire que je peux leur transmettre le message moi-même, en entrant dans l'unité. À mon avis, on devrait accepter l'échange.
— Vous voulez bien me répéter ça ? a lancé Rice en plissant les yeux.
— Je pense pouvoir convaincre Lucas de se rendre.
— Un truc m'échappe, là, docteur Clevenger. Est-ce qu'on n'a pas assisté tous les deux au massacre de Winston, à même pas trente mètres d'ici ?
J'ai hoché la tête.
— Winston a provoqué Lucas comme s'il se croyait dans un western de John Wayne. Il l'a défié. Si je vais là-bas, c'est parce que Lucas a demandé à me voir. Je me conforme à ses exigences.
— Et vous allez faire quoi, une fois à l'intérieur, nom de Dieu ?
— Écouter.
— Écouter, hein ? Parfait, ça va être foutrement efficace.
Rice avait l'air de chercher à comprendre. Il s'est assis en tailleur sur sa chaise, puis penché en avant, les poings sous le menton.
— Et vous allez écouter… quoi, exactement ?
— Lui. Lucas. (J'ai hoché la tête, m'efforçant de trouver les mots pour exprimer ma conviction profonde.) Si tout ce qu'il voulait c'était me tuer, il aurait pu demander à me rencontrer moi, et pas Winston, devant l'hôpital. Non, il attend de ma part quelque chose d'autre, et c'est suffisamment important pour qu'il accepte de relâcher trois otages avant même d'avoir rien obtenu.
— Ah ouais ? Et c'est quoi ? Une psychanalyse ? a ironisé Patterson.
J'ai dû prendre sur moi pour garder mon sang-froid.
— En un sens, oui. Il a peut-être besoin de moi pour l'aider à trouver un moyen de libérer les otages sans pour autant se sentir vaincu.
— Qu'est-ce qu'on en a à foutre, de ses états d'âme ?
— À mon avis, les familles des otages en ont quelque chose à foutre. Et le père du bébé aussi.

Les yeux de Rice ne lâchaient pas les miens. Enfin, il a poussé un long soupir.

— Qu'est-ce qui vous fait croire que vous avez une chance de réussir, docteur ? Que vous pourrez amener Lucas à prendre la bonne décision ?

Patterson est sorti en coup de vent.

— Je ne sais pas, ai-je répondu à Rice. Mais je suis prêt à tenter le coup. Lucas nous a tendu une perche ; de sa part, c'est remarquable. On ne devrait pas négliger ça.

Il m'a étudié encore un petit moment.

— J'exige des résultats concrets à intervalles réguliers ; autrement dit, débrouillez-vous pour que des otages soient libérés, a-t-il déclaré, impassible. Si jamais il devait y avoir un nouveau meurtre, le vôtre ou celui de quelqu'un d'autre, on met aussitôt en œuvre la stratégie de Patterson.

— D'accord.

Plusieurs secondes se sont écoulées.

— Laissez-moi vous poser une question, docteur Clevenger : comment avez-vous deviné que je serais partant ? Même moi, je ne suis pas tout à fait certain de comprendre ce qui me pousse à accepter.

— J'ai vu ce que vous avez fait pour Winston. Quelqu'un qui a le courage d'aider son prochain à mourir sait apprécier la valeur de la vie.

Il a détourné les yeux.

— Où avez-vous appris ? ai-je demandé.

— Au Viêt-nam. (De nouveau, il a croisé mon regard. Les lèvres pincées, il a expliqué :) J'étais un rat de tunnel.

Je savais que les rats de tunnel avaient la responsabilité peu enviable d'explorer le labyrinthe souterrain que les Vietnamiens du Nord avaient creusé d'un bout à l'autre de leur pays. J'ai attendu que Rice poursuive.

— Vous n'imaginez même pas tout ce qu'il pouvait y avoir dans ces tunnels, a-t-il dit avec un sourire presque imperceptible. À certains endroits, vous aviez juste la place d'y ramper sur le ventre. À d'autres, ils avaient installé des antennes médicales complètes. Et des abris pour les familles. (Son visage s'est fermé.) Quelquefois, on ne découvrait ce qu'il y avait au fond qu'après avoir balancé un paquet de grenades dedans. (Il s'est interrompu.) J'ai eu ma dose de morts pour cette vie-là et les trois prochaines, docteur… Frank. Si vous parvenez à éviter qu'il y en ait d'autres, je vous en serai éternellement reconnaissant. Mais rappelez-vous : une fois que vous serez à l'intérieur, je ne pourrai plus rien faire pour vous.

J'ai hoché la tête.

— Vous en avez déjà fait beaucoup.

Je n'étais pas fier d'avoir parlé à Rice sans en avertir Emma Hancock. Trois ans plus tôt, elle m'avait offert un présent rarissime : une seconde chance d'exercer la médecine légale, après que je fus devenu *persona non grata* auprès de son prédécesseur à la suite du fiasco Marcus Prescott.

Prescott, un avocat de trente-deux ans, avait violé une pom-pom girl du lycée de Lynn. Quand il avait plaidé la folie, affirmant qu'il ne gardait aucun souvenir de l'agression, j'avais attesté qu'il présentait des symptômes révélateurs d'une dissociation de personnalité. Le jury l'avait déclaré non coupable, et Prescott avait été interné à l'hôpital de Bridgewater. Moins d'une semaine après sa libération, il remontait la piste de la fille jusqu'à l'université Brown, la violait de nouveau et l'étranglait.

Je me préparais à faire une croix sur ma carrière quand Emma Hancock m'avait appelé. Depuis ce jour-là, on avait connu l'enfer ensemble en bossant sur des dizaines d'affaires sordides autres que les meurtres pour lesquels Lucas avait été arrêté. Ce qui expliquait sans doute pourquoi j'avais décidé d'aller trouver Rice seul ; j'étais convaincu qu'en raison de notre amitié, elle n'avaliserait jamais ma décision de me précipiter dans la gueule du loup.

Rice et moi, on se tenait près du Q.G. provisoire de la police d'État quand j'ai vu la jeep Cherokee rouge d'Emma pénétrer dans l'enceinte de l'hôpital. Il était 11 h 50. Lucas avait reçu un message disant qu'on voulait que l'échange ait lieu en une fois, à 12 h 30 : moi, contre l'infirmière enceinte et deux travailleurs sociaux. Il avait accepté, se bornant à demander qu'on se retrouve à l'endroit où Winston avait été tué. J'aurais pu interpréter cette nouvelle exigence comme une menace de mort, mais j'ai préféré y voir une tentative désespérée de Lucas pour affirmer son autorité alors qu'il était assiégé.

Emma s'est garée près de mon Ram, puis elle nous a rejoints.

— Désolée pour le retard. Alors, où on en est, côté stratégie ? (Elle a boutonné son manteau, un simple vêtement de lainage gris trop austère même pour une fonctionnaire de cinquante-cinq ans.) On devrait peut-être couper le chauffage dans le bâtiment, pour commencer.

Ni Rice ni moi n'avons soufflé mot. Au bout de quelques secondes, il m'a jeté un coup d'œil avant de se tourner vers Hancock.

— Eh bien, nous avons arrêté un plan pour nous…

J'ai vu la joue d'Emma tressaillir légèrement à l'énoncé du second « nous ». Ses ongles ont cliqueté une seule fois. J'ai levé la main.

— C'était mon idée.

Elle a aussitôt deviné de quoi il retournait.

— Je vous ai déjà dit que c'est hors de question. (Pourtant, la défaite transparaissait dans sa voix. C'était Rice qui avait le dernier mot dans cette opération, et elle le savait. Elle a tenté de s'exprimer avec autorité, mais l'inquiétude l'a finalement emporté.) C'est du suicide, Frank. Laissez tomber. Compris ? a-t-elle lancé en nous regardant tour à tour, Rice et moi.

— C'est quoi, votre problème ? a demandé Rice.

— Le genre qui ne risque pas de disparaître si vous ne m'expliquez pas comment vous comptez garantir la sécurité du Dr Clevenger.

— Il ne réclame pas de garanties.

Emma Hancock a crispé les mâchoires.

— Je pourrais en référer au gouverneur Cellucci, vous savez. Vous utilisez un civil comme si c'était un marine.

— Vous pourriez, c'est vrai, a-t-il répliqué. Ça ne changerait rien, mais vous pourriez le faire. Pendant ce temps-là, je vais aller régler les détails pour que nos tireurs d'élite aient une chance de descendre Lucas au cas où il tenterait quelque chose.

Il a gravi les marches de la remorque.

Emma contemplait fixement le sol.

— Il allait donner l'assaut à midi et demie, ai-je dit. Un de ses lieutenants, un cinglé nommé Patterson, s'imagine qu'il peut nous rejouer le raid d'Entebbe.

— Je connais Patterson. C'est un dingue. (Elle a levé les yeux vers moi.) Pourquoi vous faites ça ?

J'ai eu l'impression que ses yeux me sondaient.

— Parce que c'est la seule chose à faire. La seule chose que j'aie à faire.

Elle a pincé les lèvres.

— Mais pourquoi ? Pourquoi tenez-vous autant à vous suicider ?

— Je n'ai pas envie de mourir, Emma. Croyez-moi, je ne mise pas là-dessus.

— Vous avez perdu toute objectivité. Vous vous êtes complètement investi dans cette histoire, au lieu de rester en dehors.

J'avais l'impression de la voir se frayer peu à peu un chemin vers la vérité – à savoir, que c'était en grande partie ma faute si on se retrouvait tous dans ce merdier, Lucas y compris. Une partie de moi aspirait à tout lui révéler. Au sujet de l'innocence de Lucas dans le meurtre de Monique Peletier. Au sujet de Kathy.

Au lieu de quoi, j'ai simplement dit :

— C'est quelque chose que je sens. Un jour, vous m'avez conseillé de toujours suivre ce genre d'intuition.

— Justement, c'est là où je voulais en venir. Qu'est-ce qu'elle vous dit, votre intuition ? Vous sentez quoi, exactement ? (Elle a secoué la tête.) Bon sang. Voilà que je cause comme un psy, maintenant !

— À votre place, j'éviterais. Ça passera mal, au poste.

Cette remarque m'a valu un petit sourire suffisant.

— Répondez-moi, Frank.

— Je sens que je peux renverser la situation.

— Même si vous êtes le seul à voir les choses comme ça.

— Je crois que Lucas en est persuadé, lui aussi. C'est pour ça qu'il a besoin de moi. D'ailleurs, Rice a approuvé l'idée alors que Patterson l'avait déjà convaincu de donner l'assaut.

— Lucas est également persuadé que son bras appartient à Satan, je vous signale ! Je ne me fierais pas trop à son jugement, si j'étais vous. Quant à Rice, il n'a rien à perdre. (Elle a baissé les yeux.) Moi, si.

Je savais que Hancock n'avait pas renoncé à son rêve d'occuper un jour le fauteuil de maire. J'en ai déduit qu'elle faisait allusion à la mauvaise publicité que lui vaudrait toute initiative foireuse de ma part.

— Si je me plante, organisez une conférence de presse. Dites aux journalistes que vous n'étiez pas d'accord dès le départ. Tout le monde sait que c'est la police d'État qui tire les ficelles. Votre image n'en souffrira pas trop.

Ses yeux se sont rivés aux miens.

— Rien à foutre, de mon image. Ce qui compte pour moi, c'est… (Elle s'est ressaisie.) Oh, et puis merde ! Inutile que je gaspille ma salive.

Il ne m'a pas fallu plus que ces quelques mots pour mesurer à quel point nous nous étions rapprochés, Hancock et moi, depuis le début de notre collaboration.

— Vous avez misé sur moi quand personne ne voulait le faire, Emma. Je ne l'oublierai jamais. Vous êtes vraiment sûre de ne pas vouloir parier encore un coup ?

Elle m'a dévisagé pendant trois ou quatre longues secondes.

— J'espère que vous aurez de la chance. Apparemment, vous semblez toujours en avoir. Mais cette fois, j'en suis malade.

Là-dessus, elle s'est éloignée.

12 h 28. Rice et moi, le regard fixé sur l'entrée de l'hôpital, nous raidissions pour affronter le froid hivernal mordant ; j'avais l'impression que mes dernières secondes de liberté fondaient comme une stalactite au soleil et gouttaient sur l'herbe tachée de sang à nos pieds. Le sang de Winston.

— N'oubliez pas, Frank. Si vous sentez que les choses tournent mal, foncez sur la droite. Le cas échéant, plongez. Patterson a suffisamment de puissance de feu braquée sur vous pour pulvériser quiconque tenterait de vous suivre. Pour les otages, on fera au mieux.

J'ai acquiescé. Savoir que ma survie était liée à Patterson ne me rassurait pas. Mais qu'est-ce qui aurait pu me rassurer, de toute façon ? Si je ne mourais pas dans les quelques minutes à venir, j'allais devoir affronter l'enfer dans l'unité.

— Encore une minute… Comment vous vous sentez ?

Je n'étais pas certain de la réponse. Je n'étais pas terrifié. Je ne me sentais pas spécialement courageux non plus. J'aurais bien dit « détaché », mais ce n'était pas tout à fait ça. Il me semblait que ma vie entière, chacun de mes actes et chacune de mes émotions jusqu'à maintenant m'avaient conduit à cet endroit, à cet instant où j'attendais Lucas.

— Je suis... prêt, ai-je enfin répondu, avant de hausser les épaules.

Rice a pincé les lèvres, hoché la tête.

— Mon commandant me demandait toujours comment je me sentais avant de descendre dans un de ces tunnels. J'étais comme vous, je n'arrivais jamais à trouver les mots adéquats. « Je suis prêt », c'est aussi bien qu'autre chose. (Il a consulté ma montre, puis m'a tendu la main. Je l'ai serrée.) Désolé que vous ayez à faire seul ce voyage, Frank.

Seul. Un terme devenu familier dans ma vie. Je lui ai adressé un clin d'œil.

— Et moi, donc !

Sur une ultime poignée de main, je l'ai regardé s'éloigner.

— On se revoit au bout du tunnel ! a-t-il lancé par-dessus son épaule.

Peut-être le stress déformait-il ma perspective, mais je jure qu'en cet instant, avec en toile de fond les véhicules militaires, les grands pins et le ciel hivernal cristallin, Rice m'a paru grand. Immense, même. Je gardais le souvenir de mon père sortant de ma chambre après m'avoir fait tâter de sa ceinture, alors que je gisais en larmes sur le sol. Il me dominait de toute sa taille, et pourtant, je ne l'avais jamais considéré autrement que comme quelque chose d'instable — un clown de cirque sur des échasses branlantes. Des frissons m'ont parcouru à la pensée que seul le cœur avait la capacité de discerner la vérité. Puis, sans plus réfléchir, j'ai reporté mon attention sur l'hôpital ; Lucas se tenait juste derrière les portes vitrées automatiques. La lumière du soleil m'empêchait de bien distinguer son visage, mais j'ai vu qu'il portait toujours sa tenue de chirurgien. Il a reculé de quelques pas dans le hall, puis s'est dirigé droit vers l'entrée, accompagné par la même formation que la première fois : Peter Zweig, Craig Bishop et les deux infirmières. La harpie. Zweig et Bishop, en uniforme blanc d'aide-soignant, appuyaient des couteaux sur la gorge des femmes, exactement comme ils l'avaient fait avant de tuer Winston.

Toutes mes certitudes concernant ce moment ont volé en éclats. Une partie de moi aspirait à fuir. Je me suis demandé si Emma Hancock avait vu juste : et si je ne cherchais en fait qu'un moyen de me suicider sous couvert de jouer les héros ? Peut-être le remords engendré par ma décision de laisser Lucas passer en jugement me poussait-il à m'offrir en victime... J'ai essayé de me rassurer en me remémorant que tous les moments de révélation partagés avec mes patients avaient été précédés par une envie presque irrépressible de battre en retraite. J'ai toujours considéré la vérité comme un barracuda au bout d'une ligne, implorant et exigeant tout à la fois qu'on lui rende sa liberté. En fin de compte, j'avais libéré tout le monde, fermant d'abord mon cabinet, puis moi-même.

Quelle vérité allait ressortir de tout ça ? me suis-je demandé. Une révélation sur la souffrance de Lucas, ou sur ma propre tendance à l'autodestruction ? J'ai senti diminuer mes chances de fuite à mesure que la harpie approchait. La bête était maintenant à dix mètres de moi. J'ai remarqué des taches rouges sur le pantalon blanc de Bishop. À cinq mètres, ce sont des gouttelettes rubis que j'ai vues tomber. J'ai jeté un coup d'œil aux couteaux sur la gorge des infirmières ; aucune trace de sang. Quatre mètres, trois, puis la harpie s'est immobilisée. J'ai regardé le visage de Lucas. Il avait les mâchoires crispées. Ses pupilles ne formaient plus que de minuscules points noirs semblables à des têtes d'épingle. Le sang gouttait entre Bishop et lui, mais comme les deux hommes se tenaient serrés l'un contre l'autre, je ne parvenais pas à déterminer d'où il venait. Je me suis efforcé d'étouffer ma peur en me concentrant sur les détails de l'échange prévu.

— Tu t'étais engagé à libérer trois otages, ai-je dit.

Lucas a dégluti. Il transpirait.

— Tu mets ma parole en doute ? (Il a fermé les yeux, comme submergé par la douleur, puis les a de nouveau fixés sur moi.) Le mensonge, c'est ta spécialité, pas la mienne.

— Je t'ai pris au mot. C'est pour ça que je suis là.

— Mais peut-être que tu n'es qu'un idiot. Ou un dément qui court à sa perte.

Il s'est légèrement penché vers moi en tendant le cou. Ses yeux se sont écarquillés. Je me suis concentré sur ses lèvres, ses dents blanches et brillantes, le cœur battant comme s'il allait prononcer le mot fatidique, celui qui avait déclenché l'attaque fulgurante de Winston. Levant les yeux vers le toit de l'hôpital, j'ai vu des tireurs d'élite agenouillés à chaque extrémité. Mais il était trop tard pour fuir. Trop tard pour plonger. Lucas a lui aussi levé son visage vers le ciel, faisant saillir les tendons de sa gorge.

— Satan doit être vaincu ! s'est-il écrié d'une voix qui s'est répercutée contre le bâtiment avant de s'achever en une sorte de râle pneumonique.

J'ai senti moi aussi la sueur couler de mon front.

— Trois otages, ai-je répété, me raccrochant aux mots comme à une ancre pour empêcher la panique de m'emporter.

Lucas a posé sur moi un regard vide.

— Un, deux, trois.

La harpie s'est encore avancée de quelques pas. Avant de lever les bras vers le ciel. Zweig et Bishop ont retroussé les babines comme deux rottweilers.

À cet instant, j'ai acquis la certitude que j'allais mourir. La pensée de Rachel — une vision, plutôt — m'a traversé l'esprit. Elle n'était pas installée sur des petits nuages cotonneux ou drapée dans une longue robe blanche. Non, elle était nue, debout devant moi sur une étendue d'asphalte bouillante, d'un noir d'encre, qui ne lui brûlait pas les pieds. Elle tendait les bras, paumes vers le ciel, et je me rendais compte que les cicatrices laissées par sa tentative pour se taillader les poignets quand elle était gamine avaient disparu. Sa peau était de nouveau intacte. Elle ne disait rien, mais ses yeux me révélaient qu'elle était en paix. Alors que ma gorge se nouait d'émerveillement devant cette guérison miraculeuse, je me suis aperçu que plusieurs secondes s'étaient écoulées. Rachel s'est évanouie, et je me suis retrouvé face à la harpie. J'ai regardé Lucas, puis les trois silhouettes derrière lui — deux Noirs et une vieille femme —, qui franchissaient les portes automatiques. Tous trois portaient une blouse d'hôpital. C'étaient des patients.

— Trois pour un, a déclaré Lucas d'un ton neutre. (Les bras de la harpie sont retombés.) Tu es une marchandise de prix.

— Tu étais d'accord pour libérer l'infirmière encein...

— Trois vies, a craché Lucas en grimaçant de douleur. Tu penses peut-être que certaines existences ont plus de valeur que d'autres ? Qu'il y a des gens qu'on peut jeter ? Des détritus humains ?

Il m'a semblé déceler dans sa question une allusion au fait que je l'avais laissé accuser à la place de Kathy. À moins que quelqu'un n'ait marchandé son existence avant moi ? Je voulais savoir, je crevais de savoir. Le barracuda m'a imploré.

— Allons à l'intérieur, ai-je dit.

— Approche.

Je me suis avancé.

— Viens plus près.

Encore quelques pas. J'étais maintenant à moins d'un mètre de Lucas, littéralement dans son ombre. Soudain, j'ai remarqué que les gouttelettes rouges, au lieu d'imprégner le pantalon de Bishop, formaient une petite flaque par terre. Alors, j'ai levé les yeux pour tenter d'en localiser la source, et ce que j'ai découvert m'a coupé le souffle. Sous le choc, j'ai reculé. Mes jambes menaçaient de me lâcher. J'ai dû faire appel à toutes mes ressources pour ne pas chanceler et mettre du même coup en branle l'arsenal de Patterson.

— Oh, il ne faut pas que ça t'impressionne ! a dit Lucas. (Il a tendu son bras droit. Celui-ci avait été tranché au milieu de l'avant-bras, puis recousu à l'aide d'un fil de nylon bleu. Il y avait au moins deux cents points de suture grossiers. À certains endroits, le sang suintait toujours.) Évidemment, ce n'est pas très soigné, comme travail, ça ne vaut pas Halsted ou DeBakey, mais dans la mesure où j'ai été obligé de me servir de ma main gauche... (Il a contemplé la blessure d'un air détaché, avant de laisser retomber le long de son flanc le membre massacré.) Si ton bras t'offense, coupe-le.

L'horreur de ce que Lucas s'était infligé a eu raison de ma peur. Me mettre au diapason de la souffrance des autres m'a toujours calmé, pour le meilleur ou pour le pire.

— Dommage que ce ne soit pas si facile.

Lucas s'est hérissé.

— De ?

— Chasser tes démons. (Je me suis interrompu, ne sachant trop jusqu'où je pouvais aller.) Ils n'étaient pas logés dans ton bras.

— C'est le bras de *Satan* ! a rugi Lucas. J'en ai la preuve.
— Montre-la-moi.
— Elle est là-dedans.
Il a rejeté la tête en arrière pour indiquer l'hôpital.
— Montre-la-moi, ai-je répété.
Lucas a émis un petit rire. Des gouttes de sueur dégoulinaient de son menton.
— Avec plaisir.
Quand la harpie m'a encerclé, j'ai retenu mon souffle. L'haleine de Lucas me balayait le visage. Lorsque le monstre m'a étreint, j'ai serré les dents. Le soleil a disparu de ma vue. Et puis, j'ai senti que nous nous dirigions ensemble vers l'hôpital et, je le savais au plus profond de moi, vers des horreurs quasi indicibles.

6

Toujours cerné par la harpie, j'ai traversé le hall en silence avant de m'engager dans un long couloir. Zweig, Kaminsky, Lucas et les infirmières étaient positionnés de telle façon que j'avais du mal à voir où nous allions, mais pour être déjà venu à Lynn State, je me souvenais grosso modo de la disposition des lieux. Nous nous dirigions vers l'ascenseur de service au fond du bâtiment. Je me souvenais également des odeurs – un cocktail d'antiseptiques institutionnels incapable de masquer les relents de renfermé. Les murs absorbent le désespoir jusqu'à un certain point seulement ; au-delà, ils commencent à refouler. Trop de sueur dans les matelas. Trop d'urine dans les joints. Partout, du placoplâtre taché par les fuites et fissuré par le temps, imprégné de hurlements. Nous avons tourné, puis nous nous sommes arrêtés. Les portes d'un ascenseur se sont ouvertes à grand bruit. Nous sommes montés dans la cabine. Chaque étage était indiqué par un tintement. Au cinquième, les portes se sont de nouveau ouvertes. Nous sommes sortis, pour déboucher cette fois dans un corridor étroit. J'ai entendu des verrous glisser, aperçu brièvement l'épaisse porte blindée à l'entrée du service 5B. Elle s'est ouverte devant nous. Alors que nous pénétrions dans l'unité, quelques gouttes du sang de Lucas ont atterri sur mon bras pour couler jusqu'à mon poing crispé par la peur. Instinctivement, j'ai desserré ma main, essayé de la secouer pour en chasser le sang, mais les gouttelettes, de plus en plus nombreuses, alimentaient désormais un filet qui dégoulinait dans ma paume et entre mes doigts. Je les ai essuyés sur mon pantalon. Au même moment, Zweig et Bishop ont démembré la harpie en emmenant avec eux les deux infirmières. Je me retrouvais seul avec Lucas. Impossible de détacher mon regard de son moignon.

Il l'a tendu en direction du couloir, entraînant mon regard dans son mouvement.

– Le champ de bataille, annonça-t-il.

Je me suis obligé à examiner les lieux. Je m'attendais au chaos dans l'unité. L'ordre que j'y ai découvert m'a paru plus terrifiant encore. La salle de repos, une pièce d'environ six mètres sur neuf, avait été vidée de ses meubles. Une douzaine de patients et de patientes, alignés sur deux rangées et tous vêtus de l'uniforme blanc des aides-soignants, étaient agenouillés par terre, le dos tourné à la porte, le visage levé vers les fenêtres grillagées. Ils chantaient, sans que je puisse comprendre ce qu'ils disaient. Quand j'avais rendu visite à Lucas dans sa cellule, après son arrestation, il chantait de la même manière. J'ai fermé les yeux pour mieux me concentrer car je distinguais à peine les mots.

Je ne connais pas la vie. Je ne connais pas la mort.

– La prière des samouraïs, m'a expliqué Lucas. Pour préparer l'esprit au combat.

Je lui ai jeté un coup d'œil avant de reporter mon attention sur le couloir devant nous. Le service 5B abritait une unité de vingt lits, avec dix chambres de chaque côté. Sur le seuil de certaines, des patients se tenaient au garde-à-vous. La salle d'isolement – doux euphémisme pour désigner la cellule capitonnée – se trouvait au bout du couloir. La porte en était entrebâillée. Un énorme trousseau de clés pendait à la serrure.

J'ai tourné la tête vers le bureau des infirmières, et senti une brusque contraction au niveau de la poitrine. Une jeune femme était assise sur une des chaises qui surplombaient la salle de repos, totalement immobile, le regard vide. Elle était nue et bâillonnée. Son badge d'identification était épinglé à sa peau, juste au-dessus du sein gauche. Elle avait les poignets liés dans le dos.

– Satan est dans son utérus, a dit Lucas. Elle saignait, et pourtant, elle prétend que ce n'est pas la bonne période du mois.

J'ai fait quelques pas vers elle, les yeux fixés sur son abdomen gonflé. L'écho de mon propre souffle ponctuait la mélopée lancinante en provenance de la salle de repos. J'ai pivoté, rivé mon regard à celui de Lucas.

— Elle est enceinte, ai-je déclaré d'un ton aussi calme que possible. Si elle saignait, c'est qu'elle a besoin d'aide tout de suite.

— Évidemment qu'elle a besoin d'aide ! Elle est contaminée.

— Il faut qu'elle soit examinée par un obstétricien.

— Il faut qu'elle soit purifiée devant Dieu ! s'écria-t-il. Satan lui ronge les entrailles !

J'ai gardé le silence.

Lucas paraissait ébranlé par ce brusque accès de folie. Il lutta pour se ressaisir.

— Tu vas voir, Frank. Tu vas voir de quoi est capable le mal à l'état pur.

Je l'ai suivi, pour m'arrêter presque aussitôt devant la première chambre à gauche. Vide, à l'exception d'une table de réunion et d'une série de rayonnages en acier destinés à recevoir les plateaux de nourriture. Des traînées sanglantes maculaient la table et le sol. Des flaques s'étaient formées à certains endroits, dont quelques-unes s'étaient coagulées en petits tas de gelée noir rubis.

— Ma salle d'opération, a lancé Lucas d'un peu plus loin dans le couloir. J'ai dû faire avec les moyens du bord.

J'ai remarqué plusieurs plateaux à moitié sortis de leur gaine de métal. Ils contenaient un assortiment parfaitement aligné de seringues hypodermiques, de matériel de suture et de lames de rasoir ensanglantées. Mon cœur s'affolait. J'ai jeté un coup d'œil derrière moi, en direction de la porte blindée, comme pour m'assurer qu'il existait une échappatoire. La porte était verrouillée. J'ai reconnu Craig Bishop adossé au mur, à côté, et qui regardait par la fenêtre en tendant le cou de temps à autre pour s'assurer que personne n'essayait de s'approcher de l'unité. Malgré ma terreur, j'étais stupéfait. Lucas avait chargé de la sécurité un tueur impitoyable, un homme qui avait décapité ses victimes. Comment avait-il pu gagner la confiance de Bishop ?

— Frank ! Viens par ici.

Je me sentais pris de vertige. Le grésillement des néons, ajouté à la mélopée incessante dans la salle de repos, me donnait envie de me boucher les oreilles. Lorsque j'ai rejoint Lucas devant la quatrième chambre à droite, ce qui restait de mes forces m'a déserté. Une sueur glacée m'a envahi.

Une femme entravée gisait nue sur un lit souillé. Elle avait le crâne rasé. Ce qui ne pouvait être que des centaines de points de suture récents formaient une ligne parfaite partant de son menton pour descendre le long de sa gorge, entre ses seins, sur son abdomen et jusqu'entre ses jambes. Ses yeux étaient fermés, mais elle respirait. L'aiguille d'une intraveineuse lui entrait dans chaque bras. Un colosse d'une quarantaine d'années avec un bracelet d'identification au poignet était assis à son chevet, une planchette à la main.

— Pouls ? s'est enquis Lucas.

L'homme n'a pas répondu.

— Gabriel ! (Lucas a frappé dans ses mains.) Ses signes vitaux.

— Oui, docteur, a répondu l'homme d'une voix de baryton dénuée d'émotion. Pouls, soixante-deux. Tension artérielle, quatre-vingt-dix sur soixante.

Ses yeux ne cillaient pas, et ses pupilles, contrairement à celles de Lucas, étaient énormes.

— Augmentez le goutte-à-goutte. (Lucas m'a jeté un coup d'œil.) Gabriel était aide-soignant avant de s'égarer.

Une précision qui m'a remis en mémoire le cas de Gabriel. Son nom complet était Gabriel Vernon, et il attendait de passer en jugement pour avoir castré son amant.

Il s'est extirpé de son siège. Il mesurait au moins un mètre quatre-vingt-dix et devait peser dans les cent quarante kilos. Ses mains tremblaient quand il a ajusté les petites fixations en plastique qui permettaient de contrôler l'écoulement des intraveineuses, et je me suis demandé si son état de faiblesse visible et ses trémulations n'étaient pas causés par les antipsychotiques. À haute dose, ce genre de traitement peut provoquer un syndrome qui ressemble beaucoup à la maladie de Parkinson.

— Elle a l'air mal en point, comme ça, a déclaré Lucas, mais elle se remettra.

— Qui est-ce ?

— Tu l'ignores ?

J'ai hoché la tête.

— Notre bon Dr Laura.

Sur le coup, je n'ai pas compris. Je ne voulais pas comprendre, j'imagine.

— Celle qui a prétendu devant Dieu que j'étais psychotique. Dément.

À force de scruter le visage de la femme, j'ai finalement reconnu les traits de Laura Elmonte. Sous le choc, j'ai dû m'agripper au montant de la porte.

— Qu'est-ce que tu lui as fait ?

— Incision et drainage.

— Incision et drainage de quoi ?

— La bile noire.

— Elle essayait de t'aider !

— Elle aidait Satan dans son entreprise contre moi ! a-t-il fulminé. Elle était bourrée des mensonges du démon. Quand je pense à toutes ces conneries sur la « main étrangère » alors que c'est Celui de l'ombre qui s'est insinué dans mon bras...

Il s'est éloigné dans le couloir.

Je n'avais d'autre solution que de le suivre, et je me suis interrogé sur ce que ressentaient Craig Bishop, Peter Zweig, Gabriel Vernon et les autres. Les patients psychotiques – et même les tueurs psychotiques – ont tous besoin de se raccrocher à quelque chose ou à quelqu'un pour résister au chaos de leur esprit. Et qui était mieux placé qu'un médecin issu de leurs propres rangs pour jouer ce rôle ? J'ai pris une profonde inspiration, et réussi à parcourir le reste du couloir en regardant droit devant moi, malgré les gémissements sourds et les faibles cris qui me rappelaient que chaque chambre de part et d'autre du couloir recelait un véritable musée des horreurs. Je savais en outre, après ce qui était arrivé à Grace Cummings, que la violence de Lucas pouvait s'exercer à l'encontre des patients aussi bien qu'à celle des membres du personnel.

Il s'est arrêté devant l'avant-dernière chambre à droite. Deux patients – un homme et une femme – se tenaient sur le seuil. Ils se sont légèrement inclinés devant lui avec déférence. Lucas m'a fait signe de le suivre à l'intérieur. J'en ai déduit qu'il m'attribuait cette chambre. Mais en y entrant, j'ai vu un homme pâle et nu, attaché sur le lit. Il avait le crâne rasé, comme Elmonte, et marqué d'un V noir à l'envers qui s'étendait d'une oreille à l'autre, la pointe dirigée vers le sommet de sa tête. Je me suis demandé si ce n'était pas un des travailleurs sociaux. Lucas s'est approché du lit.

— J'aurai besoin d'un coup de main pour opérer celui-là, a-t-il dit en caressant le crâne de l'homme.

Celui-ci a tenté de dégager sa tête, mais les doigts de Lucas n'ont pas bougé.

— Dieu sait que j'ai tout essayé. Haldol. Thorazine. Salle d'isolement. Même les électrochocs.

— Les électrochocs ! ai-je répété, plus à mon adresse qu'à celle de Lucas.

Du menton, il a indiqué dans un coin de la chambre la machine utilisée en sismothérapie. Quand j'étais étudiant en médecine, ça m'avait surpris de découvrir à quel point ces engins étaient petits — à peine plus gros que des radiocassettes. Je me disais qu'un truc capable de déclencher des crises d'épilepsie était forcément monstrueux, genre pan d'acier noir avec commandes chromées.

— Il nous a fait des crises de convulsions de durée tout à fait respectable, a ajouté Lucas. Quinze secondes ou plus. Une bonne dizaine de fois. Mais il continue à ne pas réagir.

Une sorte de désespoir, cousin éloigné du courage et parent beaucoup plus proche de la panique, s'est emparé de moi.

— Tu cherches à le guérir de quoi ? ai-je demandé en m'avançant d'un pas.

— Du mal, comme tous les autres. Il a tué son propre fils. Ça te paraît concevable, une chose pareille ? Un gosse de tout juste huit ans. Et le pire, c'est qu'il ne veut pas prier pour son salut. (Il s'est penché pour glisser à l'oreille de l'homme :) *Il refuse de renoncer aux démons dans son crâne.*

J'ai fait encore un pas dans leur direction.

— Tu n'as peut-être pas réussi à atteindre le petit garçon en lui, ai-je hasardé par réflexe, tel un boxeur luttant à l'instinct.

Mais Lucas ne semblait pas m'avoir entendu. Il s'est redressé, fixant toujours du regard la tête du malheureux.

— Une chance que j'aie passé trois mois en neurochirurgie avant de me décider pour la chirurgie plastique, a-t-il déclaré. Ensemble, toi et moi, nous atteindrons notre objectif.

— Et c'est... ?

— La glande pinéale.

La glande pinéale, ou épiphyse, est une petite structure en forme de pomme de pin enfouie profondément entre les tubercules du cerveau. Les neuroscientifiques la considèrent comme le siège du comportement et des émotions – dont la colère et la violence.

— Comment ça, tu veux l'atteindre ? ai-je demandé.

— Par une intervention chirurgicale. Il faut l'ôter.

Le sang me battait les tempes.

— Il est impossible de...

— Oh, je sais bien que je ne peux compter sur une assistance robotisée, pas plus que sur ma main droite, d'ailleurs ! poursuivait Lucas. Mais on se débrouillera.

— Tu ne le soigneras pas avec un scalpel. Ni avec du Haldol. Ou des électrochocs.

Lucas m'a foudroyé du regard.

Quelque chose en moi me poussait à négliger toute prudence. Peut-être parce que je voulais absorber la colère de Lucas. Je l'avais fait un nombre incalculable de fois pour ma mère, m'interposant tel un punching-ball quand mon père rentrait ivre mort, prêt à cogner. Je l'avais fait aussi pour mes patients jusqu'au point où ma propre raison avait commencé à vaciller. Ou alors, peut-être que c'était le joueur en moi qui misait sur la vérité, comme j'avais misé mes derniers milliers de dollars – l'argent de mon hypothèque-came-bagnole-bars – sur une ultime donne au black-jack avec l'illusion que les Parques hésiteraient à me plumer.

— Tu ne peux pas plus le guérir par une ablation que te débarrasser du mal en toi par une amputation, ai-je dit.

Son visage s'est empourpré, et ses lèvres se sont incurvées en un rictus.

— Tu as besoin de temps pour réfléchir, Frank, a-t-il dit, luttant manifestement pour se maîtriser. On a encore du boulot à faire avant que je puisse partir d'ici. (Il a tourné sur ses talons.) Viens.

Je lui ai emboîté le pas jusqu'à la dernière chambre à gauche, voisine de la cellule d'isolement. Il a ouvert la porte, tendu son moignon par-delà le seuil. Ses lèvres frémissaient toujours de rage.

— Votre chambre, monsieur.

J'ai jeté un coup d'œil à l'intérieur. Les grilles du lit, relevées, encadraient un matelas nu. Des entraves de poignets et de chevilles étaient fixées à chaque extrémité.

— Dommage que Rachel nous ait quittés, hein ? a-t-il lancé avec un sourire grimaçant. Vous auriez pu drôlement vous amuser, tous les deux, dans un endroit comme ça.

Si j'avais eu besoin d'un rappel du caractère malfaisant qui couvait sous la folie de Lucas, cette remarque aurait suffi. Je me suis souvenu de ce jour où il s'était vanté devant moi des multiples humiliations qu'il avait fait subir aux femmes, y compris à la nièce d'Emma Hancock. Et je me suis souvenu qu'il avait laissé Kathy tuer, et tuer encore, jusqu'à la mort de Rachel.

Le patient le plus proche se tenait à trois mètres. Lucas n'ayant qu'un bras valide, il m'aurait été facile de l'immobiliser par une prise de strangulation. J'aurais sans doute pu lui briser le cou avant même qu'un seul de ses zombies bourrés de Haldol ne puisse réagir. J'étais désormais loin du chant dans la salle de repos, et pourtant, j'avais l'impression de l'entendre résonner plus fort à mes oreilles.

Je ne connais pas la vie. Je ne connais pas la mort.

— J'aimais bien la regarder danser au Lynx Club, disait Lucas. Elle avait un joli petit cul. Un sacré joli petit cul.

Je me suis imaginé ce que j'éprouverais en privant Lucas de sa force vitale par une rapide torsion qui lui fracturerait la colonne vertébrale. J'ai perçu – senti, presque – le craquement de ses vertèbres contre mon bras. Peut-être que le lieutenant Patterson avait raison, qu'il n'existait qu'un seul moyen de vaincre une bête nuisible : la faire disparaître de la planète. Accomplir le travail de Dieu sur terre. Quand j'ai regardé Lucas, mes yeux devaient trahir certains de mes sentiments, car il a reculé d'un pas. Tout juste s'il ne s'est pas recroquevillé sur lui-même. Et soudain, juste l'espace d'un instant, il m'est apparu moins monstrueux que terrifié, défiguré par sa peur. Malade. Je me suis remémoré les mises en garde de Matt : toujours m'assurer que mes émotions n'étaient pas des projections émanant du psychisme de Lucas. Et j'en suis presque arrivé à me convaincre que c'était sa rage meurtrière qui m'animait, qu'elle ne m'appartenait pas tant que je n'avais pas décidé de la maîtriser. Pour triompher de sa folie, je devais la refuser. Si Satan est bien quelque chose, c'est le maître de la tentation, un dealer qui négocie la part de ténèbres en chacun de nous.

J'ai fermé les yeux pour tenter de ne plus visualiser la manière dont je pourrais le tuer.

— J'ai eu tort de te laisser en prison, ai-je dit. Je voulais te voir souffrir. J'ignorais à quel point tu étais déjà malade.

Une douleur fulgurante m'a traversé la joue gauche, un coup de pied en plein dans l'estomac m'a coupé le souffle. J'ai reculé dans la chambre en titubant, avant de m'effondrer, secoué de hoquets, sur le linoléum.

Lucas, à la porte, tenait un scalpel.

— Je suis parti en guerre contre la force la plus noire de l'univers, a-t-il déclaré. J'ai abandonné mon bras à l'ennemi. Tu peux m'apporter une aide précieuse. Tu peux devenir un soldat de Dieu tout-puissant. Mais pour ça, il faut que tu sois consentant et pur.

Il a reculé. La porte a claqué derrière lui, et j'ai entendu le verrou glisser dans sa gâchette.

J'étais couché sur le flanc, cherchant à recouvrer mon souffle. Une douleur sourde se propageait dans mes tripes. J'ai regardé le sang goutter de ma joue pour alimenter la petite flaque qui avait commencé à se former à la frontière entre une dalle de lino vert et une dalle de lino gris. Du bout du doigt, j'ai effleuré ma blessure sur toute sa longueur, l'évaluant à environ dix centimètres, la sachant profonde. Tant bien que mal, je suis parvenu à m'agenouiller. Après avoir inspiré autant d'air que la douleur me le permettait, je me suis cramponné aux barreaux du lit afin de me hisser sur mes pieds. Puis je me suis approché du lavabo pour m'examiner dans le miroir fixé au-dessus. Il me faudrait bien dix à quinze points de suture… J'ai ouvert le robinet et me suis aspergé le visage d'eau froide, mais le sang coulait toujours. J'ai pressé ma joue contre mon épaule pour tenter de comprimer les vaisseaux. Au même moment, j'ai entendu des pas devant la porte de ma chambre, puis la voix de Lucas :

— Vous êtes sûr qu'il y a vingt milligrammes ? Ne sous-estimez pas le dosage. Ne sous-estimez jamais le dosage.

— Très exactement vingt, a répondu Gabriel Vernon de sa voix de baryton.

Avec vingt milligrammes de Haldol, il y avait de quoi assommer un bœuf.

— Débrouillez-vous pour qu'il les avale.

La porte s'est ouverte à la volée, et Gabriel Vernon s'est avancé dans la chambre, masquant complètement de sa stature imposante l'encadrement de la porte. J'ai aussitôt cherché du regard une seringue dans sa main, pour m'apercevoir qu'il tenait une minuscule tasse en carton.

— Votre médicament, a-t-il dit d'un ton neutre. (Ses yeux creusés ne cillaient pas.) Prenez-le.

La tasse contenait un liquide orange. J'avais espéré qu'elle contiendrait des pilules. Les pilules, on peut les coincer dans la joue avant de les recracher. J'avais souvent donné des consignes pour procéder à une « inspection buccale » sur des internés violents capables de planquer quatre ou cinq comprimés d'un seul coup sous leur langue.

— Prenez-le, a répété Vernon.

Je savais que si je ne buvais pas, il m'y obligerait. Ou reviendrait avec une piqûre. Pourtant, je n'ai pas touché la tasse. Vingt milligrammes de Haldol, ce n'était pas une dose mortelle, mais ça suffirait à me mettre hors circuit, sans doute pour toute la journée et la nuit suivante. Or, il pouvait se produire n'importe quoi pendant ce temps-là.

— S'il vous plaît. Il faut que vous le preniez. Je dois m'en assurer.

N'avait-il aucune envie de me faire du mal ? me suis-je demandé. Ou n'avait-il aucune envie de s'emmerder à me faire du mal ? J'ai tendu la main vers la tasse. Quand il me l'a donnée délicatement, j'ai constaté qu'il avait cessé de trembler. J'ai trempé mes lèvres dans le liquide. L'arôme d'orange, sucré et écœurant, parvenait presque à en masquer l'amertume. J'étais déjà familier de ce mélange fruité et chimique. Mais pas avec celui du Haldol. Avec celui de la méthadone, l'opiacé utilisé pour aider les toxicos à décrocher de l'héroïne. J'en avais avalé en douce quelques gorgées à l'hôpital Atlantic un jour, quand je m'étais retrouvé à court de coke, et à court de fric, et qu'il me fallait quelque chose pour me calmer les nerfs. Soudain, je me suis expliqué les pupilles minuscules de Lucas ; la méthadone provoque en général leur rétrécissement. J'ai regardé le liquide orange en remuant la tête. Me libérer de ma dépendance avait sans doute été l'épreuve la plus difficile de toute ma vie.

Vernon s'est avancé vers moi, les mains tendues. Quand ses doigts se sont refermés sur mes épaules, j'ai sifflé les vingt milligrammes d'un coup. Vernon a aussitôt reculé pour m'observer. J'ai senti le liquide glisser dans ma gorge, puis me réchauffer l'estomac. L'ennemi était dans la place, désormais.

— Vous buvez aussi ce poison, Gabriel ?
— C'est un médicament. (Il m'a étudié.) J'ai pris ma dose avant que vous ne preniez la vôtre.

Ce qui expliquait sans doute pourquoi ses mains ne tremblaient plus. Quelques minutes plus tôt, il devait être en manque. J'ai remarqué que ses pupilles étaient maintenant à peine visibles.

— Qui vous l'a donné ?
— Le docteur.

Il est physiologiquement impossible de devenir dépendant de la méthadone en vingt-quatre heures. Par conséquent, les patients avaient dû avoir accès à cette drogue avant que Lucas ne s'empare de l'unité.

— Vous en prenez depuis combien de temps, Gabriel ? Est-ce que tout le monde ici en prend ?

Il a fait quelques pas en arrière.

— Réunion d'étude dans deux heures, a-t-il déclaré. Dans la salle de repos.

Là-dessus, il est sorti.

Je me suis assis sur le lit. Je commençais à sentir la tête me tourner. J'avais avalé une dose de méthadone équivalant à celle dont aurait besoin un toxico habitué à trente doses par jour – un vrai junkie – pour se calmer. Sans accoutumance, les récepteurs opiacés de mon cerveau n'opposeraient aucune résistance et seraient submergés en quelques minutes. Je me suis affalé sur le matelas. Au fond de moi, je savais que j'aurais dû me battre contre Vernon, que le fait d'être forcé à ingurgiter ce produit m'aurait vacciné contre le désir de replonger. Le regret m'a saisi un instant, avant de disparaître. Les opiacés sont comme les lubrifiants du surmoi. Ils vous font glisser sans heurts à travers des moments de votre vie où la conscience devrait normalement vous ralentir, ou même vous arrêter. La douleur psychique, ce don de Dieu capable de nous avertir que nous nous sommes perdus, est apaisée. J'ai fermé les yeux. Encore plus rapidement que ce que j'avais prévu, mon corps m'a paru s'alourdir, s'enfoncer dans le matelas, tandis que mon esprit devenait plus léger que l'air. Et, non sans un certain plaisir, j'ai senti les deux se séparer.

Vernon m'a secoué pour me réveiller et m'a obligé à me mettre debout. Son visage, vision peu rassurante s'il en était, ondulait maintenant de façon grotesque devant mes yeux. La pièce tournoyait. Le sang tiède qui coulait de ma joue avait imprégné ma chemise au niveau de l'épaule, et il s'est mis à dégouliner le long de mon bras. Pourtant, mon cœur ne s'affolait pas. Ma respiration était régulière. Ma peur a poussé un cri faible, loin, très loin de moi ; impossible de rien y faire. Vernon m'a tendu une autre tasse en carton. J'ai cligné des yeux, et la lui ai jetée à la figure. Le liquide orange a éclaboussé sa chemise d'hôpital. Sans un mot, il s'est détourné, et il est sorti de la chambre. Je me suis effondré sur le matelas, et aussitôt rendormi.

Dix, quinze minutes ou une heure ou deux se sont écoulées avant que je ne me réveille, paniqué, haletant. Vernon me sanglait le torse. Ses genoux m'écrasaient les biceps, me clouant les bras au matelas. Je me suis débattu de toutes mes forces ; c'est à peine s'il a bougé. Balançant brusquement mon poids vers la droite, je suis parvenu à lui planter les dents dans la cuisse, mais il m'a réexpédié sur le matelas d'un revers de main sur les lèvres qui m'a empli la bouche d'un goût de sang. Quand il s'est penché pour ramasser quelque chose par terre, j'ai tenté frénétiquement de me libérer en donnant des coups de pied dans tous les sens. En vain. J'ai suivi des yeux les mouvements de sa main, m'attendant à voir surgir une lame, obsédé par la pensée qu'il avait émasculé un homme, mais c'est une autre tasse en carton qui est apparue. J'aurais dû l'obliger à me desserrer les mâchoires. Je ne l'ai pas fait. J'ai ouvert la bouche, victime encore à demi consentante, et il y a versé ce même liquide amer au goût d'orange. Il y en avait moins que la première fois ; j'ai évalué la dose à environ dix milligrammes. Sa tâche remplie, il s'est écarté de moi.

— Réunion d'étude, a-t-il déclaré. Maintenant. (Il m'a redressé en position assise.) On y va.

Nous nous sommes engagés dans le couloir. J'ai essayé de marcher droit en me concentrant sur la porte verrouillée au bout de l'unité, mais après avoir dérivé sur quelques mètres, je me suis flanqué dans le mur de parpaing. Je me serais sans doute écroulé si Vernon ne m'avait pas rattrapé par le bras. Avec fermeté, presque avec gentillesse, il m'a guidé jusqu'à la salle de repos.

La douzaine de patients qui chantaient un peu plus tôt étaient désormais agenouillés le dos au mur en face de la porte, articulant les paroles en silence. La lumière en provenance des fenêtres grillagées derrière eux dessinait une sorte d'échiquier sur la table placée au milieu de la pièce. Lucas était assis au bout, flanqué de Peter Zweig et de Gary Kaminsky. Craig Bishop était en train de prendre place quelques sièges plus loin, à côté d'une femme émaciée d'une soixantaine d'années que je n'ai pas reconnue. Elle s'efforçait de ne pas frissonner. J'ai regardé en direction du bureau des infirmières ; la femme enceinte était affalée sur sa chaise, et toujours ligotée. Aux mouvements de ses épaules, j'ai compris qu'elle respirait encore. L'horloge derrière elle indiquait 15 h 45.

Lucas s'est levé.

— Docteur Clevenger, a-t-il commencé avec un bref hochement de tête. Nous t'avons réservé une place d'honneur. (Il a indiqué une chaise à l'autre extrémité de la table. Il a attendu que Vernon m'aide à m'asseoir, puis lui a ordonné de se poster près de la porte. Ses yeux ne m'ont pas quitté pendant qu'il se rasseyait.) Je crois que tu as déjà rencontré tout le monde ici, à part Mme Gladstone.

J'avais entendu parler de Cecilia Gladstone, une Bostonienne de la bonne société qui avait empoisonné son mari, le président de la

Beacon Street Bank, deux mois plus tôt. Après son arrestation, elle avait affirmé qu'il la battait depuis des années, ne lui laissant plus que le meurtre comme seul recours. Elle avait été admise à Lynn State pour une évaluation psychiatrique avant son procès. J'ai plissé les yeux pour tenter de fixer mon regard sur elle. Ses pupilles étaient aussi grosses que des pièces de monnaie, elle avait la chair de poule et la peau moite. Elle était en état de manque avéré.

Elle a posé sur moi un regard vide.

— Maintenant que les présentations sont faites, permettez-moi de vous résumer le cas du jour, a déclaré Lucas, avant de se tourner vers Kaminsky. Écoutez-moi bien, car demain, vous êtes censé exposer seul le dossier de l'infirmière Vawn. (Il a jeté un coup d'œil au-dessus de ma tête, en direction du bureau des infirmières.) À condition que notre Seigneur lui permette de passer la nuit.

— Oui, monsieur.

À l'idée qu'un ravisseur doublé d'un violeur puisse être chargé d'exposer le « dossier » d'une femme enceinte, j'ai senti mon estomac se nouer.

— Vous devez faire attention à la forme, lui a rappelé Lucas.

Kaminsky a croisé les mains et s'est brusquement penché en avant pour écouter. En le regardant, j'ai perdu toute notion de mon propre centre de gravité, et commencé à osciller. J'ai dû agripper la table.

— La mer est houleuse, hein ? m'a lancé Lucas avec un clin d'œil. Reste avec nous, Frank. (Il a laissé passer quelques secondes avant d'entamer son exposé.) La patiente d'aujourd'hui s'appelle Lindsey Simons. Mlle Simons est une Blanche de vingt-deux ans, célibataire, originaire de Brookline. C'est l'une de deux enfants nés de parents aisés – un avocat et une comptable. Elle-même n'a pas d'enfants. À ma connaissance, elle ne souffre d'aucune maladie organique ni d'aucune allergie aux médicaments. Elle prétend que personne, dans sa famille, n'est atteint de troubles mentaux. Quant à ses activités professionnelles, nous savons que Mlle Simons exerçait encore tout récemment la fonction d'assistante sociale ici même, dans cette unité. Avant, elle a travaillé comme vendeuse dans un magasin de vêtements et comme institutrice remplaçante. Les symptômes de sa maladie actuelle se traduisent essentiellement par des mensonges compulsifs. Sans provocation de notre part, elle a tenté de nous abuser, nous et nos familles, en répandant des faussetés destructrices à propos de nos facultés mentales et de nos personnalités. (Il s'est interrompu, a jeté un rapide coup d'œil soupçonneux à son bras gauche – le bon.) Bien entendu, nous ne tenons pas Mlle Simons pour directement responsable de ses actes. Nous savons que Satan peut prendre toutes les formes, y compris celle d'une personne apparemment aussi innocente qu'elle. (D'un claquement de doigts, il a attiré l'attention de Gabriel Vernon.) Allez chercher la patiente, a-t-il ordonné d'un ton neutre.

Une minute plus tard, Vernon introduisait dans la salle une femme nue. Elle devait faire un mètre soixante-dix. Son expression était sombre. Elle avait une figure pâle et anguleuse, avec un nez et une mâchoire proéminents. Pourtant, elle était loin d'être laide. Ses traits, encadrés par des boucles noires jusqu'aux épaules, s'équilibraient suffisamment pour créer une impression d'harmonie qui, malgré sa position d'otage, suggérait la force. La pointe brune de ses seins était durcie, et je me suis surpris à penser que la réaction du système nerveux à la peur ressemblait à s'y méprendre à celle provoquée par l'excitation sexuelle.

Vernon l'a escortée jusqu'à l'espace entre les fenêtres et la table, devant la rangée de patients agenouillés. En voyant son dos et ses fesses couverts de zébrures rouges, j'ai eu le sentiment que c'était Lucas qui lui avait infligé cette punition. Je me suis demandé s'il l'avait violée, et je l'ai imaginé en pleine action.

— À genoux, a-t-il ordonné.

Les yeux de Simons ont fait le tour de la table, en quête d'un allié, me semblait-il. Ils se sont arrêtés sur moi. L'espace d'un instant, nous nous sommes ancrés l'un à l'autre au cœur du chaos.

— À genoux ! a exigé de nouveau Lucas.

Elle s'est exécutée, et elle a baissé la tête. Derrière elle, les patients récitaient toujours leur prière silencieuse.

— Est-ce que l'une des personnes à cette table souhaite poser une question à Mlle Simons ? a demandé Lucas.

Peter Zweig, le gamin de dix-neuf ans qui avait tué ses parents, s'est éclairci la gorge. J'ai tourné la tête vers lui.

— Est-ce que… Est-ce qu'elle entend des voix ?

— Interrogez vous-même la patiente, a décrété Lucas.

Zweig a timidement levé les yeux vers Simons.

— Vous entendez des voix ?

Elle l'a dévisagé avant d'esquisser un mouvement de dénégation.

— Vous avez des visions, alors ? a insisté Zweig.

Il a posé la main sur son pantalon et commencé à se masturber.

— Non.

— Date et heure, a exigé Gary Kaminsky.

— Mercredi 15 janvier 1999, a-t-elle répondu en se tournant vers lui. 4 heures de l'après-midi. (Elle a jeté un coup d'œil à l'horloge.) 4 h 02, plus précisément.

— Qui est le… le président des États-Unis ? a repris Zweig, la respiration saccadée.

Je me suis rendu compte qu'ils lançaient tous les deux au hasard des questions empruntées à l'examen mental standard. Les psychiatres en utilisent toute une batterie pour évaluer la cohérence de la pensée et la présence ou l'absence d'hallucinations. De toute évidence, Zweig et Kaminsky avaient passé cet examen suffisamment souvent pour en avoir mémorisé certaines parties.

— Clinton, a répondu Simons.

— Vous pensez quelquefois à vous tuer ? a presque crié Craig Bishop.

— J'y ai pensé ces dernières heures. Jamais avant.

— Comment vous vous y prendriez ? a demandé Bishop. Est-ce que vous choisiriez de vous pendre ?

— De vous taillader les poignets pour vous vider de votre sang ? a renchéri Zweig. De sauter par la fenêtre comme Grace Cummings ?

J'avais l'impression d'être sur un manège tournoyant à toute vitesse, de ne percevoir de la pièce que des visions floues. Mon front était humide de sueur.

Simons a hésité.

— Des médicaments.

Gary Kaminsky a commencé à se balancer d'avant en arrière sur sa chaise.

— Vous avez des rêves de sexe ?

Elle n'a pas répondu. Juste baissé les paupières.

— Vous rêvez qu'on vous baise ?

Cecilia Gladstone a grimacé et dirigé son regard vers la fenêtre.
— Que vous avez une trique dans la chatte et un...
— Ça suffit ! a crié Lucas en levant son moignon. (L'autorité dans sa voix a ralenti le tourbillon vertigineux de ma conscience. J'ai vu Lucas foudroyer Zweig du regard.) Sortez d'ici. Tout de suite. Retournez dans votre chambre.

À ma grande surprise, Zweig a repoussé sa chaise d'un air penaud, et il est sorti à pas lents. Lucas semblait exercer un contrôle absolu sur tout le monde, lui y compris.

— Vous avez des questions à poser à la patiente ? a-t-il demandé à Cecilia Gladstone.

Elle lui a signifié que non.

— J'ai besoin de médicaments, a-t-elle dit. Je suis malade.
— Êtes-vous médecin ?

Cette fois, elle n'a pas répondu.

— Cecilia ?
— Non.
— Exact. Soyez assurée que vous aurez ce dont vous avez besoin au moment où vous en aurez besoin. (Il a orienté sa chaise en direction de Simons.) Souhaitez-vous aller mieux afin de pouvoir quitter cette unité, mademoiselle Simons ? a-t-il demandé.
— Oui, a-t-elle répondu en levant les yeux vers lui.
— Ne me regardez jamais. (Il a marqué une pause alors qu'elle baissait de nouveau la tête.) Vous croyez pouvoir accepter le traitement ?

Elle a gardé le silence.

— Vous voulez un traitement ? a insisté Lucas.

Simons s'est mise à pleurer, puis a murmuré « Oui » avant d'être parcourue de tremblements convulsifs.

— Ne soyez pas triste. Le Seigneur aide ceux qui s'aident eux-mêmes.
— Quel traitement ? suis-je parvenu à demander. Qu'est-ce qu'elle veut ?

Lucas m'a regardé avec un mélange de satisfaction et de mépris.

— Être enfin débarrassée de ses mensonges. Être libre et sincère. Prête pour sa sortie. (Il a fouillé la poche arrière de son pantalon chirurgical. Un scalpel est apparu dans sa main.) Être débarrassée de sa langue, en somme.

Anéanti, j'ai dit la seule chose qui me venait à l'esprit :
— Tu ne peux pas faire ça...
— Je n'ai pas le choix. Aucun chirurgien respectueux de son serment ne laisserait une maladie se répandre dans le corps alors qu'une excision nette l'en débarrasserait.

J'ai rassemblé le peu d'énergie et de concentration qui me restait.
— Laisse-moi la soigner.

Kaminsky et Bishop se sont mis à rire.
— C'est sûr, elle mérite d'être bien soignée, a grimacé Bishop.

Simons dit : « Coupez-moi la langue. »

Sa main s'est déplacée vers son entrejambe, et Lucas a posé son scalpel.
— Tu veux la soigner, Frank ? Pas de problème. C'est pour ça que tu es dans l'équipe, docteur.

Il a fait glisser le scalpel sur toute la longueur de la table, jusqu'à l'amener à portée de ma main.
— Mais je ne pense pas que ce soit une bonne idée de la mutiler.
— Ah non ? Qu'est-ce que tu suggères, alors ?

Je voulais orienter le lien établi avec Lucas, pathologique ou pas, vers la prière.
— Nous devrions prier pour son âme. (De la tête, j'ai indiqué les patients agenouillés derrière Simons.) Eux, et nous. (Je me suis interrompu le temps d'essuyer la sueur qui me coulait dans les yeux.) Du moins, si tu crois vraiment qu'elle est possédée.

Lucas m'a regardé en silence quelques secondes.
— Est-ce que le groupe considère que ce traitement est une option ? a-t-il interrogé.

Personne n'a répondu.
— Pourrions-nous avoir un vote à main levée ?

À la porte, Gabriel Vernon a amené sa main juste au-dessus de sa taille, et Lucas lui a jeté un coup d'œil.
— Nous respectons la démocratie dans cette unité, a-t-il dit au bout d'un moment. Tout le monde a le droit de s'exprimer. Même Gabriel. (Il a marqué une pause.) Bon, le traitement le plus approprié est donc le scalpel.

Je n'ai pas bronché.

— Tu l'utilises, Frank, et elle part. Guérie. Sinon, j'ai bien envie de laisser M. Zweig faire de son mieux pour la soigner.

Un silence de mort s'est abattu sur la pièce. Je contemplais fixement le scalpel.

Simons a été la première à reprendre la parole.

— Je veux que ce soit vous qui le fassiez, a-t-elle dit calmement.

Je l'ai regardée. Elle avait le visage ruisselant de larmes.

— Je ne veux pas mourir ici, a-t-elle ajouté.

— M. Zweig est tout à fait qualifié pour vous aider, a objecté Lucas.

— Non. Je vous en prie, a-t-elle sangloté.

— Alors, docteur ? a fait Lucas en me regardant.

Je n'ai pas répondu. Lucas s'est tourné vers Gabriel Vernon.

— Emmenez Mlle Simons dans la chambre de M. Zweig. À qui vous donnerez le scalpel.

— Je vous en supplie, m'a imploré Simons.

Les battements de mon cœur se sont précipités, malgré la méthadone qui circulait dans mon système sanguin. Je me savais capable d'infliger la mutilation d'une manière plus douce que Lucas, et certainement plus douce que Zweig. Mais est-ce que cela ne reviendrait pas à pactiser avec le diable ? À capituler devant le mal ? Alors que je sentais le psychisme de Lucas peser sur le mien, je me suis raccroché de toutes mes forces à un unique principe : j'étais dans l'unité pour l'aider, pas pour devenir lui. À ses ténèbres, il me fallait opposer une lumière d'une intensité égale. C'était la seule façon d'accéder à son mental et de sortir de cet enfer. Tout mon corps s'est mis à trembler à la pensée de ce que j'allais dire. Tout juste si j'ai réussi à articuler les mots :

— Prends la mienne, plutôt.

Du coin de l'œil, j'ai vu Kaminsky et Bishop échanger un regard déconcerté.

Un rictus a incurvé les lèvres de Lucas.

— Elle t'a supplié, a-t-il dit.

— Mes mensonges sont plus graves que les siens. Prends ma langue et laisse-la partir.

Une rougeur soudaine a envahi le visage de Lucas. Son regard s'est porté de patient en patient, comme pour déterminer si mes paroles trouvaient un écho en eux.

— Fumisterie ! a-t-il craché. C'est le mal en elle qui parle par ta bouche. Elle est en train de te contaminer.

J'avais l'impression d'avoir acculé un chien enragé – ce qui est en général ce qu'on ressent devant les psychopathologies les plus extrêmes. Manifester ma peur me serait fatal. Je devais persévérer. J'ai repoussé le scalpel sur la table, l'arrêtant à quelques centimètres seulement de Lucas.

— Tu vois Satan partout parce que tu ne supportes pas de regarder en face ta propre noirceur.

Lucas s'est emparé du scalpel, et il a contourné la table.

J'étais décidé à me battre s'il le fallait, mais je ne voulais pas bouger avant d'être certain que Lucas allait passer à l'acte. Je me suis redressé sur ma chaise, et j'ai opposé à ses yeux fous un regard ferme.

À trois pas de moi, il a levé son scalpel.

Je me suis remis debout, prêt à lui immobiliser le poignet, mais il a brusquement plongé vers Simons.

Les patients derrière elle ont recommencé à chanter. Simons a fermé les yeux, ouvert la bouche…

— Non ! ai-je crié.

Un gémissement de douleur grotesque et une salve d'applaudissements ont résonné dans la pièce.

7

— Que Satan soit damné ! a hurlé Lucas.

J'ai contemplé Lindsey Simons recroquevillée par terre en position fœtale, les mains pressées sur sa bouche d'où jaillissait un flot de sang.

Lucas s'est approché de moi. Il a jeté le scalpel sur la table.

— Pourquoi tu ne l'emmènerais pas dans ta chambre ? Amuse-toi un peu. Elle ne trouvera pas à y redire, crois-moi.

Le mélange de méthadone et d'adrénaline qui circulait dans mon organisme me flanquait le vertige et me mettait les nerfs à vif. J'ai jeté un coup d'œil à Simons, puis à l'infirmière enceinte ligotée dans le bureau, et enfin, au scalpel. J'ai inspiré plusieurs fois à fond afin de résister au désir de saisir la lame pour la plonger dans le corps de Lucas.

— Pourquoi on la tailladerait pas encore un peu avant de la bazarder par la fenêtre, comme Cummings ? a lancé Bishop avec un sourire idiot.

J'ai pivoté trop vite vers lui ; la pièce a recommencé à tournoyer devant mes yeux.

— Allez, allez, allez, a-t-il chantonné comme un gamin fêlé.

La terreur et la répulsion en moi se sont brusquement muées en fureur. Ça m'a calmé ; ça calme toujours les gens violents.

— Découpez-la. Allez, allez...

Toutes les émotions chargées d'électricité en moi ont bondi dans sa direction comme la foudre sur un paratonnerre. J'ai saisi le scalpel d'une main ; de l'autre, j'ai attrapé Bishop par les cheveux avant de le faire tomber de sa chaise, de poser un genou à terre et de lui coincer la tête sur ma cuisse, exposant sa gorge.

Gabriel Vernon a fait un pas dans la pièce mais, d'un geste, Lucas lui a intimé l'ordre de reculer.

J'ai placé la pointe du scalpel à l'endroit où je voyais battre l'artère carotide de Bishop.

— Qu'est-ce qu'on pourrait graver sur elle, hein ? lui ai-je demandé entre mes dents serrées.

Il n'a pas répondu.

— Vas-y, dis-moi ce que t'écrirais, ai-je insisté. Dis-le, bordel ! Qu'est-ce que tu graverais sur elle ?

J'ai pressé juste assez fort pour comprimer l'artère sans la perforer. Encore un millimètre, et la vie s'écoulerait hors de son corps.

— Pute, a-t-il murmuré. Puis, avec plus d'audace : Pute. Pute. (Il s'est mis à répéter l'insulte de plus en plus fort.) Pute, pute, pute...

La vision de Bishop en train de décapiter ses victimes m'a traversé l'esprit. J'ai tracé la barre du P sur sa carotide, écorchant à peine la peau. La marque de la lame est restée blanche un instant, avant de rougir. Un terrifiant sentiment de puissance m'a submergé. J'ai tracé l'arrondi de la lettre.

Bishop m'a regardé droit dans les yeux.

— Va te faire foutre, a-t-il dit sans émotion.

Avant que je ne puisse réagir, il m'avait saisi le poignet pour se trancher la gorge. Sa carotide nous a aussitôt inondés de sang tous les deux.

Les patients agenouillés en ligne derrière nous se sont éparpillés dans les coins les plus reculés de la pièce ; certains se recroquevillaient, d'autres gémissaient, d'autres encore poussaient des cris enthousiastes. Cecilia Gladstone a enfoui son visage entre ses genoux.

— Nom de Dieu ! ai-je hurlé.

De ma main libre, j'ai essayé de tamponner le vaisseau sectionné. Mais sans me laisser le temps d'exercer une pression suffisante, Bishop a de nouveau enfoncé le scalpel dans sa gorge, sectionnant cette fois l'autre artère carotide. J'ai lutté pour me dégager et réussi à ramper de quelques centimètres vers Lucas. Mais la prise de Bishop sur mon poignet était trop forte. Il s'est frappé encore et encore, jusqu'au moment où, trop tard, j'ai recouvré suffisamment de présence d'esprit pour ouvrir mes doigts et laisser tomber le scalpel. À ce stade, la gorge de Bishop était mutilée au-delà de ce que je pensais Lucas capable de réparer – surtout de la main gauche.

J'ai senti mon cœur cogner douloureusement en regardant l'ultime tentative de Bishop pour se cramponner à la vie. Ses yeux exorbités semblaient vouloir se raccrocher à ce monde-ci. Sa bouche s'est ouverte en grand, sa poitrine s'est soulevée, bataillant en vain pour oxygéner les organes vitaux isolés du système circulatoire. J'aurais voulu détourner les yeux, mais j'étais pétrifié. Dix secondes plus tard, il gisait dans une immobilité totale.

Les patients se sont tus.

— Assassin ! a soudain grondé une voix grave.

J'ai levé les yeux. Un type brun et musclé d'une cinquantaine d'années, le crâne rasé, les bras et le cou couverts de tatouages d'araignées, pointait un doigt menaçant dans ma direction. Il a fait mine de s'avancer vers moi.

Un nouvel élan de rage obscure a déferlé en moi. J'ai ramassé le scalpel, et je me suis relevé d'un bond. Un épais flot de salive a envahi ma bouche. La sueur me sortait par tous les pores. Je n'étais pas seulement prêt à me défendre ; j'étais prêt à tuer.

Lucas s'est placé devant lui.

— Retournez dans votre chambre, a-t-il ordonné.

Sans même attendre de réponse, il s'est adressé aux autres patients :

— C'est valable pour tout le monde. Vous êtes consignés trente minutes dans votre chambre.

L'homme a voulu le contourner. J'ai avancé d'un pas.

— Encore un centimètre, monsieur Kashoor, et vous passez la nuit en cellule d'isolement, a continué Lucas. Et je peux vous assurer que vous prierez pour revoir la lumière du jour.

Kashoor s'est immobilisé, évaluant manifestement ses options. Je voyais à ses yeux qu'il avait autant envie de se jeter sur moi que d'éviter la punition dont il risquait d'écoper.

— Gabriel ? a appelé Lucas. Escortez donc M. Kashoor.

Celui-ci a attendu que Gabriel Vernon ne soit plus qu'à un ou deux mètres, puis il s'est détourné pour suivre les autres patients, dont Cecilia Gladstone, hors de la salle.

Gabriel et Gary Kaminsky se tenaient tous les deux devant le corps de Craig Bishop.

— Vérifiez qu'ils font bien ce que je leur ai dit, leur a demandé Lucas. Donnez des médicaments à ceux qui auraient des crises d'angoisse.

Les deux hommes se sont empressés d'aller accomplir leur tâche.

À son tour, Lucas s'est approché de la dépouille. Il a appuyé la pointe de sa chaussure sur le front de Bishop, assez fort pour lui renverser la tête et exposer les artères carotides sectionnées.

— Ça faisait un bout de temps qu'il était suicidaire, a-t-il dit. (Une note de plaisir indéniable transparaissait dans une voix qui se voulait attristée.) Tu ne pouvais pas le savoir, je suppose.

Mes jambes étaient encore plus molles qu'avant. J'ai secoué la tête, refusant de croire que j'avais acculé Bishop dans ses derniers retranchements. J'avais l'impression qu'un étau me comprimait les tempes.

— Le bruit court que tu as cessé tes consultations après le suicide d'un jeune homme, a poursuivi Lucas. (De la tête, il a indiqué le scalpel dans ma main.) À mon avis, la thérapie par le dialogue, c'est fini pour toi. Tu ne demandais qu'à régler aussi son compte à M. Kashoor.

Les sanglots m'étouffaient. J'ai repensé aux mises en garde de Matt concernant les émotions que Lucas risquait de projeter sur moi. Quels démons prenaient possession de mon âme ? Ceux de Lucas, ou les miens ?

Lindsey Simons s'est remise à gémir derrière moi.

En me retournant, j'ai perdu l'équilibre. Lucas m'a rattrapé d'une main, ses doigts ont agrippé mon bras, et je suis parvenu à rester debout. Simons était toujours en position fœtale. Sans l'avoir voulu ni prémédité, j'ai fixé mon regard sur ses fesses nues.

— Bon, qu'est-ce qu'on va bien pouvoir faire de Miss Bonne famille ? a-t-il demandé. Toute la question est là. (Il a marqué une pause.) Pourquoi tu ne l'emmènerais pas dans ta chambre ?

J'ai revu les entraves fixées aux quatre coins de mon lit. Et puis, Dieu me pardonne, je l'ai vue, elle, entravée – offerte, suprêmement vulnérable. J'ai pressé mes poings sur mes paupières pour essayer de refouler ces images dans mon crâne.

— Elle est guérie, ai-je réussi à dire. Nous devons la laisser partir. *Nous.*

— Par la porte, ou par la fenêtre ? Qu'est-ce qui te ferait plaisir, partenaire ?

Comme je tentais de m'écarter de lui, Lucas a resserré sa prise sur mon bras.

— L'idée de M. Bishop n'était pas totalement dénuée de mérite, a-t-il poursuivi. À part, bien sûr, qu'elle lui a coûté la vie.

— Satan était dans sa langue. Elle est guérie, maintenant, ai-je répété.

Il a ôté sa main, qu'il a regardée d'un air soupçonneux.

— On ne sait jamais.

Je me suis alors rendu compte que Lucas n'était même pas certain d'avoir réussi à exorciser Satan en se coupant le bras. Et comme je voulais désespérément le convaincre de libérer Simons – y compris pour me prouver que je n'avais pas versé le sang pour rien –, j'ai décidé de tenter une autre tactique. Jack Rice, de la police d'État, m'avait dit que les otages devraient être libérés peu après mon arrivée dans l'unité, ou plus rien n'empêcherait le lieutenant Patterson de lancer l'offensive.

— Si on ne relâche pas quelqu'un très vite, ils vont envoyer les forces spéciales d'intervention, l'ai-je prévenu. Ils ne m'ont pas donné beaucoup de temps.

Lucas m'a dévisagé d'un air songeur.

— Laisse-la rentrer chez elle, Trevor.

— Chez elle, a-t-il répété d'un air dégoûté. (Il s'est tu quelques secondes.) Je peux compter sur toi pour le cas suivant ?

— Quel cas ?

— L'intervention neurochirurgicale. L'épiphyse.

J'avais besoin d'un délai. Ou peut-être pas. Après tout, rien ne m'empêchait de répondre à Lucas que jamais je ne me laisserais entraîner dans sa folie ; de résister à Satan, sans me soucier des conséquences.

— On la laisse partir, alors ? On continue ensemble ? a demandé Lucas.

J'ai regardé Simons. Je ne savais plus si je combattais toujours les puissances obscures ou si elles m'avaient déjà envahi, mais je savais que cette femme souffrait et que j'avais le pouvoir, en cet instant, de la soulager. Je me suis raccroché à cette certitude.

— Je marche avec toi, ai-je dit.

Lucas s'est approché de la porte de la salle de repos pour appeler Gabriel Vernon. Sans obtenir de réponse. Il s'est éloigné dans le couloir en criant son nom.

J'ai balayé des yeux le sol à la recherche du morceau de langue sectionné, que j'ai fini par localiser sous la table de réunion. Tout en surveillant la porte, je me suis baissé pour le ramasser. Il était plus léger et moins solide que je ne l'aurais imaginé ; ça ressemblait un peu à de la gélatine tiède. Je me suis dépêché de revenir vers Simons, en m'efforçant de ne pas regarder la dépouille de Bishop. J'ai aidé Simons à s'asseoir. Elle avait le visage inexpressif, la peau grise et moite. Quand je lui ai montré ce que j'avais dans la main, elle s'est détournée avec horreur. Je l'ai retenue par le poignet alors qu'elle se contorsionnait pour s'échapper.

— Ouvrez la bouche, ai-je murmuré.

Elle m'a jeté un coup d'œil. Ses mâchoires étaient crispées. Des larmes ont de nouveau coulé sur son visage.

— Ils réussiront peut-être à la recoudre. Ouvrez la bouche.

Comme elle secouait la tête, j'ai ordonné avec brusquerie :

— Maintenant ! (Ma sensation de vertige était plus forte que jamais.) Allez, Lindsey !

Elle n'a pas vraiment ouvert la bouche ; juste desserré les mâchoires.

J'ai appuyé sur son menton. Du sang a coulé dans son cou, dégoulinné sur ses seins et son abdomen. Après avoir placé le morceau de chair derrière ses dents du bas, j'ai repoussé son menton pour l'obliger à refermer les mâchoires. Au même moment, j'ai remarqué qu'elle levait des yeux écarquillés par la panique.

Gabriel Vernon se tenait au milieu de la pièce. Il m'avait forcément vu faire. Il s'est approché, puis arrêté à quelques pas de nous.

J'ai cherché son regard, prêt à le supplier de ne rien dire.

— Gabriel…

— Le docteur garde tous les spécimens, a-t-il déclaré avant de se pencher pour ramasser le scalpel que j'avais laissé tomber.
— Où ? ai-je demandé. Pourquoi ?
Il n'a pas répondu.
— J'ai besoin d'un autre spécimen.
Simons s'est agitée frénétiquement sur le lino, et elle a reculé jusqu'à se retrouver contre le mur, sous les fenêtres. Serrant ses genoux, elle a commencé à se balancer comme une enfant.
— Laissez-la tranquille, ai-je lancé en me levant. Elle n'est pas plus possédée que vous.
Durant une fraction de seconde, les traits de Vernon se sont adoucis en une expression de confusion. Et puis, son affect a disparu.
Je me creusais la cervelle à la recherche d'un argument psychologique capable de l'emporter sur son dévouement envers Lucas quand il a enjambé le corps de Bishop, s'est accroupi et lui a coupé cinq bons centimètres de langue, qu'il a inspectés sans émotion — comme il avait dû inspecter, m'imaginais-je, les parties génitales de l'homme qu'il avait castré. Puis il a jeté le morceau de chair sous la table de réunion avant de se relever.
— Il est temps de partir, a-t-il dit à Simons.
J'étais incapable de déterminer s'il avait de son plein gré désobéi à Lucas afin d'aider Simons, ou si son comportement illustrait le raisonnement concret typique des patients schizophrènes. Est-ce qu'il se préoccupait vraiment du sort de Simons, ou est-ce que pour lui, un échantillon de langue en valait un autre ?
De son côté, Simons paraissait trop terrifiée pour bouger.
Gabriel s'est approché d'elle, et il lui a passé ses bras sous les aisselles pour l'aider à se mettre debout. Après l'avoir prise dans ses bras, il l'a emmenée hors de la salle.
J'ai voulu les suivre, mais j'ai dû m'appuyer un instant sur la table de réunion, puis au montant de la porte pour ne pas tomber. En tendant le cou pour scruter le couloir, j'ai vu Gabriel, Lucas et Kaminsky parler devant la porte verrouillée. Impossible d'entendre ce qu'ils disaient. Quelques secondes plus tard, Kaminsky a ouvert juste le temps de laisser sortir Gabriel et Simons, puis il a claqué la porte derrière eux.
Quant à moi, je suis retourné près des fenêtres pour voir ce qui

allait se produire. Une minute ou deux se sont écoulées avant que je ne distingue du mouvement sur la pelouse, et des policiers qui battaient en retraite derrière leurs voitures et armaient leurs fusils. Jack Rice, le lieutenant Patterson et Emma Hancock sont sortis de la remorque. Patterson hurlait dans un talkie-walkie, m'a-t-il semblé. Ensuite, j'ai vu Lindsey Simons tituber sur l'herbe. Elle était seule. Plusieurs hommes en combinaison noire, protégés par des boucliers en plastique, se sont précipités vers elle et l'ont entraînée derrière un des camions noirs de la force spéciale d'intervention.

— Je suis un homme de parole, a déclaré Lucas dans mon dos.

Il se tenait sur le seuil, ai-je constaté en pivotant.

— Et toi, Frank ? Prêt pour le coup de main ?

— Je ne serai jamais prêt à massacrer quelqu'un.

— Ah oui ? Ça ne paraissait pourtant pas te poser trop de problèmes, il y a dix minutes. (De la tête, il a indiqué le cadavre de Bishop.) Je t'ai déjà dit qu'on se ressemblait beaucoup, tous les deux.

J'ai fermé les yeux. Les paroles de Nietzsche me sont revenues en mémoire.

> *Quiconque combat les monstres devrait veiller*
> *À ne pas devenir lui-même un monstre en chemin.*
> *Et quand tu regardes longtemps au fond de l'abîme,*
> *L'abîme regarde aussi au fond de toi.*

Y avait-il vraiment une différence entre ce que j'avais fait subir à Craig Bishop et ce que Lucas avait fait subir à Grace Cummings ? Il avait gravé une phrase sur elle avant de la pousser cinq étages plus bas. J'avais gravé le début d'un mot sur lui avant de le pousser à se trancher la gorge.

— Tu voudrais peut-être un peu de méthadone avant qu'on s'y mette ? a dit Lucas. Ça ne me ferait pas de mal non plus. Remarque, j'ai même mieux à te proposer : j'ai déniché un flacon de cocaïne pharmaceutique.

Pour pouvoir être utile à quelqu'un dans cette unité, j'allais devoir me secouer. La cocaïne aiderait mon système nerveux à émerger de sa torpeur opiacée. Elle l'amènerait aussi à la limite de l'effondrement total.

— Va pour le flacon, ai-je répondu.

Il a souri.

— Marché conclu.

Je l'ai suivi jusqu'à la réserve de médicaments située à la moitié du couloir. Lucas s'est assuré qu'il n'y avait personne à proximité avant de couvrir de sa paume le pavé numérique pour composer un code à quatre chiffres. Il devait être le seul à y avoir accès, ai-je supposé, ce qui lui permettait de contrôler qui prenait quels médicaments et quand. Au cours de ma carrière, j'avais vu mon lot de camés à l'héroïne en état de manque. Six heures sans drogue ni méthadone, et les muscles et les articulations commencent à se crisper comme ceux d'un plongeur atteint de la maladie des caissons. Des spasmes contractent l'estomac sans relâche. La peau est moite, elle se hérisse. La pression sanguine, le pouls et la température du corps montent en flèche. À ce stade, un véritable accro est prêt à faire n'importe quoi, à faucher n'importe quoi, ou à vendre n'importe qui pour un fixe. Avoir les moyens de plonger un homme dans une telle détresse, c'est disposer d'un vrai pouvoir. Avoir les moyens de l'en sortir, c'est disposer du pouvoir absolu.

La porte s'est ouverte avec un déclic, et nous sommes entrés. Lucas a repoussé le battant derrière lui, et vérifié à deux reprises qu'il était bien fermé.

La pièce ne mesurait sans doute pas plus d'un mètre cinquante sur deux mètres cinquante. Un évier et un plan de travail en Inox, surplombés par une rangée de placards vitrés, occupaient un mur. Contre celui d'en face se dressait un énorme réfrigérateur en acier à doubles portes. Les placards étaient bourrés de flacons en plastique et en verre, d'échantillons de Haldol, de Mellaril et de Xanax dans des emballages de couleurs vives, de boîtes de masques chirurgicaux et de gants en latex, et de tout l'attirail nécessaire aux soins : masques à oxygène, seringues hypodermiques, sondes nasogastriques, poches de perfusion.

— On est dans les ventricules du cœur, a lancé Lucas, rayonnant. La chambre de chauffe du navire. Tout ce dont nous avons besoin pour vaincre Satan se trouve ici. J'ai même découvert un petit instrument pour nous aider à venir à bout des vaisseaux sanguins gênants qu'on pourrait rencontrer en traversant le cortex cérébral.

Il désignait dans le placard du milieu un appareil en plastique et en chrome de la taille d'un transistor. C'était un électrocautère servant à brûler les petites artères et les capillaires.

Alors que je contemplais le cabinet, une pensée m'a soudain traversé l'esprit : nous étions seuls dans cette pièce. Personne ne pouvait nous rejoindre. Et je savais que, malgré ma faiblesse, j'étais encore capable de terrasser Lucas. De le tuer, même. J'ai jeté un coup d'œil au plan de travail. Puis je l'ai regardé, lui, et je me suis imaginé en train de lui cogner le visage contre l'angle en Inox, de réduire ses yeux en bouillie, de lui défoncer le crâne. Les images, d'une netteté saisissante, touchaient tous mes sens. Je sentais ses cheveux dans mon poing, sa tête qui rebondissait sur le métal. J'entendais céder la chair et les os. Je percevais l'odeur des derniers fluides corporels qui s'échappaient de son corps. Et l'expérience me procurait un plaisir indicible, m'exaltait au plus haut point. Je me suis penché imperceptiblement vers Lucas, comme attiré par ma propre force meurtrière, par mes propres ténèbres.

Il a redressé la tête en soutenant mon regard.

— Si tu envisages de me faire du mal, garde à l'esprit que sans moi, les hommes dehors vous arracheront les membres un par un, à toi et aux otages.

J'ai bataillé pour me maîtriser. J'étais convaincu qu'il avait raison, sans parvenir toutefois à me l'expliquer. Ces types-là étaient beaucoup plus costauds que lui, après tout. Rien ne les empêchait de le torturer pour l'obliger à leur révéler la combinaison de la réserve. De voler les doses de méthadone qu'il leur ordonnait de distribuer aux autres patients. Ou même, d'essayer de s'échapper. Était-ce vraiment l'aura du médecin qui conférait à Lucas son autorité ? Ou est-ce que, comme tous les hommes, ces individus extraordinairement dangereux redoutaient l'autonomie et n'aspiraient qu'à être guidés ?

— Retire-moi de l'équation, et ils se déchaîneront, m'a averti Lucas. Je suis le seul qui puisse leur accorder la liberté. Le seul à avoir diagnostiqué la présence du démon en eux. Le seul à pouvoir arracher leur âme à Satan. Le seul à…

La principale raison, sans doute, pour laquelle les patients lui obéissaient m'est venue à l'esprit pendant qu'il vociférait. Outre le fait qu'il était le seul détenteur des substances propres à apaiser le tumulte dans leur tête, à anesthésier leur conscience, Lucas donnait une sorte d'absolution. En affirmant que leur ennemi commun était le diable, il leur permettait de croire qu'ils n'avaient aucun contrôle sur leur esprit et leur comportement, et par conséquent, qu'ils n'étaient pas responsables de leurs pensées ou de leurs actes. En lui abandonnant leur libre arbitre, ils n'étaient plus obligés de se regarder en face, de ressentir leur propre douleur, de penser à la façon dont leur existence avait sombré dans les ténèbres. En conjurant le spectre de Satan, Lucas avait créé une hallucination collective plus puissante – et plus libératrice – que toute psychose individuelle.

— Est-ce que tu te rends mieux compte maintenant du poids qui pèse sur mes épaules ? m'a-t-il demandé. Tu comprends que l'issue de cette guerre dépend de moi ? (Il a tendu la main pour m'attirer à lui. Il était trempé de sueur.) Alors ?

— Je comprends, oui.

Il a dardé sur moi un regard farouche, et j'ai dû prendre sur moi pour ne pas me dégager.

— Je comprends, ai-je répété posément.

Lucas a paru soulagé. Il a reculé, s'est accordé un moment pour se ressaisir, puis il a ouvert un des placards pour en sortir un énorme bocal en verre brun avec une étiquette blanche indiquant qu'il contenait de la méthadone. Après avoir dévissé le capuchon, il a versé environ cinq milligrammes de liquide orange dans une tasse en carton qu'il a vidée d'un trait.

— J'espère que tu n'iras pas me dénoncer à la DEA[1] ! a-t-il lancé en m'adressant un clin d'œil. Je ne voudrais pas être sanctionné par l'Ordre des médecins… (Il a versé une dose plus importante dans la tasse et me l'a tendue.) *Salud.*

J'ai tout avalé d'un coup.

— Où est la coke ? ai-je demandé.

— T'inquiète.

Du placard, il a retiré cette fois un flacon transparent beaucoup plus petit, avec un bouchon en caoutchouc, contenant de la cocaïne

---

1. Drug Enforcement Administration : agence gouvernementale chargée de la répression du trafic de drogue. (*NdT*)

liquide. On se sert généralement de cette solution pour resserrer les fosses nasales enflammées en cas de sinusite ou pour anesthésier les blessures avant une intervention chirurgicale mineure. Lucas me l'a donnée.

Malgré l'hébétude provoquée par la méthadone, j'imaginais sans peine le coup de fouet que me procurerait la coke. Je n'y avais pas touché depuis six mois, mais je n'avais jamais cessé d'en crever d'envie.

— Vas-y, m'a invité Lucas.

Je savais qu'en acceptant ce flacon, je risquais de dévaler la pente glissante vers la dépendance. Mais les horreurs auxquelles je venais d'assister, conjuguées à toute la méthadone que j'avais ingurgitée, m'avaient plongé dans un état que je jugeais trop dangereux pour ne pas tenter d'y remédier – trop dangereux pour moi et pour tous ceux de l'unité. J'avais tué un homme, inutile de le nier. Je pourrais facilement recommencer. Alors, j'ai pris le flacon, ôté le bouchon de caoutchouc et versé l'équivalent d'une cuillerée à café de liquide sur ma langue, qui s'est aussitôt engourdie. Mon angoisse a progressivement reflué. J'ai fermé les yeux, pris une profonde inspiration.

— Les miracles de la chimie ! a gloussé Lucas. Si tu te voyais… Tu es en train de devenir un autre homme.

Je me suis forcé à rire avec lui, malgré les pensées qui m'agitaient. Si j'étais réellement en train de devenir un autre homme, quel genre d'homme ? J'ai continué à sourire même en songeant à ce que j'avais fait à Bishop et à ce que j'aimerais faire à Lucas. J'ai versé une autre dose de cocaïne entre mes dents du bas et mes gencives, avant d'en frotter la blessure sur ma joue. Ma mâchoire, ma bouche et ma gorge ont peu à peu perdu toute sensibilité. Mon niveau de lucidité a commencé à s'élever.

Lucas a bu une autre gorgée de méthadone directement à la bouteille. Pour le moment, il me traitait comme un copain de défonce, et j'ai voulu mettre à profit cette complicité pour obtenir des informations sur la façon dont il avait pris le contrôle de l'unité.

— Comment se fait-il que Kaminsky, Zweig et les autres patients soient déjà accros à la méthadone ? l'ai-je questionné. Ils s'en procuraient déjà avant, pas vrai ? Comment ?

Une expression malicieuse a éclairé son visage.

— Je ne devrais pas te le dire…

Il s'est mordillé la lèvre en grattant les points de suture sur son moignon ; de toute évidence, il se demandait s'il devait me mettre dans la confidence.

J'ai patienté.

— L'infirmière Vawn. Carla Vawn.

— C'est laquelle ? Qu'est-ce que tu veux dire ?

— La pauvre petite chose dans le bureau des infirmières. Celle qui a les entrailles contaminées. Je l'ai persuadée que j'étais en désintoxication et qu'on m'avait prescrit de la méthadone, que j'avais fait partie du Programme d'aide aux médecins en difficulté, à l'extérieur ; bref, que j'étais un ancien toxico en bonne voie de guérison. Exactement comme toi. Tu m'as beaucoup inspiré, tu sais… (Il m'a adressé un clin d'œil.) Je lui ai fait voir à quel point j'étais malmené par ses collègues. Je lui ai dit que je la sentais plus intelligente, plus gentille, plus humaine. Spéciale, quoi ! C'est tout ce qu'elle avait besoin d'entendre. Elle est issue d'une famille nombreuse. Noyée dans masse, en somme. Son père et sa mère sont tous les deux des poivrots finis. Elle a commencé à augmenter la dose tout doucement, juste pour soulager les crampes dont je me plaignais, et par la suite, elle a eu la bonté d'en introduire de plus en plus dans ma chambre. Pour me calmer les nerfs. M'empêcher de trembler. (Il a marqué une pause.) Je l'ai distribuée aux autres dans le besoin.

À ces mots, je me suis remémoré l'étrange capacité de Lucas à charmer, manipuler, et finalement détruire les femmes fragiles et malades – dont Kathy. Pour qu'elle se soit laissé embobiner par un patient psychotique comme Lucas, Vawn devait elle-même souffrir de graves problèmes psychologiques.

— Pourquoi a-t-elle accepté ?

— La meilleure raison du monde. Elle est amoureuse de moi. Pendant ses gardes de nuit, elle m'a taillé les meilleures pipes de toute ma vie. Elle m'a même refilé en douce les couteaux, qu'elle m'a aidé à planquer sous mon lit. À mon avis, elle devait se rendre compte que ses collègues n'étaient pas de taille à relever un défi comme celui d'affronter Satan dans la bataille finale. Il fallait un chirurgien pour leur montrer la voie. (Il a pris une profonde inspiration.) Je dois bien reconnaître que j'ai craqué pour elle autant qu'elle a craqué pour moi. Je suis un être humain comme les autres, Frank. Et jusque-là, je n'ai pas trouvé beaucoup d'épaules où poser ma tête.

– Dans ce cas, pourquoi la tuer ? (Une pensée terrible m'a traversé l'esprit.) C'est ton enfant qu'elle porte ?

– La tuer ? (Son visage a perdu toute trace d'aménité.) Mais tu ne te rends pas compte ? Elle est contaminée ! (Il criait presque.) J'essaie de la guérir, bon sang ! Je l'aime ! (Il a refermé la bouteille de méthadone et l'a jetée dans le placard, renversant une demi-douzaine d'autres flacons. Puis il a pivoté, et ouvert en grand les portes du réfrigérateur derrière lui.) Satan demeure dans tous ces organes.

J'ai failli partir à la renverse. Le bras coupé de Lucas, muscles et peau disséqués grossièrement, gisait sur un plateau en Inox. Sur les quatre clayettes au-dessus étaient posés divers récipients en verre, dont certains contenaient des spécimens flottant dans un fluide trouble. Dans un énorme bocal, j'ai distingué un ovaire. L'étiquette disait : *Elmonte, L., Médecin*. À la pensée que Lucas risquait de faire subir le même sort à l'infirmière Vawn, j'ai senti un frisson glacé me parcourir. À côté du bocal se trouvait toute une série de vases à bec pleins d'urine et de sang. Des éprouvettes étaient remplies de ce qui ressemblait à des échantillons de sperme. J'ai levé les yeux vers la clayette supérieure, et senti mon rythme cardiaque s'accélérer. Dans un récipient à large fond plat, marqué *Winston, Docteur en psychologie*, nageait une langue. J'ai revu soudain Jack Rice penché sur Lawrence Winston devant l'hôpital. Et je me suis rappelé ses paroles : « Il n'a plus de langue. »

– Regarde toute cette bile noire, a dit Lucas en désignant les spécimens. Ce sont les fluides vitaux de Satan.

Je n'avais devant les yeux que des organes et des fluides corporels conservés dans des conditions déplorables. Lucas a levé sa main valide au niveau de sa poitrine et l'a contemplée.

– La bête peut se cacher n'importe où. (Il a tourné et retourné sa main pour l'inspecter. Puis il l'a laissée retomber.) J'ai besoin de ton aide pour le vaincre, Frank.

Je savais que l'inconscient de Lucas opérait une projection des démons qui habitaient son esprit torturé. Et je savais aussi que s'il m'avait maintenu en vie, c'était parce qu'une partie de lui voulait les affronter.

— Pour vaincre Satan, ai-je dit, il va falloir que tu essaies de découvrir comment il a pu se faufiler jusqu'à ton âme. Ce qui a pu se passer pour qu'il trouve en toi un terreau fertile où semer le mal.

— Psychocharabia. Pas étonnant que ton patient se soit suicidé...

— C'est moi que tu as fait venir dans l'unité. Je suis psychiatre. Pas chirurgien.

— Et c'est toi qui m'a pris ma vie. À toi de m'aider à la récupérer. Ce n'est que justice. (Il s'est interrompu.) Je te donne une chance de te racheter, Frank. C'est plus que ce que toi, tu m'as donné. (Il a refermé le réfrigérateur, sorti l'électrocautère du placard et ouvert la porte débouchant sur le couloir.) Bon, on a perdu assez de temps comme ça. On a une opération à faire.

8

Nous sommes allés jusqu'à la dernière chambre à droite. Gabriel nous a rejoints près du lit, et il s'est posté près de moi, en face de Lucas. L'homme marqué en prévision de l'intervention neurochirurgicale gisait toujours à plat ventre, chevilles et poignets entravés, le V noir sur son crâne indiquant le tracé de l'incision prévue. Son corps entier semblait parcouru de tremblements.

— Tout est prêt, Gabriel ? a demandé Lucas.

— Oui, docteur.

Il a ôté le carré de papier vert qui recouvrait le plateau sur la table de nuit, révélant deux scalpels, une série de rétracteurs et une perceuse.

Lucas a posé le cautère sur le plateau, et il a pris la perceuse.

— Et où avons-nous déniché cette petite merveille de mécanique ?

— Service d'entretien. Au deuxième, a répondu Vernon.

— Excellent. Si je me souviens bien, l'épiphyse est enfouie très profondément...

Lucas a pressé l'interrupteur. L'engin a émis un ronronnement, suivi d'un crissement strident.

Le patient a poussé un cri de terreur.

Je ne savais trop comment empêcher ce qui allait se produire. Bien qu'il ait tué son fils de huit ans, j'ai instinctivement posé ma main sur le bras du patient afin de le réconforter. Il s'est aussitôt agité comme pour la repousser, et j'ai laissé retomber mes doigts sur le matelas en comprenant qu'il ne pouvait considérer ce contact autrement que comme une menace. Et dire que je ne connaissais même pas son nom... J'ai regardé le bracelet d'identification : Tisdale, Richard.

— Ça devrait nous permettre d'atteindre l'endroit où nous devons aller ! a crié Lucas pour couvrir le bruit de la perceuse.

Levant la mèche de la perceuse devant ses yeux, il l'a regardée tourner quelques secondes. Puis il a de nouveau pressé l'interrupteur pour l'arrêter, mais quand il a voulu reposer l'outil sur le plateau, ses doigts sont restés agrippés à la poignée.

— Laissez-moi tranquille ! a hurlé l'homme dans les draps.

— Oh, nous allons te laisser tranquille, gentil garçon ! a répondu Lucas, qui s'efforçait en vain de lâcher la poignée. Nous allons traquer Satan jusqu'à ce qu'il retourne en enfer.

Gentil garçon. Ces mêmes mots qui avaient été gravés sur le corps de Grace Cummings... J'ai revu son cadavre nu allongé sur le ciment devant l'hôpital, les lettres sanglantes sur son abdomen. Étant donné ce que je savais de la haine de Lucas pour les femmes, mon instinct m'a soufflé que cette expression était attribuable à sa mère, la première femme de sa vie. J'ai repensé au mot que Lucas avait crié avant de tuer Lawrence Winston – *Harpie*, la créature mythologique mi-femme mi-monstre. Je n'avais rien à perdre. La seule façon de l'atteindre, c'était de lui offrir la vérité, qui est toujours une manifestation de la présence de Dieu. J'ai suivi mon intuition.

— Est-ce qu'elle était folle ?

Lucas, encore aux prises avec le foret, n'a pas répondu.

— Qu'est-ce qu'elle t'a fait ?

Enfin, il a réussi à dégager ses doigts de la poignée, mais ils sont restés crispés, comme déformés par l'arthrite. Je n'étais pas certain qu'il ait entendu ma question.

— Tu ne sais pas de quoi tu parles, a-t-il dit sans me regarder.

Il a fait jouer sa main pour la détendre.

— Satan était aussi en elle ?

Lucas a ouvert la bouche, mais sa réponse a été noyée par le système de sono, dehors.

— Ici le lieutenant Patterson, police de l'État du Massachusetts ! ont braillé les haut-parleurs. Je vous adresse un dernier avertissement. Tous les otages doivent être libérés dans les quatre-vingt-dix secondes.

La libération de Lindsey Simons privée de sa langue avait dû amener Jack Rice à durcir, et non à assouplir, ses positions. De toute évidence, il avait donné son feu vert à Patterson.

Lucas s'est dirigé vers la fenêtre grillagée au-dessus de la tête de lit.

— Le soleil se couche. Quoi de plus approprié ? Le diable vient toujours la nuit, n'est-ce pas ?

À cet instant, Kaminsky et Zweig sont entrés dans la pièce.

— Dis-leur à tous de se coucher par terre et de ne plus bouger, ai-je recommandé à Lucas.

Les yeux de Kaminsky se sont aussitôt tournés dans ma direction. Gabriel Vernon l'a saisi par la peau du cou pour l'expédier vers la porte.

— On attend les ordres du docteur, a-t-il grondé.

— Et mes ordres sont de rassembler tout le monde dans la salle de repos, a dit Lucas. C'est le moment que nous attendions tous. L'heure de notre Apocalypse.

— Tu ne pourras pas les arrêter, ai-je protesté. Ils sont trop nombreux. Et armés.

Il m'a contemplé comme s'il était perdu dans un rêve.

— Nous avons les cieux. Nous n'avons pas besoin de la terre.

— Déverrouille la porte, ai-je insisté. Laisse sortir les patients et les employés.

— Nous savons déjà où aller. Satan ne trouvera plus une seule âme à investir quand son armée arrivera.

Sur ces mots, il est sorti de la pièce.

Zweig a conduit les patients vers la salle de repos. Vernon m'y a escorté. Certains patients, à genoux, ont commencé à chanter, d'autres à arpenter la pièce, d'autres encore à errer sans but. Quelques-uns, dont l'ancienne mondaine Cecilia Gladstone, pleuraient sans retenue. Carla Vawn, attachée sur sa chaise, respirait toujours mais elle était apparemment inconsciente.

Kaminsky a fait entrer trois femmes et un homme dans la pièce.

Tous quatre ne portaient que des blouses d'hôpital. Leurs badges d'identification étaient agrafés à leur gorge. Sachant qu'un des travailleurs sociaux pris en otage dans l'unité était un homme, j'ai supposé que c'était lui. Les femmes devaient donc être la diététicienne et les deux infirmières qui travaillaient avec Vawn.

Ensuite, Kaminsky a ordonné à tout le monde de se mettre sur une seule ligne devant les fenêtres, d'un bout à l'autre de la salle. Les derniers rayons d'un coucher de soleil hivernal les nimbaient d'une lueur orangée.

Lucas n'était nulle part en vue.

J'ai entendu le moteur de l'hélicoptère démarrer, et les pales vrombir. Patterson a de nouveau braillé dans le système de sono :

– Ici le lieutenant Patterson, police de l'État du Massachusetts ! J'ordonne à toutes les personnes dans l'unité de se coucher à plat ventre, mains sur la nuque !

Les patients se sont mis à chanter en chœur. Zweig et Kaminsky ont pris leur place dans le rang.

Je me suis tourné vers Gabriel Vernon.

– On n'a que trente secondes. Il faut que tout le monde se couche. La police va tirer sur tous ceux qui restent debout.

Il m'a regardé en plissant les yeux d'un air sceptique.

– Ici, c'est le Dr Lucas qui donne les ordres.

Je l'ai agrippé par les avant-bras.

– Vous n'avez pas besoin qu'on vous donne des ordres pour prendre la bonne décision. Vous savez très bien que personne ne sera sauvé en se faisant charcuter par le Dr Lucas ou faucher par les mitrailleuses.

Vernon n'a pas bougé.

J'ai entendu l'hélicoptère décoller. Les forces spéciales d'intervention se préparaient à envahir le bâtiment juste après les rafales de tirs, je le savais. J'ai planté là Vernon pour m'approcher des patients et des otages, que j'ai désespérément essayé d'obliger à se baisser les uns après les autres, tombant quelquefois avec eux. Aucun ne m'a résisté, mais ils se relevaient dès que je passais au suivant. Je voyais au mouvement de leurs lèvres qu'ils chantaient toujours malgré le grondement assourdissant de l'hélicoptère d'assaut qui s'élevait vers nous. Quand le tour de Zweig est arrivé, j'ai tenté aussi de le coucher, mais il m'a entaillé les bras avec son couteau avant de m'envoyer au tapis. Je l'ai aussitôt attrapé par la jambe de son pantalon pour le faire trébucher. Il est tombé sur un genou, et il a laissé échapper sa lame. Du coin de l'œil, j'ai vu que Gabriel Vernon s'était mis lui aussi à renverser les gens. Il en a plaqué au sol une bonne demi-douzaine, peut-être plus, avant que le soleil ne disparaisse, masqué par la silhouette massive de l'hélicoptère d'assaut devant les fenêtres. J'ai entendu les premières balles faire exploser le verre. Si j'avais été en état de raisonner, je serais resté par terre, la tête dans les mains, mais je n'étais plus capable de penser ; je commençais tout juste à mesurer l'horreur de la décision prise par l'État d'anéantir des patients – même des patients comme eux. Chaque homme est une histoire, et la mienne serait définie par un paroxysme de violence meurtrière que j'avais moi-même contribué à déclencher. Je devais m'y opposer coûte que coûte, quitte à signer ma perte. Je me suis levé, précipité vers les fenêtres, et appuyé contre les vitres, les bras largement écartés. L'hélicoptère stagnait directement devant moi. Le rugissement de son moteur et le tournoiement des pales me déchiraient les oreilles. J'ai vu le visage du pilote. Et celui de Jack Rice, assis à côté de lui. Nos regards se sont soudés. En un éclair, je l'ai réentendu me dire qu'une fois que je serais à l'intérieur de l'unité, il ne pourrait plus rien faire pour moi. J'ai fermé les yeux en attendant d'éprouver la douleur fulgurante que provoquerait la balle, d'assister au déroulement du film de mon existence. Mais il ne s'est rien passé. L'hélicoptère est demeuré immobile encore quelques secondes. J'ai rouvert les yeux à temps pour le voir osciller dans le ciel comme un frelon géant avant de descendre et de disparaître de mon champ de vision. Les pales ont ralenti, puis se sont arrêtées ; seule la mélopée des patients éparpillés dans la pièce troublait désormais le silence.

J'ai fait volte-face pour évaluer le nombre des victimes. La plupart des patients étaient encore debout ou se relevaient, mêlant leur voix à celles de leurs compagnons qui chantaient. D'autres étaient blottis dans les coins de la pièce. Le travailleur social, à terre, serrait sa jambe blessée. Il y avait du verre partout. Le plâtre des murs était criblé de cratères à l'endroit où les balles s'étaient logées. Kashoor, le costaud que Lucas avait empêché de m'attaquer, était affalé contre la cloison près de la porte, abattu d'une balle dans la tête. J'ai cherché du regard Gabriel Vernon et l'ai découvert à plat ventre dans une mare de sang, bras et jambes écartés. Je me suis précipité vers lui et, rassemblant toutes mes forces, je l'ai retourné. Sa tête est tombée de côté. Il avait reçu deux balles en pleine poitrine, ai-je constaté, avant d'appeler à l'aide.

– Tiens le coup, Gabriel, ai-je murmuré. Ne meurs pas.

Lui inclinant doucement la tête en arrière, j'ai guetté une respiration. J'ai déchiré sa chemise, à l'affût du moindre mouvement de son torse. Rien. J'ai pris son pouls. Son cœur avait cessé de battre. Agenouillé près de lui, j'ai tenté le bouche-à-bouche, mais j'entendais craquer les morceaux brisés de son sternum à chacune des pressions que je lui imprimais. L'air que je lui insufflais gonflait des petites bulles dans les trous de sa poitrine. J'ai noué son haut blanc d'aide-soignant pour comprimer la blessure, mais l'air traversait le tissu. De nouveau, j'ai crié à l'aide. Personne n'a répondu. Trente secondes plus tard, il n'avait toujours pas respiré, et moi, j'étais à bout de souffle. Vaincu, j'ai passé la main sur son visage pour lui fermer les paupières.

Levant les yeux, j'ai découvert Kaminsky et Zweig qui tenaient un conciliabule à voix basse. Peu après, ils faisaient de nouveau aligner les patients au milieu de la pièce, comme s'ils se préparaient à une deuxième offensive. Cette fois, ils ont séparé les otages du reste du groupe, les forçant à se mettre en rang en face des autres, le dos aux vitres fracassées. L'angoisse m'a submergé à la pensée qu'ils envisageaient peut-être de les exécuter. Je me suis redressé tant bien que mal, et précipité dans le couloir à la recherche de Lucas. Désormais, je croyais ce qu'il m'avait dit : il était la clé de voûte d'une structure qui seule pouvait empêcher l'unité de sombrer dans le carnage. Or, il y avait encore des vies à sauver – plus d'une douzaine de patients, et les otages.

J'ai foncé dans chacune des chambres qui bordaient le couloir, affronté de nouveau le terrifiant spectacle de l'« opération » pratiquée sur Laura Elmonte et des préparatifs à une intervention de neurochirurgie sur Richard Tisdale. En quittant ce dernier, je me suis effondré contre le montant de la porte, vidé de mes forces. J'étais à deux doigts de tomber dans les pommes. Rassemblant le peu d'énergie que me procurait encore la coke, je me suis engagé dans le couloir en sens inverse. Je me suis arrêté devant la réserve de médicaments et j'ai frappé, sans obtenir de réponse. J'ai collé mon oreille contre le métal froid. Il y avait du mouvement à l'intérieur.

— Trevor ? ai-je hurlé. Tu es là ? (Seul le silence m'a répondu. J'ai martelé le battant.) Trevor !

— Fous le camp, Frank !

— Ouvre cette porte.

Il a poussé un cri de douleur.

— Laisse-moi entrer !

— Je... je ne peux pas ! a-t-il crié. (Sa voix s'est faite désespérée.) Mon bras...

— Quoi ? Qu'est-ce qui se passe avec ton bras ?

De nouveau, il y a eu un silence.

— Trevor ? Qu'est-ce qui est arrivé à ton bras ?

— Lucifer l'a pris. (Il a laissé échapper un grondement sourd.) Ses griffes me déchirent.

J'ai baissé les yeux vers le pavé numérique.

— Donne-moi le code, Trevor.

Pas de réponse. J'allais m'élancer vers la salle de repos pour interroger les infirmières quand Lucas a enfin réagi :

— 3-1-1-5.

J'ai pressé les touches correspondantes, ouvert la porte, pénétré dans la réserve et refermé la porte derrière moi. Quand je me suis retourné, j'ai reçu un sacré choc. Lucas, affalé dans le coin le plus reculé de la pièce minuscule, maintenait son avant-bras au sol avec sa jambe. Sa main était tordue comme s'il essayait de serrer le poing, ses doigts crispés se chevauchaient de façon grotesque. Il avait les traits convulsés par la panique. De longues griffures entaillaient profondément la peau entre son œil droit et le coin de ses lèvres. Une touffe sanglante de ses cheveux poivre et sel gisait à côté de lui, et la plaie sur son cuir chevelu suintait toujours. Des éclats de verre brun – tout ce qui restait d'un gros flacon – jonchaient le plan de travail en Inox et le sol. Une seringue hypodermique à moitié pleine, d'une contenance de cinquante centimètres cubes, était posée près de sa main.

— Cou… coupe-la, Frank. Elle m'a attaqué.

Au fond de moi, je savais à quoi il faisait allusion, mais mon esprit refusait de l'admettre.

— Tu veux que… que je coupe quoi ?

— *Sa main.*

Le bras de Lucas s'agitait sous sa cuisse, tentant manifestement de se dégager. Lucas a appuyé plus fort pour l'immobiliser.

J'ai ramassé le plus gros morceau de verre brun, sur lequel subsistait une bonne partie de l'étiquette. La bouteille contenait à l'origine de la succinylcholine, un composé chimique utilisé pour paralyser les patients sous intubation qui ne doivent en aucun cas lutter contre le rythme des respirateurs. Sans une machine pour assurer la respiration à sa place, une personne ayant reçu une dose de ce produit est appelée très vite à suffoquer.

Lucas m'observait.

— On ne peut pas céder nos âmes à Satan, a-t-il dit.

Il avait l'intention d'orchestrer un suicide collectif, en ai-je déduit. Sans doute avais-je eu tort de penser qu'il m'aiderait à arrêter Kaminsky et Zweig. Mais je n'avais pas d'autre recours.

— Aide-moi, a supplié Lucas, qui respirait par à-coups.

L'homme que je haïssais plus que tout au monde gisait devant moi, ne demandant qu'à devenir ma victime si j'acceptais de trancher sa main valide. Pourtant, je n'éprouvais aucun désir de lui faire du mal. Ce qui n'aurait peut-être pas dû me surprendre. Matt Hollander avait raison. Chaque meurtre, chaque manifestation du mal, chaque acte de terreur ou d'horreur dans notre monde est une projection de l'aversion que son auteur éprouve envers lui-même. Comme un virus, cette aversion cherche à contaminer quiconque se trouve en contact avec elle. Mais maintenant que la psyché de Lucas était aussi clairement occupée à accomplir sa propre destruction, à parachever sa répugnante œuvre de vengeance, j'avais la possibilité de le voir tel qu'il était vraiment : un homme brisé. Son séjour en prison l'avait fait basculer de la sociopathie à la psychose. C'était à moi qu'en incombait la responsabilité. Et c'était à moi de l'aider à revenir en arrière.

— Ce démon que tu combats, c'est une partie de *toi* que tu refuses d'affronter, lui ai-je dit. Tu auras beau découper ton corps tout entier morceau par morceau, charcuter tous les patients et les otages de cette foutue unité, tu n'auras pas la réponse.

— Alors, trouve-la, toi ! a-t-il aboyé. (Il a fermé les yeux.) Pourquoi pas, hein, Frank ? Peut-être aussi que tu découvriras quelque chose sur toi...

Mon cœur a bondi dans ma poitrine. Lucas était-il prêt à me laisser essayer de le soigner, et de me racheter par la même occasion ?

— Désolé de ne pas t'avoir sorti de là, ai-je risqué.

J'ai attendu.

— Tu as perdu quelque chose que tu aimais. Je te l'ai pris. Du coup, tu as voulu me détruire. On est quittes.

— Oh, non ! On ne le sera pas tant que tu ne m'auras pas laissé t'aider. Dis-moi ce qui s'est passé.

— Je ne... Je ne me souviens... de rien. Je ne sais pas ce qui a ouvert la porte à Satan.

Impossible de déterminer si Lucas faisait allusion à un passé récent ou plus lointain. De quoi ne se souvenait-il plus ? De ce qui lui était arrivé en prison ou pendant son enfance ?

— C'est quoi, ton premier souvenir ? ai-je demandé.

Quand il m'a regardé, j'ai eu l'impression de voir un gosse terrifié.

— J'étais tout seul.

La brutalité de cette réponse m'a abasourdi.

— Tout seul, ai-je répété, espérant soutenir l'élan de cette révélation sans pour autant intervenir de façon trop marquée, un peu comme un parent guide d'une main légère un enfant presque capable de faire du vélo.

— J'étais dans un avion. Je partais vivre avec mon père, paix à son âme.

— Tu allais où ?

Ses yeux ne quittaient pas les miens.

— On a vécu dans le Minnesota.

— Et avant, tu habitais où ?

— À Baltimore.

Il a secoué la tête.

J'aurais voulu l'interroger de nouveau sur sa mère, mais j'avais le sentiment qu'il risquait de se refermer comme une huître. Et je n'aurais peut-être pas une seconde chance d'établir le contact. Zweig et Kaminsky pouvaient se déchaîner à n'importe quel moment. Je me suis accroupi contre le mur d'en face, prenant soin de ménager à Lucas autant d'espace que possible.

Ses mâchoires se sont crispées et sa respiration s'est précipitée quand, à force de contorsions, son bras a failli se libérer. Il l'a coincé entre sa jambe et le mur. Des gouttes de sueur perlaient désormais à son front.

– Tout ça n'a plus d'importance, Frank. Il est trop tard.

– Seulement si tu le décides.

Il a baissé la tête, les yeux fixés sur sa main, et j'ai cru que j'allais le perdre.

– Seulement si tu renonces, ai-je insisté.

Lucas a pris une profonde inspiration, dégluti avec peine, puis reporté son attention sur moi.

– Ce que tu me demandes, c'est d'avoir le courage de Job, a-t-il dit en forçant un sourire. (Plusieurs secondes se sont écoulées. De nouveau, la douleur a convulsé ses traits.) Si tu... Si tu découvrais pourquoi le fils des ténèbres m'a choisi, comment il a pu entrer dans mon corps... tu... tu pourrais me rendre ma vie. Tu pourrais m'aider à débarrasser cet endroit de Satan.

Nous avions presque trouvé un terrain d'entente. Lucas parlait toujours le langage de la possession démoniaque et de l'exorcisme, mais il admettait maintenant que son histoire personnelle pouvait l'avoir conduit jusque-là.

– Je le ferai, lui ai-je assuré. (J'ai laissé ma promesse résonner dans le silence.) Mais d'abord, il faut arrêter Kaminsky et Zweig. Ils ont aligné les otages. Je suis persuadé qu'ils ont l'intention de les tuer.

– Ce n'est pas à eux de décider qui doit vivre ou qui doit mourir ! Ils ne savent pas comment remporter cette bataille, a-t-il fulminé. (Il a aussitôt tenté de se calmer.) O.K., emmène-moi à la salle de repos. Prends ma main, a-t-il ajouté en la désignant de la tête. Empêche la bête de m'atteindre.

Alors que je m'approchais de lui, je me suis rappelé l'invitation apparemment innocente qu'il avait lancée à Lawrence Winston. *Venez donc me parler.* Une petite partie de moi se demandait toujours si Lucas n'essayait pas de m'appâter pour pouvoir me tuer. La seringue hypodermique était toujours à portée de sa main, à moitié remplie de succinylcholine. Pourtant, mon instinct me soufflait que la rage et la haine de Lucas avaient fini par se retourner contre lui, comme la rage et la haine le font toujours, avec le temps. La projection n'est qu'une défense temporaire, un lance-flammes crachant le feu du sommet d'un mur en ruine. En cet instant, Lucas n'était pas différent de Hitler dans son bunker ou de Goering à Nuremberg. Son aversion pour lui-même, il lui avait donné le nom de Satan ; Hitler et Goering lui donnaient le nom de Juifs. Les tueurs en série la voyait en chacune de leurs victimes. John Wayne Gacey avait enseveli trente-trois adolescents dans l'espace étroit sous sa maison, sans jamais parvenir à annihiler le gosse torturé en lui.

Je me suis agenouillé près de Lucas, et j'ai ramassé la seringue, que j'ai posée sur le plan de travail. Puis, lentement, fermement, je lui ai agrippé le poignet. Je l'ai aidé à se relever en prenant soin de maintenir sa main le long de son flanc.

— Il y a de la Xylocaïne dans le placard, a-t-il dit. Bloque les nerfs du bras.

Bien qu'intimement convaincu que le bras renégat de Lucas obéissait à son propre psychisme, et non au diable, la désensibilisation au moyen d'un anesthésique local comme la Xylocaïne m'est apparue comme la meilleure solution à court terme ; mais son effet ne durerait que quelques heures au maximum. J'ai fourragé dans le placard sans lâcher Lucas. Avec ma main libre et mes dents, j'ai rempli une seringue de dix centimètres cubes de Xylocaïne. De mes stages en chirurgie pendant la fac de médecine et mon internat, je me souvenais que les nerfs médians, radiaux et ulnaires passent tous par la même région sous la clavicule, juste au-dessus de la deuxième côte. Attirant Lucas près de moi, j'ai enfoncé l'aiguille près du col de son sarrau, et je lui ai injecté toute la dose.

Il a eu l'air immédiatement soulagé. Une minute plus tard, son bras pendait mollement contre son flanc.

— Bon, allons retrouver M. Kaminsky et M. Zweig, a-t-il dit.

Nous nous sommes dirigés vers la salle de repos, puis vers les rangées d'otages et de patients. Les yeux de Lucas ont parcouru la pièce et se sont arrêtés un moment sur les corps de Vernon et de Kashoor. De son pied, il a éparpillé une partie des débris de verre qui jonchaient le sol, levé ensuite la tête vers les fenêtres saccagées avant de se retourner pour inspecter les murs criblés de balles. Lorsqu'il m'a regardé, j'ai eu l'impression qu'il considérait cette scène de désolation comme une preuve des méfaits de Satan. Puis il a continué d'avancer.

Les quatre otages, nus à présent, étaient alignés en face des patients. Ils avaient les mains liées devant eux par de l'adhésif chirurgical. Cecilia Gladstone appuyait un couteau sur la gorge du travailleur social qui tentait tant bien que mal de garder l'équilibre malgré sa jambe blessée. Derrière elle, Kaminsky et Zweig, le dos à la porte, l'incitaient à le tuer. Nous n'étions plus qu'à un ou deux mètres d'eux quand ils se sont aperçus de notre présence.

— À quels ordres obéissez-vous ? a demandé Lucas d'une voix douce.

Kaminsky et Zweig se sont tournés vers lui. Gladstone a aussitôt laissé retomber le couteau. Les patients ont recommencé à fredonner.

Je ne connais pas la vie. Je ne connais pas la mort.

Lucas a incliné la tête de côté en examinant Kaminsky et Zweig.
— Vous en savez plus que moi ? Vous êtes prêts à affronter seuls Satan ?
— Non, a immédiatement répondu Zweig.

Il m'a regardé, et il a baissé la tête d'une façon qui m'a laissé supposer que quelque part, ma tentative pour lui éviter d'être abattu l'avait touché.

La rangée de patients s'est scindée en petits groupes alors que Lucas se plantait juste devant Kaminsky. Il l'a fixé droit dans les yeux avant de se pencher vers lui.
— Est-ce que c'est le mal que je vois dans tes yeux ?

Kaminsky est resté immobile quelques secondes, avant d'esquisser un mouvement de dénégation.

Sans le quitter du regard, Lucas a ordonné à Zweig de préparer les patients et les otages à recevoir leurs médicaments. Il a attendu que tous aient quitté la pièce pour s'adresser de nouveau à Kaminsky :

— Es-tu en train de devenir un serviteur de Satan ? (Sa voix s'enflait à chaque mot.) Est-ce que tu t'es égaré ?

J'ai alors compris que Lucas avait recours à de nombreuses méthodes pour garder l'unité sous sa domination. Sa sociopathie sous-jacente faisait de lui un expert dans l'art de diviser ses adversaires éventuels. Tous ceux qu'il « démonisait » risquaient d'être pris pour cible par le reste du groupe.

— Dites-moi ce que je dois faire, a imploré Kaminsky.

Lucas a hoché la tête.

— Agenouille-toi et prie. Prie pour ton âme.

Docile, Kaminsky s'est agenouillé devant lui.

— Notre Père, qui êtes aux cieux…, a commencé Lucas.

— Notre Père, qui êtes aux cieux…, a répété Kaminsky.

Pendant qu'ils priaient, je me suis approché des fenêtres pour regarder la pelouse en contrebas. Elle était éclairée comme en plein jour, mais à l'activité frénétique qui avait régné jusque-là succédait maintenant un calme inquiétant. Des équipes de reporters s'étaient avancées jusqu'à la route délimitant le périmètre de sécurité ; une forêt d'antennes satellites surmontaient leurs camionnettes, et leurs caméras, tels des témoins silencieux, étaient orientées vers le cinquième étage. L'hélicoptère s'était posé à côté de la remorque. À l'intérieur, Patterson et Rice devaient mettre au point leur prochaine offensive. Il fallait que je les rejoigne.

— Il est l'heure, ai-je dit en me tournant vers Lucas. Si je veux me rendre utile, je dois sortir d'ici.

Lucas a encore récité quelques lignes de sa prière « répète après moi », puis il s'est tu.

— Allez aider M. Zweig, a-t-il dit à Kaminsky. Et réjouissez-vous de pouvoir demeurer encore dans la maison du Seigneur.

— Est-ce que j'aurai quand même mes médicaments ? a demandé Kaminsky en se redressant.

— Vous aurez tout ce dont vous avez besoin, a répondu Lucas. Allez, maintenant.

Kaminsky s'est exécuté.

— Tous des moutons, a murmuré Lucas, mais sans méchanceté.

(Il s'est approché du corps de Gabriel Vernon.) Et moi, je suis leur berger. C'est ma faute si Satan s'est emparé de ce bon serviteur. J'aurais dû le conduire vers un endroit plus sûr quand j'en avais la possibilité. J'aurais dû les y conduire tous.

Je savais que Lucas pensait à la succinylcholine.

– La mort n'est pas la liberté, ai-je objecté. Ni le suicide un triomphe. Pour que la victoire signifie quelque chose, c'est ici, dans ce monde, que tu dois te battre contre les ténèbres. (J'ai marqué une pause.) Laisse-moi partir. Laisse-moi trouver la porte que Satan a franchie dans ton passé. Ensemble, on l'obligera à quitter à la fois ton âme et cet endroit.

Lucas a balayé du regard la pièce.

– Pourquoi est-ce qu'ils ont arrêté de tirer ? Pourquoi Satan ne les a-t-il pas tous emmenés ?

Après une brève hésitation, je lui ai dit la vérité :

– Je me suis placé devant les fenêtres. Ils n'ont pas voulu me tuer.

Il a hoché la tête.

– Ils pensent que tu fais leur travail. C'est peut-être le cas, remarque. (Il a plissé les yeux en me regardant.) Pourquoi est-ce que tu reviendrais, une fois que tu seras dehors ?

– Parce que c'est moi le responsable de ce qui est arrivé, ai-je répondu aussitôt.

Il s'est écoulé quelques instants avant que Lucas ne reprenne la parole :

– Il faut qu'on empêche ce bras de faire le mal, a-t-il dit, l'air pensif. Bon, il y a une dose de Mercaïne dans la réserve ; récupérée en chirurgie, au rez-de-chaussée. Ça fait effet plus longtemps que la Xylocaïne, mais certainement pas plus de vingt-quatre heures. Passé ce délai, inutile de revenir ; il ne restera plus rien ici.

– Vingt-quatre heures, ce n'est pas suffi…

– Je n'attendrai pas d'être déchiqueté par la bête. Nous prendrons congé de ce monde-ci demain, au coucher du soleil. (Il s'apprêtait à sortir de la salle quand il s'est immobilisé sur le seuil.) Tu vas nous aider ? Tu vas m'aider ? a-t-il demandé calmement, sans se retourner.

Je ne savais pas si, en vingt-quatre heures, je parviendrais à découvrir des informations sur le passé de Lucas susceptibles de

changer son avenir. Jack Rice ne m'en donnerait peut-être même pas la chance.
— Je ferai tout mon possible, lui ai-je affirmé.
— À Dieu vat !
Et il a disparu dans le couloir.

9

Il était 19 heures passées lorsque je suis sorti seul de l'unité. J'ai entendu qu'on verrouillait la porte derrière moi. Le corridor était illuminé par les projecteurs dirigés vers la façade du bâtiment. Mon ombre, immense, menaçante, m'a accompagné jusqu'à l'ascenseur, avant de disparaître quand j'ai pénétré dans la cabine. Cinq étages plus bas, j'ai débouché dans le couloir par lequel j'étais entré moins de sept heures auparavant.

Au moment de quitter l'hôpital, je me sentais plus isolé que jamais, ni ancré dans ma haine pour Lucas, ni allié avec la police. Aussi étrange que cela puisse paraître, j'en venais maintenant à considérer le mal comme mon véritable adversaire – non pas le monstre appelé Satan, mais le potentiel de destruction en chacun de nous. De fait, j'étais persuadé que Lucas avait été capturé par cette force toute-puissante dès son plus jeune âge. Cette même force qui avait séduit Gabriel Vernon à un certain moment, avant qu'il ne châtre son amant. Qui avait ébranlé le lieutenant Patterson quand il avait voulu donner l'assaut sans se soucier d'épargner des vies. Et qui, telle une marée obscure, avait bien failli me submerger dans l'unité. J'avais maintenant vingt-quatre heures pour l'obliger à se retirer.

Lorsque j'ai atteint le hall, un projecteur a été braqué directement sur moi. J'ai continué d'avancer en essayant de me protéger les yeux, mais la clarté m'aveuglait. Les portes automatiques ont coulissé, des bourrasques hivernales ont fouetté mes vêtements et mes cheveux. J'ai encore fait quelques pas, et soudain, j'ai eu l'impression que des dizaines de mains m'agrippaient pour me forcer à courir. Alors que nous nous écartions du faisceau lumineux, j'ai aperçu des uniformes noirs autour de moi. Il y avait quatre hommes des forces spéciales d'intervention, arborant tous des coupes en brosse à la Patterson. Comme mes jambes ne suivaient pas le rythme des leurs, ils m'ont attrapé par les bras pour me porter, laissant mes pieds racler la terre durcie.

À une vingtaine de mètres de l'hôpital, ils m'ont relâché. J'ai chancelé, manqué m'étaler, mais je suis parvenu à rétablir mon équilibre. Ils m'ont escorté jusqu'à la remorque derrière l'hélicoptère. La porte était ouverte. De l'embrasure, en haut des marches, Jack Rice m'observait d'un air grave. Sans un mot, il est descendu vers moi et m'a aidé à grimper l'escalier. À ma grande surprise, et non moins grande contrariété, j'ai découvert Calvin Sanger adossé à la cloison du fond. Il m'a regardé m'asseoir devant le bureau de Rice.

— Tout ce que nous allons dire maintenant est confidentiel, a lancé Rice en se dirigeant vers son propre siège.

— Je croyais que j'avais l'exclusivité, a répliqué Sanger d'un ton sec.

— Vous l'avez – pour tout ce qui est officiel. Si ça ne vous plaît pas, je vous offre un aller simple pour rejoindre la meute de journalistes qui attendent dehors dans le froid. C'est clair ?

— Très.

— Qu'est-ce qu'il fabrique ici ? ai-je demandé à Rice.

— C'est une idée de votre amie Hancock. On a besoin de quelqu'un de confiance pour expliquer au public pourquoi ce sont des cadavres qu'on va sortir de cet hôpital.

En pensant au moyen qu'avait pu employer Sanger pour se retrouver au cœur de l'action, j'ai senti l'angoisse me gagner. Quelle information avait-il bien pu échanger contre un fauteuil aux premières loges ?

— Où est Emma ? ai-je questionné.

— En train de bosser sur l'affaire du plagiaire, est intervenu Sanger.

J'ai tourné la tête vers lui. Il m'a gratifié d'un demi-sourire déconcertant. J'ai reporté mon attention sur Rice.

Celui-ci a croisé les jambes pour s'installer en tailleur sur son siège.

— À part cette vilaine balafre sur la joue, vous ne m'avez pas l'air trop mal en point, a-t-il dit avant d'observer mes mains.

Je les ai regardées à mon tour. Elles tremblaient, sans doute sous l'effet d'un mélange d'épuisement, de cocaïne et de méthadone. J'ai tenté de les immobiliser.

— Ça va aller.

— Comment vous êtes-vous débrouillé pour sortir ? a-t-il demandé d'un ton sec.

— C'est Lucas qui m'a relâché.

— Pour vous récompenser d'avoir joué les boucliers humains ?

— Je ne crois pas mériter une récompense pour ça. Deux patients ont été tués pendant la fusillade, et un otage blessé.

Rice n'a rien dit, mais son expression s'est durcie.

— Je tenais à vous remercier pour..., ai-je commencé.

— Surtout pas ! (Il a froncé les sourcils.) Ce que j'ai fait là-haut est inexcusable. Vous avez compromis une stratégie qui aurait pu mettre un terme définitif à toute cette folie. Vous m'avez forcé à risquer la vie de mes hommes pour rien. Le règlement m'imposait de laisser le pilote tirer.

— Qu'est-ce qui vous a retenu ?

— Aucune idée, a-t-il riposté. Je ne suis pas fier de moi. Et vous non plus, vous n'avez aucune raison de l'être. Vous nous avez empêchés de donner l'assaut prévu au cas où quelqu'un dans cette unité serait sérieusement blessé. Et il me semble qu'on peut considérer une langue coupée comme une blessure sérieuse. Mlle Simons a été emmenée à Mass. General, où elle espère qu'un crack de la chirurgie pourra recoller les morceaux. (Il a marqué une pause.) Comment vont les autres otages ?

La mutilation infligée à Simons ayant déclenché une première offensive, je me suis dit que ce qui était arrivé à Laura Elmonte en déclencherait sur-le-champ une deuxième.

— Aussi bien que possible, étant donné les circonstances, ai-je répondu. Ce sont des battants.

Rice a secoué la tête.

— Mais qu'est-ce que vous foutiez devant cette fenêtre, Frank ?

Je me suis accordé quelques secondes pour remettre de l'ordre dans mes pensées.

— Il y a encore près de vingt personnes en danger, là-haut. Toutes, sauf les otages, sont extrêmement malades. Lucas a réussi à les convaincre jusqu'au dernier qu'ils sont engagés dans un combat mortel contre Satan, que le jour de l'Apocalypse est arrivé. Et ils sont persuadés qu'il est le seul à pouvoir les délivrer du mal.

J'ai vu Rice lever les yeux au ciel.

— S'ils refusent de se rendre, ai-je poursuivi, ce n'est pas parce qu'ils sont hors-la-loi, mais parce qu'ils sont psychotiques. Ils vous prennent pour des suppôts du diable.

— On est toujours dans le même camp ? a fait Rice. Ou est-ce que Lucas vous a envoyé négocier en son nom ?

— Je n'ai pas envie que des gens meurent alors qu'ils ne le méritent pas.

Rice s'est penché en avant.

— Personne n'en a envie. C'est pour ça qu'on a tenté notre chance ensemble, Frank. Mais c'est terminé, maintenant. On n'a pas encore donné l'ordre à l'hélico de décoller uniquement parce qu'on voulait savoir si vous aviez des éléments susceptibles d'être utiles aux équipes d'intervention. C'est le seul moyen pour vous de nous aider à sauver des vies.

— J'en ai peut-être un autre.

— Il n'est pas question de discuter.

— Lucas m'a donné vingt-quatre heures pour trouver ce qui a dérapé chez lui, ai-je néanmoins poursuivi, et qui l'a rendu aussi vulnérable à cette force qu'il appelle Satan. Il n'a pratiquement gardé aucun souvenir de son enfance.

— Lucas n'a pas vingt-quatre heures à vous accorder, a déclaré Rice.

Mais je me suis obstiné.

— Si je parviens à découvrir ce qui lui est arrivé dans sa jeunesse à Baltimore et à lui montrer la vérité…

— Quoi ?

Rice avait l'air effaré, comme s'il comprenait soudain qu'il avait apporté son soutien à un dingue.

— Si je peux lui montrer cette vérité, je réussirai peut-être à le convaincre d'affronter son véritable traumatisme, et de renoncer à l'illusion d'être engagé dans une guerre contre le diable. Il est possible qu'il se rende après ça. L'Apocalypse ne signifiera plus pour lui engager une guerre totale pour assurer le salut de l'humanité, mais seulement un règlement de comptes personnel avec ses propres démons. (Je me suis interrompu quelques secondes.) Je pense que c'est pour déterrer son passé qu'il a demandé à me rencontrer, qu'il en soit conscient ou non.

– Ça y est ? Vous avez terminé ?

– Je vous demande un jour, ai-je ajouté.

Je n'ai pas jugé utile de lui faire part de mes craintes quant à la possibilité de résoudre l'énigme de la psychose de Lucas en si peu de temps – sauf par un extraordinaire coup de chance.

– Vous avez besoin de repos, a répondu Rice. Vous en avez bavé.

Il a décroché le téléphone sur son bureau, et pressé deux touches.

– Vous disiez que vous aviez vu suffisamment de morts comme ça au Viêt-nam.

– Passez-moi le lieutenant Patterson, a ordonné Rice dans le combiné.

– Les deux patients qui ont été abattus priaient au moment des coups de feu.

Rice n'a pas réagi.

– La femme enceinte est toujours là-haut.

– Mike ? Jack à l'appareil. Je ne crois pas que le Dr Clevenger soit en mesure de nous apprendre grand-chose de plus. Alors, je...

Je me suis levé.

– Dans ce cas, je vais tout déballer aux médias. Je vais leur dire que les patients prient toujours, et qu'ils réclament seulement une journée avant de se rendre sans conditions. Cinq minutes après le décollage de l'hélicoptère, vos hommes et vous, vous ferez les gros titres. Exactement comme l'ATF et Waco. Et quand les images des corps évacués seront diffusées à *Nightline* et à *20/20*, je vous garantis que je serai sur la vidéo, en train de dire qu'on n'était pas obligés d'en arriver là.

Calvin Sanger s'est levé à son tour, et il s'est mis à arpenter le Q.G.

Rice me foudroyait du regard.

— Demandez à Calvin, ai-je repris, avec un mouvement de tête dans sa direction. Des scoops comme celui-là, on n'en a pas deux fois dans toute une vie. Tout le monde se fout de ce qui se passe au sol. Ce qui compte, c'est ce qui peut bien se passer au cinquième étage. *USA Today*. Un téléfilm. La couverture de *People*... Il n'y a pas un reporter entre ici et Seattle qui laisserait filer une opportunité pareille.

— Jack ? a fait la voix de Patterson dans le combiné. Jack ? Vous êtes toujours là ?

— Je vous rappelle dans cinq minutes, a répondu Rice sans me quitter des yeux.

Il a raccroché.

— Vingt-quatre heures. Au cas où je ne trouverais pas à temps les informations que je cherche, je vous fournirai une description détaillée de tout ce que j'ai vu dans l'unité. Et après l'assaut, je m'engage à déclarer que nous avons envisagé tout ce qui était en notre pouvoir pour épargner des vies.

Faites que ça marche, ai-je prié en silence.

Sanger est sorti en trombe.

— Où il va, bordel ? s'est écrié Rice.

Dehors, des cris se sont élevés. Rice s'est précipité vers la porte et l'a ouverte.

Calvin Sanger courait sur la pelouse en direction de l'hôpital, allongeant ses longues jambes de marathonien. Deux flics s'étaient lancés à sa poursuite, mais ils n'avaient aucune chance de le rattraper. Ses dix mètres d'avance se sont rapidement transformés en quinze.

J'ai écarté Rice.

— Calvin ! ai-je hurlé de toute la force de mes poumons. Ne faites pas ça !

Les caméras ont pivoté dans ma direction, avant de s'orienter de nouveau vers lui.

Sanger s'est retourné un instant, comme un receveur prêt à rattraper une passe. Même de loin, je le voyais rouler des yeux brillants d'excitation. Il souriait.

— Le scoop de ma vie ! m'a-t-il lancé.

J'aurais voulu trouver les mots pour l'arrêter, mais je savais que c'était inutile. Il avait l'air d'un vrai possédé. Au fond, peut-être que le mal est aussi irrésistible que le chant d'une sirène. Peut-être que nous étions tous – Winston, Sanger et moi – paradoxalement, mystérieusement, inéluctablement attirés par la force obscure qui habitait Lucas. Peut-être que ça expliquait pourquoi les femmes le voulaient si désespérément en elles, et pourquoi des hommes comme Vernon, Bishop, Kaminsky et Zweig le suivaient aveuglément. Et même, pourquoi les patients s'étaient bousculés dans son cabinet, trop heureux de se faire charcuter par ses soins.

J'ai repensé à cette soif qu'avait Kathy de le revoir encore une fois, à sa certitude qu'il avait *besoin* d'elle. Étais-je en train de me laisser aspirer par ce même tourbillon qui l'avait engloutie, elle ? Avais-je cédé à l'attrait d'une compétition pour l'âme de Trevor ?

Sanger a sprinté vers les portes automatiques et, sans la moindre hésitation, il a pénétré dans l'hôpital.

À côté de moi, Rice respirait par à-coups. Il avait les mâchoires crispées. Enfin, il a levé les yeux vers moi.

– Vous êtes très persuasif. À cause de vous, ce jeune homme va risquer sa vie pour un article. J'espère seulement que le dénouement sera celui que vous croyez pouvoir lui apporter.

J'ai repris le volant de mon pick-up à 19 h 40, et me suis frayé un chemin à travers la multitude d'ambulances, de voitures de police, de camions de pompiers, de camionnettes de télévision et de journalistes qui encombraient la route sur cinq cents mètres. Des équipes d'au moins vingt chaînes de télévision avaient installé leur campement provisoire sur les bas-côtés ; tout y était, jusqu'aux tables pliantes chargées d'énormes Thermos de café et de cartons entiers de *doughnuts*. Les reporters ne cessaient de se coller à ma portière, braquant sur moi des faisceaux halogènes et brandissant des micros contre les vitres. Dans la lumière aveuglante, leurs lèvres semblaient désincarnées alors qu'ils hurlaient leurs questions sur ce que j'avais vu là-bas. Certains d'entre eux, se prenant pour des flics, levaient la main pour exiger que je m'arrête. Une étonnante créature féminine apparemment avide d'un scoop a souri et rejeté en arrière ses longs cheveux noirs à mon approche, puis m'a fait un doigt en criant « Crève, connard ! » quand j'ai accéléré à sa hauteur. Lorsque je me suis arrêté brièvement devant le même barrage de police que j'avais franchi à l'aller, un homme et une femme d'apparence tout à fait respectable, armés de micros avec les logos de la New England Cable News et de la FOX, se sont cramponnés à mes rétroviseurs pour m'empêcher de redémarrer. Trois agents ont dû intervenir pour les forcer à lâcher prise et à s'écarter. J'ai entendu l'un des flics leur crier :

– C'est vous qu'on aurait dû enfermer dans ce foutu asile de dingues !

Le regard fixé droit devant moi, je m'efforçais de contrôler les mouvements de mes mains sur le volant et ceux de mon pied entre le frein et l'accélérateur. La foule se réduisait désormais à quelques groupes de curieux. Au bout de plusieurs centaines de mètres, il n'y en avait plus un seul, et je me suis retrouvé à rouler dans Jessup Road par une nuit qui aurait pu ressembler à toutes les autres si je n'avais été conscient des scènes d'horreur en train de se jouer derrière moi. Pendant un moment, j'ai été tenté d'effacer la journée de la veille en regagnant mon loft de Chelsea comme si rien ne s'était passé, en m'obligeant à ne plus penser à l'unité et à ne plus en parler, en espérant seulement tout oublier peu à peu. Mais je me suis dit que cette pulsion était plus révélatrice du psychisme de Lucas que du mien. Elle se manifestait pour me rappeler qu'il avait inconsciemment tenté de soulager son extrême souffrance psychique en l'enfouissant – une stratégie vouée à l'échec, car les émotions ensevelies opèrent toujours des mutations monstrueuses. Aussi terrifiants qu'aient été les événements auxquels j'avais assisté dans l'unité – et auxquels j'avais dans une certaine mesure participé –, ils n'en constituaient pas moins les souvenirs les plus cruciaux reliant mes pensées et mes perceptions au monde réel. C'est la douleur, et non le plaisir, qui nous permet de garder les pieds sur terre. Désavouer ses propres traumatismes revient à invoquer leurs projections déformées – autrement dit, les ennemis imaginaires, les hallucinations, les voix surgies de nulle part.

Vingt mètres plus loin, la jeep rouge d'Emma Hancock, qui arrivait en sens inverse, a soudain déboîté pour me bloquer le passage.

J'ai écrasé la pédale de freins et senti le pick-up déraper avant de s'immobiliser.

Emma est descendue de voiture pour se diriger vers moi, et j'ai baissé ma vitre.

— Où est-elle ? m'a-t-elle demandé, le visage inexpressif.
— Qui ?
— Kathy.
— Pourquoi vous me parlez de…

Agrippant ma chemise, elle m'a tiré vers elle. Ses bras avaient autant de force que ceux d'un homme.

— Faites bien attention, Frank. L'entrave à la justice, ça n'a rien d'une plaisanterie. Ça pourrait vous valoir un sacré long séjour à l'ombre. À la prison d'État. Si vous n'avouez pas maintenant, je veillerai à ce que vous y soyez expédié.

Mais j'avais déjà accepté les risques liés à ma décision de cacher Kathy.

— Je ne sais pas, Emma.

Elle a tiré plus fort, me soulevant presque de mon siège.

— Répondez-moi.

Je suis resté silencieux.

Les larmes lui montaient aux yeux. Elle m'a rejeté contre mon siège, avant de me coller contre la portière.

— Ma nièce a été tuée, espèce de salopard ! (Ses mains tremblaient.) Répondez-moi !

Mes yeux se sont embués à leur tour. Une petite partie de moi — celle qui avait été conditionnée, qui croyait encore que la vengeance peut soulager la souffrance d'une victime — aspirait à lui révéler où j'avais emmené Kathy. Mais en fin de compte, ce n'est pas elle qui l'a emporté.

— Je ne peux pas.

Emma soufflait comme une forge. Elle m'a maintenu encore quelques secondes, avant de me relâcher et de reculer d'un pas.

— Je vais la retrouver, Frank. Après, je m'occuperai de vous.
— Je suis désolé, Emma.
— Oh non, vous ne l'êtes pas ! a-t-elle riposté en secouant la tête.

Elle s'est détournée pour rejoindre sa voiture. Le temps de redémarrer, et elle fonçait vers l'hôpital.

Pied au plancher, j'ai fait un bond dans la nuit. La sueur ruisselait dans mon cou et sur ma poitrine. J'ai multiplié les détours inutiles afin de m'assurer que je n'étais pas suivi, puis j'ai louvoyé de nouveau en sens inverse pour rejoindre la voix express et l'A1 en direction de l'aéroport international de Logan, où je devais prendre le vol de 21 h 05 pour Baltimore. Je n'avais aucun moyen de savoir si Calvin Sanger avait découvert quelque chose sur le prétendu voyage de Kathy à l'étranger, ou si quelqu'un, à la clinique Austin Grate, avait laissé filtrer des informations dans l'espoir de négocier une récompense – sans toutefois révéler où elle se trouvait. Matt Hollander m'avait parlé d'un psychologue qui s'entretenait en privé avec Kathy depuis le début de son séjour. C'était peut-être lui. Ou peut-être pas.

Comme tout paraissait se déliter autour de moi, mon esprit s'est raccroché à la chance infime que j'avais de sauver les otages. Emma Hancock n'allait pas tarder à découvrir que Calvin Sanger s'était mis en quête d'un récit bien plus palpitant que celui dont elle aurait pu lui faire part. Ce rebondissement inattendu m'a redonné l'espoir de pouvoir compter sur mes vingt-quatre heures.

Au moment où je tournais à droite pour m'engager sur la voie express, j'ai vu la tour de la laiterie se dresser devant moi. Juste en face, il y avait Webster Avenue, et Webster Avenue conduisait au Y. Je me suis rappelé les bons moments que j'avais passés là-bas avec Cynthia Baxter, alias Ginger, à lui faire l'amour. Je me suis également rappelé qu'en regardant dans son sac, j'avais aperçu un permis de conduire délivré par le Maryland. Mon sentiment de solitude et mon besoin d'être réconforté se sont alliés à ma vieille réticence à rejeter les coïncidences. Il m'a toujours semblé qu'une force supérieure était à l'œuvre dans les parallèles que d'autres se contentent d'attribuer au simple hasard. J'ai pris Webster Avenue, et je me suis garé devant le Y en me disant que si le Destin se manifestait plus clairement encore et que Cynthia se trouvait dans sa chambre, je lui demanderais de m'accompagner à Baltimore.

Le Destin y est allé encore plus franco que je ne l'imaginais. Je venais d'arriver à la réception quand les portes de l'ascenseur se sont ouvertes, livrant passage à Cynthia, flanquée d'un Hispanique d'allure distinguée, dans les cinquante, cinquante-cinq ans. Je me suis tourné vers elle. Elle m'a regardé comme si j'étais un fantôme.

— Frank ? On vient de te voir à la télé.

Elle portait un jean moulant et un bomber de cuir noir qui l'avantageait beaucoup plus que le manteau blanc souillé qu'elle avait en arrivant chez moi. Ses cheveux châtain clair, brillants et humides, encadraient ses yeux noisette. Après les femmes torturées et usées que j'avais vues dans l'unité, elle m'a fait l'effet d'une bouffée de fraîcheur.

L'homme m'a adressé un sourire crispé. Mis à part le col froissé de sa chemise, il était vêtu de manière impeccable : costume croisé bleu, cravate Versace, mocassins Gucci. J'en ai déduit que c'était sans doute un avocat ou un banquier en route pour une destination classe comme Boxford ou Newburyport, à une trentaine de kilomètres plus au nord. À la peur que je lisais dans ses yeux, j'ai deviné qu'il était venu au Y, en plein milieu d'un quartier sordide ravagé par le crime, pour se mettre à l'abri – à l'abri de cette obsession pour le sexe qui lui bouffait la vie. Il n'avait aucune envie de me rencontrer, ni de rencontrer personne. Aussi irrationnel que cela puisse paraître étant donné le métier de Cynthia, je l'ai immédiatement pris en grippe pour l'avoir possédée.

— Une chance qu'aucun journaliste ne m'ait suivi jusqu'ici, ai-je dit en l'observant.

Il a grimacé, fouillé du regard le hall.

— Qu'est-ce qui est arrivé à ta figure ? a demandé Cynthia.

J'allais porter les doigts à ma blessure quand je me suis aperçu que ma main tremblait violemment. Je l'ai laissée retomber.

— Un petit accrochage avec un patient, dans l'unité. Aucune importance.

De la tête, elle a indiqué ma jambe.

— Tu as perdu beaucoup de sang...

Baissant les yeux, j'ai vu ma cuisse couverte de sang séché – le sang de Craig Bishop.

— Je peux te parler en privé ? ai-je demandé. Juste une minute ?

Elle a hésité, puis s'est écartée du type à côté d'elle.

— Pas la peine de m'emmener, finalement, lui a-t-elle dit. Frank est un vieux copain, il me déposera.

— D'accord, a-t-il répondu sans chercher à cacher son soulagement. Déjà, il s'éloignait vers la porte.
— Qu'est-ce que tu fais ici ? m'a demandé Cynthia.
— Mon pick-up est dehors. On n'aura qu'à discuter en chemin.

Nous sommes montés dans le Ram, et j'ai mis le moteur en route.

— Je vais à Logan, ai-je expliqué. Je pars à Baltimore pour essayer d'en apprendre le plus possible sur Trevor Lucas. Il est né là-bas.

— Pourquoi c'est si important ?

— Je suis persuadé que ce qu'il fait aujourd'hui a un rapport avec un truc qui lui est arrivé dans cette ville.

— Oh ! (J'ai cru qu'elle allait en rester là.) Pourquoi ?

— Parce qu'il n'a gardé absolument *aucun souvenir* de sa vie là-bas.

Elle a hoché la tête, comme si elle acceptait cette hypothèse. De la main, elle a effleuré ma jambe en sang.

— Tu es sûr que tu peux partir dans cet état ? Tu as l'air au bout du rouleau.

J'ai brusquement éprouvé le désir de m'abattre contre elle, de la laisser me serrer comme un gosse avant de monter dans sa chambre. Mais cette impulsion n'était qu'une autre issue de secours imaginaire qui ne mènerait nulle part. Je devais découvrir la vérité sur Lucas. Je devais essayer de l'aider. J'ai agrippé le volant à deux mains.

— Lucas m'a forcé à avaler des médicaments dans l'unité, ai-je dit. (J'ai marqué une pause, bien obligé d'admettre qu'il ne m'y avait pas forcé chaque fois.) J'ai pris pas mal de méthadone et de cocaïne pharmaceutique. Ça risque de faire mal quand je vais redescendre, mais je tiendrai le coup.

— Tu seras absent combien de temps ?

— Une journée. Il faut que je sois rentré demain à cette heure-là.

— Tu as besoin d'un guide ? Moi aussi, je suis née à Baltimore.

Si je ne m'en étais déjà pas moi-même remis aux mains du Destin, j'aurais dit que Cynthia était suicidaire de faire la même chose. En acceptant sans réfléchir de s'envoler pour un autre État avec un homme qu'elle connaissait à peine, elle reproduisait sans doute le genre de comportement qui l'avait conduite à se retrouver dans la rue, pour commencer. Mais pour le moment, j'étais trop reconnaissant de son aide pour le lui faire remarquer.

— Je croyais que tu devais aller quelque part…

Elle a plongé la main dans son sac, en a retiré son téléphone portable.

— Pour ce type-là, de toute façon, n'importe quelle fille fait l'affaire. Je vais prévenir l'agence que j'ai rendez-vous avec mon psy.

Un peu plus loin sur la voie express, nous sommes passés devant le champ de courses canines Wonderland, à Revere, un temple de néon rose élevé à la gloire de la chance et dont j'avais grossi les coffres de 51 978,72 dollars exactement. Pendant des mois, j'avais gardé dans mon portefeuille le Post-it avec le compte de mes pertes pour me rappeler de ne pas rendre visite à mon copain Manny qui bossait au guichet, là-bas. À 20 h 30, nous arrivions à Bell Circle et l'embranchement de la A1 ; Logan n'était plus qu'à cinq minutes. Cynthia a tourné la tête vers moi.

— À l'époque où je me défonçais, j'allais me fournir à Shirley Avenue. Si tu as besoin de quelque chose pour t'aider à tenir jusqu'à demain, on peut y faire un saut.

Elle avait dit ça d'un ton neutre, presque clinique, qui ne laissait rien transparaître de la dramatisation angoissée caractéristique des toxicos.

— Tu te défonçais à quoi ?

— Au crack, la plupart du temps. Ça fait maintenant deux cent vingt-trois jours que j'y ai pas touché, mais chaque journée reste difficile.

J'aurais voulu refuser pour renforcer la détermination de Cynthia et la mienne, mais je commençais à avoir des crampes dans les muscles et l'estomac qui s'agitait autant que mes mains. Mon organisme pourrait s'écrouler dans vingt-deux heures, mais pas maintenant.

— O.K.

Cynthia m'a guidé à travers un dédale de ruelles transversales, jusqu'à une place de parking proche d'un immeuble miteux de trois étages dont la porte d'entrée était ouverte.

— C'est encore plus déprimant que Lynn, ai-je murmuré.

— C'est pour ça que la came y est meilleure.

Du pick-up, nous avons vu trois hommes et une femme entrer dans l'immeuble et en ressortir quelques minutes plus tard.

— Apparemment, ils sont toujours en activité. Bon, je reviens tout de suite.

Elle a traversé la rue au pas de course et pénétré dans le bâtiment.

Pendant que je l'attendais, deux autres personnes y sont entrées à leur tour. En voyant ressortir l'une d'elles avant Cynthia, j'ai commencé à m'inquiéter, mais Cynthia a reparu tout de suite après. Une fois réinstallée sur le siège passager, elle m'a tendu cinq minuscules sachets.

— Vuns m'a dit d'y aller mollo. Ça vient de Thaïlande. Tu devrais pas en avoir besoin de beaucoup pour garder la tête hors de l'eau.

Je n'avais jamais pris d'héroïne ni aucune drogue en intraveineuse.

— Je suis censé m'injecter ça ?

— Tu pourrais. Mais elle est suffisamment pure pour que tu la sniffes.

— Il n'avait pas de coke ?

— Il a tout.

De la poche de son blouson, elle a retiré un petit paquet triangulaire formé d'une page de magazine repliée.

J'ai tendu la main. Cynthia a écarté la sienne.

— Tu jures de plus toucher à cette merde après demain ?

— Ma parole n'est plus ce qu'elle a été.

— Elle me suffit.

— Ma frangine, ma guérisseuse. (Je lui ai adressé un clin d'œil pour qu'elle ne se sente pas insultée.) Les voies du Seigneur sont impénétrables.

J'ai tendu un peu plus la main. Cynthia a un peu plus écarté la sienne.

— Ça veut dire « oui » ? Tu redécroches à partir de demain ?

— Juré, ai-je affirmé avec sincérité. Et toi, tu jures de ne pas y toucher du tout ?

— Je le jure.

J'ai appelé Matt Hollander d'une cabine téléphonique près de la porte d'embarquement, quelques minutes seulement avant le décollage prévu à 21 h 05. La standardiste a mis un moment à le localiser.

— Je ne peux pas te parler longtemps, Matt.
— Je t'écoute.
— Emma Hancock est au courant, pour Kathy.
— De quoi, exactement ?
— Si j'ai bien compris, elle sait ce que Kathy a fait, pas où elle se trouve. Mais Hancock est une pro. Elle va bosser jour et nuit pour découvrir le reste. Je lui ai parlé de toi et d'Austin Grate plus d'une fois durant toutes ces années.
— Je craignais un problème de ce genre. J'ai dû virer ce psychologue, Scott Trembley. Il est venu parler avec Kathy en dehors de ses heures de service. Il m'a laissé un message demandant que je le rappelle. Peut-être qu'il veut un pot-de-vin.
— Ou qu'il préfère la prime de l'État. Tout dépend de ce qui rapporte le plus.
— Ou de la première opportunité à se présenter... Comme ça ne me dérange pas d'investir dans mon avenir, je vais le rappeler tout de suite.
— Matt, je pars pour Baltimore, la ville natale de Lucas. Il faut que j'apprenne ce qui lui est arrivé dans son enfance.
— Il t'a laissé établir une relation aussi intime ?

Le choix des mots m'a fait penser à Kathy, et à la jalousie meurtrière que ce voyage pouvait provoquer chez elle si elle l'apprenait.

— Oui. C'est lui qui me l'a demandé.
— Magnifique !

J'ai pris une profonde inspiration.

— Matt, il n'y a aucune chance pour que Kathy puisse sortir de...
— C'est peut-être la seule chose dont tu n'as pas à t'inquiéter. Cet endroit est une véritable forteresse.
— Parfait. (Je me suis rappelé la double porte blindée à l'entrée de l'unité, les vitres de deux centimètres d'épaisseur, le mobilier fixé au sol.) Le vol dure environ une heure. Mon bipeur devrait fonctionner en l'air, mais quoi qu'il en soit, il fonctionnera à Baltimore.
— O.K., je te fais signe dès que j'ai du nouveau.

Le haut-parleur a annoncé l'embarquement immédiat pour le vol 515 à destination de Baltimore.

– Faut qu'on y aille, a dit Cynthia.
– Méfie-toi, Matt, ai-je ajouté. Si Hancock éprouvait du chagrin à la mort de sa nièce, elle n'éprouve plus que de la colère aujourd'hui.

Au moment où j'allais raccrocher, il s'est écrié :
– Frank ?
– Oui ?
– Quoi qu'il arrive, je suis fier de toi.

J'en ai eu la gorge nouée.
– Merci.

Avec Cynthia, nous nous sommes précipités dans l'avion, qui comptait une vingtaine de passagers au total. Nous nous sommes installés derrière l'aile, à plusieurs rangées des autres. Je me sentais un peu plus calme qu'avant le départ, ayant inhalé une pincée d'héroïne et un peu de coke dans les toilettes de l'aéroport. J'en avais également profité pour nettoyer le sang sur mon visage et enlever en grande partie celui de Bishop sur la jambe de mon pantalon. Le reste de la came était planqué sous mes plantes de pieds.

Pendant le décollage, nous sommes restés silencieux dans la cabine assombrie. J'étais heureux d'avoir Cynthia à côté de moi ; je me sentais coupé du reste du monde. Maintenant que j'avais quitté le Massachusetts, je me demandais si Rice allait respecter notre marché – un marché que je l'avais contraint d'accepter sous la menace – et attendre que les vingt-quatre heures soient écoulées pour lancer l'assaut. Et je n'avais aucun moyen de savoir si la présence de Calvin Sanger dans le service allait permettre de retarder l'offensive du lieutenant Patterson ou aviver la paranoïa de Lucas et le pousser au suicide collectif.

– Qu'est-ce que tu penses trouver sur Trevor Lucas à Baltimore ? m'a demandé Cynthia.

J'ai consulté ma montre. Nous volions depuis dix minutes.
– Je ne suis même pas certain de trouver quoi que ce soit. Je cherche à découvrir ce qui a bien pu provoquer cette fracture dans son psychisme quand il attendait son procès en prison. À remonter jusqu'aux premières lézardes dans les fondations de son esprit, jusqu'aux racines de ses hallucinations religieuses. J'ai besoin de connaître la raison pour laquelle il a sombré dans la psychose.

— Il faut une raison pour ça ? C'est pas possible qu'on naisse avec des nerfs foireux ?

— Non.

J'ai été le premier surpris par la rapidité de ma réponse. Dans les discussions avec d'autres psychiatres, je ménageais l'équivoque en admettant l'hypothèse que certaines personnes puissent venir au monde avec un système nerveux déficient susceptible de céder sous les pressions quotidiennes. Mais Cynthia, par la simplicité de son raisonnement, en appelait à ma conviction profonde : quand un homme perd l'esprit, c'est toujours à cause d'un traumatisme.

— Le système nerveux, c'est comme les amortisseurs d'une bagnole, ai-je dit. Il s'use à force d'encaisser les chocs. Certaines personnes sont construites comme des Ferrari, avec des suspensions fragiles, mais si on s'en occupait correctement, elles ne lâcheraient pas en cours de route.

— Je crois que j'ai roulé sur trop de nids-de-poule, a souri Cynthia. Comment tu remplaces les amortisseurs ?

Elle m'a soudain paru fatiguée, et elle a posé sa tête sur mon épaule.

— La meilleure solution, c'est la psychothérapie, ai-je répondu. Un prêtre te dirait sûrement que les prières sont efficaces. (J'ai senti son souffle dans mon cou.) L'amour aussi, sans doute. (J'ai fermé les yeux.) Mais tout ça, en fin de compte, c'est sûrement la même chose.

Cynthia m'a embrassé l'oreille. La chaleur de ses lèvres, puis de sa langue, a suffi à faire jaillir en moi un flot d'émotions, à la façon dont un abcès gonflé éclate dès la première incision du chirurgien. Les larmes ont ruisselé sur mon visage. Cynthia a passé la main sur mes joues et ma mâchoire pour les essuyer avant d'enfouir ses doigts dans mes cheveux et de poser sa bouche sur la mienne. J'ai commencé à me détendre quand elle s'est pressée contre moi. J'aspirais à éprouver autre chose que la peur, la haine et la violence. J'aspirais à me sentir de nouveau humain. J'ai inspiré à fond pour m'imprégner du parfum subtil qui émanait de son cou pendant qu'elle glissait sa main entre mes jambes, puis déboutonnait mon jean et baissait la fermeture Éclair. Après avoir vérifié qu'il n'y avait ni passagers ni hôtesses de l'air dans les parages, elle a libéré mon sexe et l'a fait durcir de sa paume humide. Mon souffle s'est accéléré au même rythme que ses caresses, et le besoin d'éjaculer a grandi dans mon bas-ventre. Juste avant que je jouisse, Cynthia s'est penchée pour me prendre dans sa bouche, me prouver par chaque caresse de sa langue que j'étais toujours capable de sentir, m'assurer par chaque effleurement de ses lèvres que je pourrais me déverser en elle, que je n'étais ni empoisonné ni moi-même un poison, que Dieu ne m'avait pas abandonné.

10

L'avion a atterri à l'aéroport international Baltimore-Washington à 22 h 20. Nous avons pris un taxi pour rejoindre la ville par la nationale 295. J'ai demandé au chauffeur de nous déposer au Stouffer, un hôtel de catégorie supérieure à la fois proche de la mairie et de l'hôpital Johns-Hopkins, et à mi-chemin entre les boutiques chic d'Inner Harbor et la zone chaude de Baltimore. J'y avais séjourné presque deux décennies plus tôt, au moment de passer l'entretien pour un poste d'interne à Hopkins. Ne sachant pas où nous mènerait ma quête des racines de Lucas, je voulais une base sûre, située en plein centre.

– Alors ? Par quoi on commence ? m'a demandé Cynthia quand nous sommes entrés dans la chambre.

Je me suis approché des fenêtres. De nouveaux bâtiments s'étendaient à perte de vue, témoignages de la vitalité toute neuve de Baltimore, et pendant un moment, j'ai cédé au découragement, comme si c'était pure folie que d'imaginer retrouver le passé d'un homme dans une ville qui était morte et ressuscitée de ses cendres. Mais je me suis dit que la souffrance endurée par Lucas enfant avait été suffisamment coriace pour résister au temps et le piéger au-delà des années – et moi avec. Au fond, je n'étais pas plus perdu dans cette ville que devant les traumatismes enfouis par les hommes et les femmes de l'âge de Lucas, ou plus vieux, que j'avais soignés dans mon cabinet de psychothérapie. Lorsque l'un deux m'avait raconté une histoire personnelle un peu trop léchée, je devais rassembler toute ma volonté pour poser ma première question pénétrante, attaquer sérieusement notre travail en faisant savoir à l'esprit du patient que je connaissais la vérité encore profondément encodée dans quelque réseau de neurones, et que j'avais bien l'intention de la mettre au jour. Parfois, il fallait que la question soit brutale, tel un assaut contre la porte du déni. Mon propre thérapeute, le Dr James, avait utilisé l'équivalent verbal d'un bélier après m'avoir écouté jacasser au sujet de mes revers sentimentaux pendant toute la première moitié de notre première séance ensemble : *Comment voulez-vous qu'on puisse vous aimer, Frank, puisque vous vous détestez ?*

— On commence par la première question, ai-je répondu à Cynthia. Ensuite, on passe à la suivante, et à celle d'après, etc. (Je me suis dirigé vers le bureau, dont j'ai ouvert le premier tiroir pour en sortir un annuaire. Je l'ai feuilleté jusqu'aux L. Il y avait des colonnes entières de Lucas.) Ça te dit de jouer les recenseuses ?

— Plutôt original, comme fantasme ! Mais bon, je me suis promis de tout essayer au moins une fois.

J'ai souri.

— Je veux que tu appelles autant de Lucas que possible. Demande à celui ou celle qui te répond si Trevor Lucas est un parent. Raconte que, d'après ta liste, il est domicilié à cette adresse.

— Ça ne va pas trop les choquer qu'un agent recenseur leur téléphone à minuit ?

— On ne peut pas s'offrir le luxe d'attendre demain matin. Et puis, ce n'est peut-être pas plus mal que les gens soient à moitié endormis : avec un peu de chance, ils accepteront plus facilement de te parler.

— Et toi ? Qu'est-ce tu vas faire ?

— Je file au commissariat, au cas où le nom de Lucas leur dirait quelque chose. Je repasserai ici avant d'aller ailleurs.

J'ai descendu Lombard Street jusqu'à Gay Street, puis je me suis engagé dans East Fayette, avec ses dix ou douze bars et ses deux ou trois clubs vidéo spécialisés dans le X qui constituaient la « zone chaude » de Baltimore. Des clochards agrippant des bouteilles dans des sacs en papier brun et un groupe de jeunes en survêtements noirs m'ont lorgné, sans pour autant m'effrayer. Le quartier était éclairé comme une fête foraine, et le poste de police se situait à seulement un pâté de maisons.

Les abords du commissariat lui-même étaient plus sombres. Des citoyens que je n'aurais pas aimé croiser au coin d'un bois traînaient alentour, attendant sans doute des nouvelles d'êtres chers expédiés en cellule. À l'intérieur, juste après la porte, un homme était assis sur un banc, l'œil dissimulé par une compresse de gaze imprégnée de sang. Un autre, avec un gilet en cuir marqué *Vivre libre et mourir*, arborait des tatouages de fil barbelé autour de chaque doigt, des deux mains et des avant-bras.

La permanence au comptoir, qui s'étendait sur toute la largeur de la salle principale, était assurée par trois flics vraisemblablement chargés de recevoir les mauvaises nouvelles et de distribuer des réponses vagues, tels des guichetiers dans quelque banque fondamentale de l'humanité. Je me suis dirigé droit vers celui du milieu parce que c'était le plus vieux et que son visage ridé et ses cheveux blancs suggéraient la gentillesse. Il remplissait un formulaire, suite au dernier récit qu'il venait d'entendre.

— Je peux faire quelque chose pour vous ? a-t-il demandé sans lever les yeux.

— Je suis le Dr Frank Clevenger…, ai-je commencé.

Cette fois, il m'a regardé, et j'ai vu son front se plisser alors qu'il tentait de réconcilier le mot « docteur » avec l'entaille sur mon visage, ma queue-de-cheval et mon blouson noir Harley.

— Ah oui ? Et quel genre de docteur vous êtes ?

Il est retourné à son formulaire.

J'étais justement en train de me dire que je serais aujourd'hui dermatologue si j'avais suivi la voix de la raison, et non celle du cœur, à la fac de médecine. Avec mes copains de chambre, on disait souvent pour blaguer qu'une règle unique gouvernait cette spécialité : si c'est mouillé, mettez un truc sec dessus ; si c'est sec, mettez un truc mouillé dessus. Cet aspect superficiel des choses m'avait découragé.

— Je suis psychiatre, ai-je répondu.

— Ça nous serait bien utile, par ici. (Il a levé les yeux, les a baissés de nouveau.) Vous ressemblez pas du tout aux psys que j'ai pu voir.

J'avais entendu cette remarque plus souvent qu'à mon tour. À vrai dire, je ne ressemblais pas non plus aux psys que j'avais moi-même pu voir.

— Je viens de Boston, ai-je dit, conscient que ça n'expliquait en rien le caractère incongru de mon apparence. Je travaille avec la police de Lynn, dans le Massachusetts.

— Clevenger ? a lancé un flic noir à ma gauche, en m'observant. (Il a levé une main pour interrompre le type maigre qui lui parlait de l'autre côté du comptoir.) Une minute.

— Tout ce que j'voulais dire, a poursuivi le maigrichon, c'est que son problème, à Harry, c'est le sucre. (Il a haussé les épaules sous son vieux blouson des Orioles, et tiré nerveusement sur sa barbe grisonnante et broussailleuse.) Faites-lui passer un Alcootest quand il est en pleine crise, et ça vire au rouge. J'vous jure, j'ai d'jà vu ça une fois. Ça fait aucune différence que mon frangin...

Des bouffées de sa propre haleine alcoolisée me parvenaient.

— Silence, lui a ordonné l'agent.

Je lui donnais à peine trente ans. Il avait le crâne rasé, des yeux bleu clair et un bouc. Il s'est de nouveau tourné vers moi.

— On a reçu un appel de la police d'État vous concernant.

Je ne savais pas si c'était une bonne ou une mauvaise nouvelle. Je me suis rapproché de lui.

— Et... ?

— On n'a rien sur un quelconque Lucas. Du moins, rien dans nos archives informatiques.

— Elles remontent jusqu'à quand, ces archives ?

Le maigrichon a commencé à se balancer contre le comptoir.

— Mon frangin Harry, il a pas mal roulé sa bosse. Y connaissait...

— Sur l'ordinateur, dix ans, l'a interrompu l'agent.

— Les informations que je cherche sont plus anciennes.

— ... ce foutu connard de Ronnie Lucas, a lâché l'homme.

Je me suis tourné vers lui.

L'agent l'avait déjà fait taire.

— Vous pourriez consulter les archives de la police demain matin, mais c'est à l'hôtel de ville. Et vous devrez passer par le circuit normal. Peut-être même que vous aurez besoin d'une ordonnance du tribunal.

— Vous connaissez quelqu'un qui s'appelle Lucas ? ai-je demandé au maigrichon.

— Ce salopard, il a cassé la mâchoire à Harry.

— Ronnie Lucas, vous avez dit ? L-u-c-a-s ?

— Ronnie Lucas, mouais, a répété le flic senior.

— Vous le connaissez ?

— Un petit bookmaker minable qui jouait aussi les usuriers. Il traînait du côté de Fells Point. Il avait une Pontiac LeMans jaune citron décapotable. Avec des sièges blancs. Des vrais pneus à profil bas.

Son collègue noir s'est marré.

— T'oublies jamais le moindre foutu détail, hein ?

— Y avait pas d'ordinateur à l'époque où je bossais dans la rue.

— Vous avez entendu parler de Trevor Lucas ? lui ai-je demandé.

— Non.

Je me suis de nouveau tourné vers le maigrichon, qui a secoué la tête.

— Et encore, Ronnie, j'le connais surtout parce que je l'ai chassé d'mon garage avec un démonte-pneu quand je l'ai chopé en train de tabasser mon frère, y a p'têt cinq ans d'ça. Mais il avait déjà démoli la mâchoire de mon frangin. O.K. ? Et après, il s'est pointé avec deux autres mecs pour me démolir, moi. Alors, j'lui ai filé son fric. (Il a regardé le jeune agent avant de hausser les épaules.) Qu'est-ce que je pouvais faire d'autre ?

— Appeler la police ? a-t-il suggéré.

Le maigrichon a levé les yeux au ciel.

— Et où est-il, ce Ronnie ? ai-je demandé.

— J'l'ai plus revu.

— Il doit bien avoir dans les soixante-dix ans, s'il est toujours de ce monde, est intervenu le flic senior.

Je ne voulais pas perdre mon temps avec Ronnie Lucas s'il n'avait aucun lien de parenté avec Trevor.

— Vous croyez que votre frère en saurait plus que vous sur Lucas ?

— Mouais, sûrement. Lui, il a fréquenté Ronnie pendant un sacré bout d'temps. Y pouvait pas se passer des canassons et des clébards, si vous voyez ce que je veux dire.

— Oui, je vois.
— Mais y boit pas.
— Ça me serait possible de parler à Harry ? ai-je demandé au jeune flic.
— Il est bourré.
— C'est moi qui bois, l'a interrompu Harry en secouant la tête. J'vous l'ai dit, le problème de Harry, c'est le sucre.
— Je peux tenter le coup quand même ? ai-je insisté.
— Bah, ça coûte rien d'essayer ! Mais ça m'étonnerait que vous en tiriez quelque chose tant qu'il aura pas dessoûlé. (Anticipant une objection de la part du maigrichon, il a ordonné :) Vous, taisez-vous. Je vous le répéterai pas.

J'en ai déduit que c'était Jack Rice qui avait appelé du Massachusetts. Si le lieutenant Patterson avait téléphoné, je n'aurais certainement pas eu la possibilité d'aller voir un détenu placé en garde à vue.

Le jeune agent m'a guidé vers une porte au bout du comptoir, et m'a fait entrer.
— Anderson, a-t-il dit en me tendant la main.
— Frank Clevenger.

Sa poignée de main était l'une des plus vigoureuses qu'on m'ait jamais données.

Nous nous sommes engagés dans l'escalier conduisant aux cellules de garde à vue. J'étais derrière Anderson, et j'ai remarqué qu'il boitait sérieusement, s'appuyant de préférence sur sa jambe droite. Cette faiblesse m'a surpris, et rendu plus conscient encore que le reste de son corps — torse en barrique, cou épais et avant-bras musclés — était bâti pour résister à une charge d'assaut.

— J'ai un genou en titane et des agrafes dans le tibia, m'a-t-il expliqué, lisant dans mes pensées comme en sont parfois capables les gens atteints de handicaps physiques. (Dans la foulée, il a également répondu à ma question suivante :) Tentative de cambriolage à main armée d'une succursale de la U.S. Trust à Orleans Street. J'ai été touché deux fois. L'extrémité de mon fémur a explosé.

Je tenais à lui assurer que je ne le jugeais pas diminué pour autant.

— Apparemment, vous avez récupéré presque toutes vos forces.

Anderson s'est arrêté sur une marche, et il a levé les yeux vers moi.

— La jambe, ça va mieux. C'est pas le problème. (Il a marqué une pause avant de désigner son crâne chauve.) Mais y a des trucs qui clochent là-dedans, et que personne peut voir à part moi. Des cauchemars. Des flash-back. Des fois, ça m'arrive d'être à l'accueil, et tout d'un coup, sans prévenir, je me mets à brailler comme un bébé.

J'en ai eu la chair de poule. Je me retrouvais en pleine nuit dans une cage d'escalier, à des centaines de kilomètres de chez moi, devant un homme rencontré à peine quelques minutes plus tôt, et qui soudain se dévoilait. J'aurais beau y être exposé des milliers de fois, je ne crois pas pouvoir un jour rester insensible à la beauté brute, horrible, de la psyché humaine en détresse. La dermatologie aurait été une sorte de désert pour moi ; comme un vampire, je me repais de la souffrance d'autrui. En comparaison, mes autres dépendances sont pâlottes.

— Pleurer parce qu'une balle vous a déchiré la chair, ce n'est pas se comporter en bébé, ai-je dit doucement.

Il a pincé les lèvres, hoché la tête.

— Vous avez consulté quelqu'un au sujet de ces souvenirs ?

— Ils veulent que j'y aille. Ils vont peut-être m'y obliger.

— Pourquoi faudrait-il vous forcer ?

Anderson a haussé les épaules.

— Sais pas.

Aussi soudainement qu'il s'était tourné vers moi, il s'est détourné pour poursuivre son chemin.

Je l'ai rattrapé, et tout en avançant, j'ai essayé d'imaginer la panique qui devait s'emparer d'un homme touché par une balle – le choc, la douleur, l'impuissance à retenir l'inévitable chute, à empêcher la vie et la mort de se mettre à tournoyer comme à la roulette. J'ai dû me concentrer pour éviter, par une sorte de réflexe aussi machinal que futile, d'imiter sa démarche afin de mieux cerner son expérience. Qui n'a jamais traversé une pièce en fermant les yeux pour tenter de se faire une idée de ce que peut ressentir un aveugle ? Et à quoi rime cet effort, sachant qu'on peut rouvrir les yeux à tout moment et voir de nouveau ?

Parmi les prisonniers, un ou deux avaient l'air de types vraiment dangereux, mais la plupart avaient surtout l'air de petits voyous malchanceux et d'ivrognes qui s'étaient sans doute fait coincer pour troubles de l'ordre public, ou encore, comme Harry, conduite en état d'ivresse. Nous nous sommes arrêtés devant une cellule occupée par deux hommes.

— Harry, c'est le plus grand, a précisé Anderson.

Allongé de profil sur la couchette du bas, Harry ronflait bruyamment. Son long manteau de cuir brun le recouvrait, mais j'ai pu estimer qu'il faisait au moins ses cent vingt-cinq kilos. D'un côté, il avait laissé pousser sa couronne de cheveux jusqu'aux épaules afin de dissimuler sa tonsure, et sa mèche pendait mollement sur son visage. On aurait dit un croisement bizarre entre un clodo, un batteur de rock et Bouddha. Un Noir d'une vingtaine d'années était perché au bord de la couchette du haut, et nous regardait, Anderson et moi.

— Et l'autre ? ai-je demandé. Il est là pour quoi ?
— Détention de cocaïne. Avec intention de la vendre.
— Combien ?
— Un demi-gramme.
— Oh.

J'en avais plus que ça dans ma botte, sans parler de l'héroïne.

— Ça paraît pas grand-chose, comme ça, a-t-il poursuivi en déverrouillant la grille, mais il traînait près d'une école. Il risque d'en prendre pour cinq ans. Peut-être plus. Dans une prison fédérale.

— Ça devrait le guérir.

Un instant, j'ai craint d'avoir ébranlé notre alliance, mais Anderson m'a encore surpris.

— Ces histoires de « croisade contre la drogue », c'est des foutaises. Ce gars-là, faut l'envoyer dans un centre de réhabilitation, pas en taule. (Il s'est penché plus près pour me glisser à voix basse :) La moitié des flics de ce poste fument de l'herbe ou se font une ligne de temps en temps. Si y a bien un truc que je peux pas supporter, c'est qu'on veuille donner des leçons quand on fait soi-même des conneries.

— Vous avez cent pour cent raison, et si vous continuez à raisonner comme ça, vous ne serez jamais grand chef.

— Bah, de toute façon, j'aurais du mal à passer pour un Indien !

(Il a ouvert la cellule.) Mais je vous le répète, vous aurez de la veine si vous réussissez à tirer quelque chose de Harry. Ce qu'y raconte, ça n'a ni queue ni tête.

Je suis entré. Anderson m'a attendu à la porte. J'ai salué le jeune Noir d'un mouvement de tête en espérant qu'il ne me saute pas dessus ; je pénétrais sur son territoire, après tout, même si ledit territoire était emprunté au système pénal. Il a hoché la tête en retour. Je me suis agenouillé près de la couchette occupée par Harry.

— Harry ? (Rien.) Harry ? ai-je appelé plus fort. (Je l'ai pris par les épaules pour le secouer.) Harry !

Il a ouvert les yeux, pour les refermer aussitôt.

Je l'ai secoué plus fort.

— C'est votre frère qui m'envoie.

— J'ai rien à dire, Charlotte Anna, a-t-il marmonné, les yeux toujours fermés, la voix pâteuse. Ta mère, c'est une brave femme. Un cœur d'or. (Il a remué la tête.) Mary ? (Ses yeux ont roulé sous ses paupières, puis se sont ouverts en grand et ont croisé les miens. Il m'a pris la main. Sa peau était moite.) Mary, arrête l'arroseur automatique. Je suis complètement trempé.

— Je vous avais prévenu, a fait Anderson.

Je me suis concentré sur l'odeur qui émanait de Harry. Il ne sentait pas l'alcool. Son haleine, et même ses vêtements, étaient imprégnés des relents chimiques douceâtres de l'acétone, une substance produite par le foie des diabétiques privés trop longtemps d'insuline, et dont le taux de sucre dans le sang monte en flèche. J'ai placé mes doigts sur son poignet. Son pouls était irrégulier. Je me suis tourné vers Anderson.

— Il n'est pas simplement bourré – et encore, s'il l'est. Je crois que son frère avait vu juste : il fait un coma diabétique. Il faut l'emmener à l'hôpital tout de suite.

— Il va mourir ? a lancé le jeune Noir.

— Je l'ignore, ai-je répondu en levant les yeux.

Il se penchait vers moi en s'agrippant au matelas pour ne pas tomber.

— À l'entendre, il m'avait pourtant l'air méchamment parti, a observé Anderson.

J'ai reporté mon attention sur lui.

— Je sais, mais c'est sans doute parce qu'il délire. Sa formule sanguine est tellement anarchique que son cerveau ne peut plus fonctionner. Son rythme cardiaque n'est pas très bon non plus.

— C'est pas juste une bonne défonce, vous êtes sûr ?

— Non. Je n'en suis pas absolument sûr. Mais si j'ai raison, vous pourriez bien vous retrouver avec un mort sur les bras.

— Merde, a dit le jeune Noir. Je m'en doutais, moi aussi.

— O.K., on va le faire transporter à Hopkins, a décidé Anderson.

Je me suis précipité dans l'escalier avec Anderson, que sa patte folle n'a pas empêché de me distancer, et me suis assis devant son bureau pendant qu'il téléphonait pour demander une ambulance.

— Les urgentistes refusent de prendre en charge un patient non accompagné, a-t-il déclaré en raccrochant. Il va falloir que j'aille avec eux. Vous voulez venir, pour l'interroger quand il aura retrouvé ses esprits ?

Il était 1 h 20. Est-ce que je n'avais pas intérêt à retourner au Stouffer pour essayer de joindre une partie des Lucas depuis le hall pendant que Cynthia se servait du téléphone dans notre chambre ? Je ne pouvais pas me permettre de perdre du temps. Six heures s'étaient déjà écoulées depuis mon départ de Lynn State. Mais je me suis dit qu'il fallait écouter la ville comme j'écouterais un patient. J'avais posé une question en venant au poste. Je n'avais aucun moyen de savoir si la réponse était sur le point de m'être donnée.

— Allons-y, ai-je dit.

J'ai fait le trajet jusqu'à Hopkins à l'arrière de l'ambulance en compagnie d'Anderson, de Harry et de Jim Maloney, un des deux urgentistes qui s'étaient présentés au poste. Harry avait les poignets attachés à la civière. Mon diagnostic – diabète cétoacidosique – m'a valu les railleries de Jim jusqu'au moment où il a enfilé un cystocath dans la vessie de Harry, et obtenu quelques millimètres d'urine dont le taux de glucose a coloré le testeur en rose vif. Quand il a vu la couleur, Jim a demandé par radio des instructions aux urgences de Hopkins. Un médecin à l'accent texan lui a dit de mettre en place une perfusion rapide de liquide de Ringer pour le réhydrater, et de lui injecter trente unités d'insuline standard. J'ai regardé le moniteur cardiaque. Le cœur de Harry avait du mal à maintenir son rythme ; de temps à autre, il s'étouffait comme un moteur alimenté par un mélange d'essence et de sirop d'érable.

Quand nous avons tourné dans Broadway, le dôme de l'ancien bâtiment de l'hôpital a émergé tel un fanal des rues les plus minables de Baltimore. J'ai frissonné au souvenir du Christ en marbre blanc de presque quatre mètres de haut qui se trouvait à l'intérieur, paumes tournées vers le ciel, sa longue tunique flottant autour de lui. Des projecteurs éclairent directement Son visage. Ses pieds nus reposent sur un socle où sont gravés ces mots : *VENEZ À MOI, vous qui êtes las et accablés de soucis, et je vous accorderai le repos ÉTERNEL*. J'avais déjà renoncé à toute religion organisée en arrivant à Hopkins pour passer mon entretien, et pourtant, j'avais été frappé (presque au point de tomber à genoux, à vrai dire) quand j'avais vu cette statue pour la première fois. Je n'avais aucun mal à imaginer des patients confrontés au cancer, aux crises cardiaques et à la schizophrénie retrouver l'espoir en sa présence, voire la force de commencer leur traitement. Je songeais aux Hébreux fuyant l'Égypte, dont certains avaient été ensevelis pour avoir adoré des images sculptées alors qu'ils se dirigeaient vers la Terre promise. Pourquoi, me demandais-je, le Dieu d'Abraham avait-il anéanti une partie des élus de son peuple dans sa bataille contre l'idole qu'ils avaient façonnée avec de l'or ? Et après qu'il eut tué pour vaincre l'idole, comment avait-on pu croire qu'il s'agissait seulement de métal ? Installé en face du Seigneur, je doutais du miracle de Sa conception tout en me réjouissant de l'humble majesté de ces hommes qui avaient su tailler un bloc de pierre pour en faire un objet de dévotion et le placer aussi judicieusement dans un lieu de guérison. Et je m'étais alors rendu compte pour la première fois que peu importe ce qu'on vénère, du moment que cela nous aide à nous concentrer sur l'amour – pour les autres et pour nous-même. Une personnalité célèbre et consentante fera l'affaire. Un veau d'or aussi. Ou un morceau de pierre. Ou le genre de traitement psychiatrique que j'avais eu autrefois le privilège de mettre moi-même en pratique.

L'équipe des urgences nous attendait. Deux infirmières et une jeune femme en blouse blanche dont j'ai supposé qu'il s'agissait d'une interne ont fait disparaître Harry sur un lit protégé par un rideau. Par-dessus cette séparation, je les ai vues accrocher d'autres poches de perfusion. Le moniteur cardiaque a pris vie, générant un tracé vert fluorescent qui indiquait une menace de mort.

Un homme grand et mince, aux cheveux de jais séparés par une raie impeccable, s'est approché de nous. Il portait une blouse blanche amidonnée qui lui arrivait aux genoux, une chemise bleu clair et une cravate bleu nuit brodée de motifs gris argent – des vaches texanes à longues cornes. Il a serré vigoureusement la main d'Anderson.

– Vous auriez intérêt à installer un docteur sur place, ou je vais devoir faire mettre des barreaux aux urgences, a-t-il dit d'une voix traînante.

– On vous embauche quand vous voulez.

– Comment va le genou ?

– Je survivrai. (De la tête, Anderson m'a désigné.) Docteur Blaisdell, je vous présente le Dr Clevenger, de Boston. C'est un psychiatre spécialisé dans les affaires criminelles.

– Excellent, a-t-il souri. Je commençais à me lasser de tous ces gens trop respectueux de la loi. (Il s'est légèrement incliné dans ma direction.) Bienvenue. Si j'ai l'occasion de souffler un peu, je vous offrirai une petite visite guidée.

Blaisdell est allé s'occuper de Harry, Anderson est parti se chercher un café, et je me suis mis en quête d'une cabine pour appeler Cynthia.

En débouchant dans le couloir principal de l'hôpital, je me suis rendu compte que Hopkins s'était étendu au moins autant que la ville. Un labyrinthe de bâtiments neufs et anciens avaient été reliés pour créer un ensemble étincelant semblable à un immense centre commercial. Des plafonds en Inox surmontaient des couloirs de dix mètres de large. Des panneaux lumineux fixés aux murs indiquaient la direction des hauts lieux de la médecine qu'étaient l'institut ophtalmologique Wilmer, le service de chirurgie Halsted et le centre de pédiatrie Oski.

J'ai fait un détour par les toilettes pour sniffer la moitié d'un sachet d'héroïne, puis erré encore un peu avant de trouver une rangée de téléphones devant une cafétéria appelée le Corridor Café. Comme la ligne était occupée lors de mes premières tentatives pour joindre Cynthia, j'ai voulu téléphoner au commissariat de Lynn afin d'obtenir un compte rendu des événements. Sans avoir eu l'occasion de décider si j'étais d'accord, mon appel a été transféré au Q.G. de la police d'État, devant l'hôpital.

— Capitaine Rice, a annoncé Jack Rice.

— C'est Frank, ai-je dit, ne sachant même pas s'il allait rester en ligne.

— Oh. (Un silence. Puis, d'un ton glacial :) Qu'est-ce que vous voulez savoir ?

— Je venais juste aux nouvelles. Ça se passe à peu près bien ?

— Oui, pour autant que je puisse en juger d'ici. (Nouveau silence, un peu plus long.) Rien d'autre ?

— Et Calvin ? Aucune nouvelle ?

J'ai revu Calvin Sanger se retourner alors qu'il fonçait vers l'hôpital, et me lancer les mots avec lesquels je l'avais ferré. *Le scoop de ma vie !*

— Non. Aucune. Ça y est, cette fois ?

J'ai essayé de contrebalancer la froideur de sa voix par l'amabilité de la mienne.

— Écoutez, Jack...

— Non. C'est vous qui allez m'écouter. Vous avez obtenu ce que vous vouliez. À condition que la situation ne se dégrade pas, nous n'envahirons l'unité que dans seize heures trois quarts. En échange, vous ne nous massacrerez pas dans la presse, moi et mon département. Ce sont les termes du marché. Alors, ne me demandez pas de vous tenir la main après m'avoir acculé dans un coin en menaçant de me baiser.

Il avait raison, j'en convenais. Mais je n'ai pas résisté au désir de chercher une nouvelle fois sa main.

— Je crois que je suis sur la voie...

— Quelque chose d'utile à nous communiquer ?

— Euh, non. Pas encore.

— Alors, on se reverra à votre retour.

Il a coupé la communication.

— O.K., ai-je dit dans le vide. À plus tard.

Quand j'ai raccroché violemment, deux infirmières se sont retournées pour me regarder, avant de baisser les yeux et de presser le pas. Entre mon blouson, mes cheveux et la blessure de mon visage, je devais leur faire redouter un problème plus sérieux que ce qu'elles avaient envie d'affronter pendant la pause-café. Je suis resté planté devant le téléphone quelques secondes, puis j'ai décroché à nouveau et composé le numéro de l'hôtel, espérant que Cynthia aurait une bonne nouvelle à m'apprendre.

— Frank ? Où es-tu ?
— À l'hôpital Hopkins.
— Je croyais que tu devais repasser par ici.
— Je suis tombé sur un type au poste qui connaît un certain Ronnie Lucas. Le problème, c'est qu'il n'a rien pu me dire. Il a fait un coma diabétique, et il est pratiquement inconscient. Il est aux urgences en ce moment même. (J'ai pris une profonde inspiration en songeant combien la piste que j'avais suivie était ténue.) Et toi ? Tu as trouvé quelque chose ?
— Peut-être. À toi de me le dire.
— Vas-y, je t'écoute.
— J'ai appelé vingt-trois Lucas jusque-là.
— O.K.
— Neuf appels sont restés sans réponse. Sur les douze autres, on m'a gardé en ligne juste le temps de me dire : « Jamais entendu parler de Trevor Lucas. » Une femme m'a affirmé qu'elle le connaissait bien, qu'il avait joué dans l'équipe des Ravens et qu'elle était enceinte de ses jumeaux.
— Je pense qu'on peut l'éliminer de la liste. Ça nous fait vingt-deux appels. Et le vingt-troisième ?
— Michael Lucas, à Jasper Street. Ce type m'a raccroché au nez à la seconde où j'ai mentionné Trevor. Du coup, j'ai rappelé. J'avais même pas encore pu placer un mot qu'il m'attaquait : Qui j'étais, d'abord ? Pourquoi je l'emmerdais en pleine nuit ? Je lui ai sorti le couplet sur l'agent recenseur, mais il m'a encore raccroché au nez. Quand j'ai rappelé pour la troisième fois, il a laissé sonner. (Elle a marqué une pause.) Tu crois qu'il pourrait être plus qu'un simple parano ?
— C'est toi qui l'as eu en ligne. Qu'est-ce que tu en penses ?
— Franchement, j'en sais rien.
— Alors, on va essayer de le découvrir.

11

Cynthia avait proposé d'aller voir elle-même Michael Lucas pour gagner du temps, mais je lui ai demandé de continuer à passer des coups de fil depuis la chambre jusqu'à mon retour. Si on n'entame pas à la bonne page la lecture d'une histoire individuelle, l'intrigue risque de se retourner violemment contre vous. Cette leçon-là, je l'avais apprise de la façon la plus terrible qui soit – en perdant Rachel dans le dernier chapitre consacré à la violence de Kathy.

Au moment même où je franchissais le seuil des urgences, j'ai entendu les bruits caractéristiques d'un malheur imminent. Un staccato de bips électriques résonnait dans l'air. Une civière grinçait à la cadence familière d'une réanimation cardio-pulmonaire. Le Dr Blaisdell réclamait de l'épinéphrine, de la lidocaïne et du brétylium – autant de médicaments que je savais destinés à traiter des arythmies cardiaques graves. Six paires de pieds environ s'agitaient nerveusement sous le rideau tiré autour du lit de Harry. J'ai levé les yeux ; sur le moniteur cardiaque, le tracé frénétique de la ligne verte suivait le rythme en dents de scie typique de la tachycardie ventriculaire. Le cœur de Harry se contractait encore et encore, sans laisser la possibilité à l'air ou au sang d'affluer.

Son frère s'est soudain matérialisé à mon côté.

— Qu'est-ce qui se passe, bordel ?

— Ils ont un problème, ai-je répondu en me tournant vers lui. (Son visage ridé et mal rasé m'a paru beaucoup plus vieux, tout d'un coup.) Le cœur de Harry ne bat pas comme il faudrait.

— Pas comme il faut, vous dites ? (À son tour, il a scruté le moniteur cardiaque.) Mais il va s'en tirer, hein ? Je veux dire, il va pas...

— Quatre cents joules, a ordonné Blaisdell. Chargez, dégagez !

Sous le rideau, j'ai vu des pieds reculer. Le frère de Harry s'est avancé, mais je l'ai retenu par le bras.

— Vous ne pouvez rien faire. Laissez-les travailler.

Il s'est immobilisé en fixant le rideau d'un regard vide. Je savais qu'il ne pouvait pas voir à travers ce que moi, je voyais : Blaisdell avec les poignées du défibrillateur dans les mains ; la poitrine de Harry qui se soulevait du matelas au contact des disques de métal ; huit visages figés, inexpressifs, dans l'expectative, comme si c'étaient eux qui avaient reçu un choc.

Le torse de Harry est retombé sur la civière dans un grand bruit de ferraille.

— Qu'est-ce que c'était ? a demandé son frère.

Avant que j'aie pu lui répondre, il s'était accroupi contre le mur près de nous, la tête entre les mains.

J'ai regardé le moniteur, et compris ce qui l'avait bouleversé. La ligne verte était désormais plate. Les bips électriques s'étaient mués en un fredonnement continu.

— Quatre cents, a dit Blaisdell calmement. Chargez, dégagez.

Le silence s'est abattu quand Blaisdell a envoyé le courant électrique dans le corps de Harry. La civière a de nouveau émis son claquement métallique. En voyant la ligne verte tracer des pics montagneux, le frère de Harry s'est redressé, pour s'effondrer presque aussitôt quand elle est redevenue plate.

— Quatre cents, a répété Blaisdell.

La civière a fait entendre son bruit de ferraille, mais la ligne n'a pas frémi.

— Quatre cents.

Claquement métallique. Rien.

Le frère de Harry était livide.

— Épinéphrine intracardiaque, s'il vous plaît, a demandé Blaisdell.

Je l'ai imaginé en train de remplir une seringue d'« épi », d'en projeter la première goutte en l'air. Je l'ai vu planter l'aiguille juste en dessous du sternum, puis droit vers les ventricules du cœur.

J'ai attendu. Le fredonnement du moniteur ne s'interrompait pas.

– On continue ? a lancé une voix de femme.
Puis celle de Blaisdell s'est élevée, calme :
– Montez à cinq cents joules.

Le frère de Harry, propriétaire crasseux d'un garage à Baltimore, fier détenteur d'un blouson des Orioles trop grand pour lui, avec des pièces de vinyle noires et oranges craquelées, homme usé par la vie, suppliant devant l'autel de Hopkins, me regardait avec des yeux implorants.

Je me suis accroupi à côté de lui parce que je me sentais gêné de rester debout. Je regrettais de ne pas connaître son nom. Le moniteur a encore fredonné pendant ce qui nous a paru de nombreuses secondes, alors qu'il ne s'en est sans doute pas écoulé plus de quelques-unes. Et soudain, tel un oiseau après l'hiver, il s'est remis à gazouiller. J'ai levé la tête. La ligne verte a eu quelques sursauts hésitants, irréguliers, avant d'égrener enfin la succession normale des bips sur l'écran. Harry me dévisageait comme s'il assistait à son premier lever de soleil. Les couleurs lui sont revenues d'un coup, et je me suis demandé s'il était possible qu'un homme puisse mourir et renaître en même temps que son frère.

Le rideau s'agitait désormais sous l'effet du tourbillon d'activité frénétique derrière. Des pieds se déplaçaient. Des mains avec des accessoires habituels – alliances, vernis à ongles rouge et rose, montres, chaînes en or – se levaient vers les poches et les flacons de perfusion. Des voix parlaient une langue étrangère : IV, CPK, réa, réa-cardio... Et puis, tout d'un coup, j'ai entendu des grognements sourds, suivis par le premier cri d'un nouveau-né de cent vingt-cinq kilos :

– Louie ? (Il a toussé.) Louie !
– J'suis là, a balbutié Louie. J'suis là, Harry.

Blaisdell est sorti de derrière le rideau en ôtant ses gants chirurgicaux. Il ne portait plus sa blouse blanche, ses manches étaient retroussées, sa cravate coincée entre deux boutons de sa chemise. En voyant le frère de Harry près de moi, il s'est approché.

– Docteur Blaisdell, s'est-il présenté, la main tendue. Vous êtes de la famille ?

– Je suis son frère, Louie, a acquiescé mon voisin. Louie Stokes.

Il a pris la main du médecin pour la serrer, mais ne l'a pas relâchée. Peut-être n'en était-il pas capable. De son côté, Blaisdell n'a pas essayé de la retirer.

— Le cœur de votre frère a fait une pause. D'où toute cette agitation. À présent, il fonctionne comme une horloge. Espérons que ça durera longtemps.

— Qu'est-ce qui va se passer, maintenant ?

— On va l'emmener en réa-cardio, le service de réanimation cardiologique, pour nous assurer que son taux de sucre s'est stabilisé. Dans ce genre de cas, les premières vingt-quatre heures sont toujours cruciales.

— Je pourrai le voir quand ?

— Il n'attend plus que vous, a répondu le médecin avec un clin d'œil, en indiquant le rideau.

Louie l'a enfin libéré, puis il a contourné le box jusqu'à trouver une ouverture dans le rideau. Il a disparu à l'intérieur.

— Beau boulot, ai-je dit.

— Oh, vous savez, c'est comme en cuisine, il suffit juste de suivre la recette ! On pourrait représenter toute la bataille sur un graphique.

— Sauf quand il s'agit d'ajouter un ingrédient essentiel. Il n'y a pas de recette pour ça. La plupart des gens auraient tout arrêté à quatre cents joules. En fait, la plupart auraient même arrêté après l'épinéphrine intracardiaque.

Blaisdell a littéralement piqué un fard.

— Mais beaucoup auraient continué, a-t-il souligné.

Si les grands médecins sont souvent gênés par leur talent, c'est précisément parce qu'on ne peut pas le représenter sur un graphique, ni même l'expliquer tout à fait. Blaisdell a contemplé un moment ses chaussures noires pointues et impeccablement cirées, puis il a levé les yeux vers moi.

— C'est vous qui avez décelé la cétoacidose. Pour un psychiatre, ça dépasse largement vos compétences.

— Simple coup de pot. Pour une fois, je devais écouter ce que racontait le prof ce jour-là.

Nous avons observé quelques instants de silence embarrassé, comme soudain frappés par la pensée que nous ne nous connaissions ni l'un ni l'autre, après tout – du moins, pas au sens traditionnel du terme. À un niveau plus fondamental, bien sûr, nous nous connaissions parfaitement.

— J'aurais une question à poser à Harry. Vous le croyez assez stable pour me répondre ?

Il a paru hésiter, avant de hausser les épaules.

— Allez-y. Ce n'est pas une simple question qui devrait provoquer un autre arrêt cardiaque.

Je me suis dirigé vers le box, et j'ai franchi l'ouverture.

On avait découpé les vêtements de Harry, qui gisait nu dessus, l'entrejambe recouvert d'un papier. Louie, à son chevet, remettait délicatement la mèche sur la tonsure de son frère. Les infirmières et l'interne achevaient leurs tâches.

— Le Dr Blaisdell m'a dit que je pouvais parler à M. Stokes, ai-je lancé, sans m'adresser à personne en particulier.

Je me suis approché de la civière.

— Qui c'est, Louie ? a murmuré Harry. (Une quinte de toux lui a arraché une grimace de douleur.) Bon sang, j'ai l'impression qu'on m'a défoncé la poitrine à coups de marteau.

— C'est à cause de la réanimation cardio-pulmonaire, ai-je déclaré. À peu de choses près, ça revient effectivement à vous cogner dessus.

— T'inquiète pas, il est réglo, a fait Louie. C'est un psy, il vient de Boston. Il bosse avec les flics de là-bas. Tout ce qu'il veut nous demander, c'est si on connaîtrait pas un type qui s'appelle Lucas. Je lui ai bien parlé de Ronnie, mais c'est pas celui-là qui l'intéresse. Alors, je me suis dit que tu savais peut-être si Ronnie avait des frangins, ou un truc comme ça.

— Ronnie ? Ronnie, c'est pas Lucas son nom de famille, a répondu Harry avant de baisser les paupières, épuisé.

Le découragement m'a submergé.

— Qu'est-ce que tu racontes ? a repris Louie en plissant les yeux. Mais si, voyons, *Ronnie Lucas*.

— Loomis. Ronnie *Loomis*.

Louie s'est mordillé la lèvre inférieure.

— C'est bien du bookmaker qu'on cause ?

Mon bipeur a sonné. Le numéro affiché était celui de la ligne privée de Matt Hollander, à Austin Grate.

— Mouais, lui-même. Ce connard de Ronnie Loomis, a fait Harry. (Il a soulevé les paupières, fixé son frère du regard.) Qu'est-ce qui t'arrive, Louie ? Tu te rappelles même plus le nom d'un type qu'est venu te casser la gueule à cause de mes conneries ? Va falloir que t'arrêtes l'alcool, mon vieux. Tu perds la mémoire.

J'étais assommé. En me lançant à la poursuite de ce Ronnie Lucas imaginaire, j'avais espéré orienter dans la bonne direction mes recherches. À présent, à 2 heures du matin passées, je me retrouvais dans une impasse. Je ne savais même plus où me situer par rapport à mon objectif. Bon sang ! Comment avais-je pu être assez stupide pour m'imaginer que je trouverais aussi vite la bonne piste ? Après avoir fait appel à tous mes talents de comédien pour souhaiter joyeusement bonne chance à Harry et Louie, je suis sorti du box.

Une infirmière m'a laissé utiliser l'un des téléphones du service pour appeler Matt.

— Frank ? a-t-il répondu immédiatement.

— Tout va bien ?

— Ça irait bien sans la voiture de flics garée devant la grille. Le commissaire Hancok est à l'entrée de la clinique, en train d'agiter un mandat d'arrestation contre Kathy Singleton.

— Comment a-t-elle...

— Difficile à dire. Je n'ai pas de nouvelles de mon psychologue renégat.

— Elle est seule ?

— Apparemment. Si ça se trouve, elle n'a pas du tout l'intention d'emmener au poste la meurtrière de sa nièce. Si ça se trouve, elle a prévu un arrêt dans les bois. Histoire de faire un peu d'exercice avec sa matraque...

— Kathy est dangereuse. Hancock ne doit pas se charger de la transporter sans renforts.

— À mon avis, elle en fait une affaire personnelle.

Je me suis assuré d'un coup d'œil que personne n'était dans les parages.

— Écoute, Matt. Jamais Hancock ne réussira à prouver que tu as caché Kathy. Après tout, elle aurait très bien pu utiliser un pseudonyme au moment de son admission.

— Allons, Frank, tu connais mes méthodes de travail. On va forcément supposer que je savais à quoi m'en tenir sur elle.
— Ça ne veut pas dire que Hancock réussira à le prouver, ai-je répété.
La ligne est restée silencieuse quelques secondes.
— Elle n'aura pas à prouver quoi que ce soit, a repris Matt.
— Comment ça ?
— Je ne compte pas nier ce que j'ai fait.
— Hein ?
— J'ai admis Kathy Singleton dans mon établissement parce qu'elle était très malade. Je savais que c'était une meurtrière. Je savais aussi qu'elle avait besoin d'aide. Voilà les faits. Et je n'en démordrai pas.
— Hancock n'hésitera pas à t'arrêter.
— Il faudrait d'abord qu'elle parvienne à entrer chez moi. Et à franchir une grille centenaire on ne peut plus costaud, épaisse de six centimètres et haute de quatre mètres. C'est d'un serrurier dont elle aura besoin. Et le temps qu'elle aille en chercher un, j'en serai déjà à mon deuxième brandy.
— Tu dois la laisser entrer, Matt. Elle a un mandat. Un ordre écrit du tribunal.
— Et moi, j'ai mes propres ordres de route. C'est mon hôpital. Un endroit où les gens sont soignés. La police n'a rien à faire ici.
— Matt...
— Écoute-moi bien. Toi et moi, on sait qu'on risquait d'en arriver là depuis le soir où tu as amené Kathy à Austin Grate. J'ai quand même accepté de la garder. Au cas où tu te poserais la question, l'amitié n'a rien à voir dans ma décision. Rien du tout. Je l'ai prise parce que c'était la meilleure chose à faire. L'évidence même. Alors, ne t'inquiète pas pour moi. Tous les journalistes rêvent d'être expédiés en taule pour avoir refusé de révéler leurs sources, de brader leur éthique professionnelle. C'est pareil pour moi. Il n'est pas question que je livre mes patients au système pénal. Et s'ils me punissent pour ça, amen. Je considérerai comme un honneur de purger chaque minute de ma peine.
J'ai fermé les yeux.
— Dans ce cas, tu ne les purgeras pas tout seul.

— Oh putain si, je les purgerai tout seul ! C'est ma patiente, Frank. Mon hôpital. Mon heure. (Il a marqué une pause.) Je n'ai jamais pu supporter le système, Frank. Ce qui explique entre autres pourquoi je me suis retranché derrière ces grilles. Tu t'y es mieux adapté que moi, Monsieur Dedans-Dehors. Tu es capable de faire avancer les choses. Tu es même capable d'apprendre à réfléchir à tous ces salopards. Peut-être même à éprouver des sentiments.

— Il vaudrait mieux que tu laisses entrer Hancock. C'est fini, Matt.

— Merci du conseil. À mon tour de t'en donner un : ce que tu accomplis en ce moment, c'est le travail de Dieu, ni plus ni moins. Tu veux aider quelqu'un à trouver sa vérité. Tu te soucies d'un homme qui ne se soucie absolument pas des autres. Ou de lui-même. C'est magnifique. Surtout, continue à écouter ta troisième oreille. Elle ne te trahira jamais.

Sur ces mots, il a raccroché.

La tête dans le brouillard, je me suis dirigé vers l'entrée des urgences.

Anderson m'y attendait.

— Ça a donné quelque chose ?

J'ai dû faire un effort pour me rappeler de quoi il parlait.

— Apparemment, Louie a un problème de mémoire, ai-je répondu d'une voix atone, avant de remuer la tête en signe d'impuissance. Le bookmaker à qui Harry devait du fric, c'était un certain Ronnie *Loomis*.

— Oh, merde !

— Votre collègue, à l'accueil, a confirmé tout ce que nous a dit Louie. Il se souvenait d'un Ronnie *Lucas*, lui aussi. Y compris de sa voiture : « Une Pontiac LeMans décapotable jaune citron. »

— C'est vrai, mais il est comme Louie, il a la mémoire qui flanche salement. C'est pour ça qu'ils le font plus bosser dans la rue.

Je sentais une raideur dans la nuque, et mes mains s'étaient remises à trembler. L'effet de l'héroïne se dissipait.

— Mais enfin, Anderson, vous l'avez complimenté sur sa mémoire, justement ! Vous lui avez fait remarquer qu'il n'oubliait jamais rien.

— Qu'est-ce que vous vouliez que je dise ? Qu'il commence à sucrer les fraises ? Que je suis obligé de relire tous ses rapports avant qu'ils soient officiellement bouclés ? Que tout le monde raconte pour blaguer que son prochain transfert, ce sera au centre d'assistance médicalisée de Guilford ? (Il a croisé ses bras énormes.) Vu qu'avec Louie, ils semblaient d'accord sur le nom, j'ai pensé que c'était vrai.

La sueur m'inondait de nouveau.

— Ça ne fait rien, laissez tomber.

— Hé. J'ai merdé. Désolé.

— Je ne vous reproche rien.

— Vous auriez beau me reprocher des tas de trucs, ça changera que dalle. C'est quoi, votre prochaine étape ?

Je n'en avais pas la moindre idée, mais je n'avais pas envie de lui dire.

— Une ancienne amie que j'ai connue à Mass est au Stouffer, en train de passer des coups de fil à tous les Lucas de l'annuaire. Un de ceux qu'elle a réussi à joindre, un certain Michael Lucas, a eu une réaction de défense quand elle a mentionné Trevor. (J'ai poussé un long soupir.) Je vais aller chez lui, je suppose.

Il a hoché la tête.

— Vous lofez, hein ?

— Comment ça, je bluffe ?

— Non, vous lofez.

— Ça veut dire quoi ?

— Vous vous sentez bien ? Vous avez l'air de quelqu'un qui va tomber dans les pommes.

— Ça ira. Expliquez-moi ce que vous entendez par « lofer ».

— Vous faites pas de bateau, hein ? Je pensais qu'étant de Boston...

À présent, je n'avais plus qu'une envie : rentrer à l'hôtel.

— Non, je n'y connais rien. Bon, je...

— J'ai commencé l'année dernière. C'est pas croyable comme ça vous vide la tête. Du coup, je me suis acheté un petit voilier. Le *North Star*, il est dans le port de Baltimore. Je l'ai appelé comme ça à cause de mon prénom.

— North ?

Il a acquiescé.

— Mais bon, c'est pas là que je voulais en venir.

De toute évidence, il voulait me dire quelque chose, et je lui étais reconnaissant de m'avoir laissé l'accompagner à Hopkins, même si ça n'avait servi à rien.

— O.K., North. Dites-moi ce qui se passe quand je lofe.

— Ben, si votre voile est mal orientée, la toile commence à claquer. Ça se produit quand le vent change brusquement de direction, ou quand vous vous en écartez, la plupart du temps parce que vous savez pas trop où vous allez.

— Écoutez, je ne sais pas où est le vent, point final. Pour le moment, j'essaie juste d'empêcher mon bateau de couler. Vous tenez à m'aider ? Alors, conduisez-moi à l'hôtel.

— Vous voulez pas vous renseigner sur ce Michael, avant de partir ?

— Il était chez lui il y a moins d'une heure. Ça m'étonnerait que ce soit un patient de cet hôpital.

— Peut-être qu'il l'est plus maintenant, mais qu'il l'a été ?

Cette fois, je l'ai écouté avec plus d'attention.

— Peut-être même qu'il est né ici, a poursuivi Anderson. Et que tous ceux de sa famille y ont un jour mis les pieds.

Je m'en voulais d'avoir perdu la foi en la puissance de la troisième oreille. Elle m'avait guidé jusqu'au poste de police, jusqu'à Anderson, jusqu'à Harry et Hopkins. Je l'avais négligée à cause de ce que je venais d'apprendre sur Ronnie Loomis. Mais les voies de la troisième oreille sont impénétrables. Et si je m'étais retrouvé dans ce bâtiment avec Anderson pour une autre raison ?

— Vous pouvez m'obtenir un accès aux archives de l'hôpital ?

— Nan. (Il m'a adressé un clin d'œil.) Mais je serais d'avis d'aller demander des renseignements au Dr Blaisdell.

— On est à Hopkins, North. Ce serait comme demander à examiner un coffre à la Chase Manhattan Bank.

— J'hésiterais pas à demander non plus, si j'avais vraiment besoin de voir ce qu'il y a l'intérieur.

Les murs, dans le bureau de Blaisdell, disparaissaient sous les cadres dorés recelant diplômes et autres distinctions honorifiques.

Je me disais toujours que j'allais arranger le mien, mais je n'avais jamais trouvé le temps de m'atteler à la tâche. Sans doute que les morceaux de papier n'ont jamais signifié grand-chose pour moi. Blaisdell, assis à sa table de travail, ajoutait quelques notes au dossier de Harry. Il nous a fait signe d'entrer puis, pendant qu'il terminait d'écrire, il a écouté Anderson formuler sa requête.

— Les patients ont des droits, North, a-t-il déclaré en pivotant vers nous. (De la tête, il m'a désigné.) Le Dr Clevenger en sait quelque chose. Sans autorisation, je ne peux pas vous montrer mes dossiers.

J'ai laissé Anderson se débrouiller. J'attendais de ressentir les premiers effets de l'héroïne que j'avais sniffée dans les toilettes quelques instants plus tôt. Et je n'étais pas très chaud pour pousser un autre médecin à violer son éthique professionnelle.

— Pour l'instant, on est même pas sûrs qu'y ait un dossier, disait Anderson. (Il est allé s'asseoir sur le petit canapé repoussé contre un mur. Je l'ai rejoint.) Au cas où y en aurait un, le Dr Clevenger veut juste vérifier si Michael Lucas a un frangin qui s'appelle Trevor. Ça l'intéresse pas de savoir qu'il avait la syphilis ou qu'il est né d'une mère camée.

Blaisdell n'a pas bronché.

— C'est important pour l'affaire sur laquelle il bosse en ce moment. Y a des otages, a insisté Anderson.

Cette fois, Blaisdell a tourné la tête vers moi.

— J'aimerais pouvoir vous aider. Sincèrement. Mais il y a une procédure à suivre. Si la police a besoin d'informations, elle n'a qu'à solliciter une ordonnance du tribunal.

— On n'a pas le temps, malheureusement.

— Demandez une audience d'urgence. J'ai déjà vu des cas où les autorisations étaient délivrées en trente minutes.

— Le lien est pas assez évident, a admis Anderson. On arrivera jamais à convaincre le juge.

Blaisdell a levé la main.

— Dans ce cas, vous ne pouvez pas avoir accès au dossier.

J'ai essayé de me concentrer sur le sentiment de solidarité avec Blaisdell que j'avais éprouvé après le sauvetage de Harry – et que je continuais à éprouver. Une émotion dont l'origine remontait à la fac de médecine. Une fois qu'ils ont disséqué un corps humain, vu des gens mourir jeunes et assisté à des guérisons miraculeuses, les médecins développent une mentalité « nous-contre-le-reste-du-monde » qui n'est pas sans rappeler celle des marines, ou des flics. Un état d'esprit insulaire, apparemment inévitable et potentiellement destructeur. Dire à Blaisdell que presque vingt personnes, dont trois infirmières, une diététicienne, un travailleur social, un journaliste et plus d'une douzaine de patients psychiatriques risquaient leur vie à Lynn n'ébranlerait pas les fondations de la confrérie. Préciser qu'une des infirmières était enceinte non plus.

— La vie d'un chirurgien est en jeu, ai-je dit soudain. Si je n'obtiens pas les informations dont j'ai besoin, il va se faire tuer.

Dans le regard de Blaisdell, la détermination a vacillé.

— Il y a un docteur parmi les otages ?

J'ai préféré éluder la question.

— Demain à la même heure, il sera mort.

C'est Anderson qui a offert à Blaisdell un moyen de biaiser :

— Si vous demandiez que le dossier d'un patient soit apporté aux urgences, c'est pas comme si vous donniez l'autorisation à quelqu'un d'y jeter un coup d'œil. Il resterait avec les autres, dans la corbeille du courrier à l'accueil, pas vrai ?

Blaisdell m'a jeté un coup d'œil avant de reporter son attention sur Anderson.

— Faites ce que vous voulez, North, mais débrouillez-vous pour ne pas me mettre dans une position gênante.

Il a de nouveau pivoté, vers son bureau cette fois, pour décrocher son téléphone.

— D'accord, a répondu Anderson.

Puis il s'est levé, et il est sorti.

Je l'ai suivi jusque dans le hall, désormais à moitié rempli de gens apparemment aussi désespérés que ceux que j'avais vus au commissariat. Quelques-uns, trop soûls ou défoncés pour se tenir en position assise, s'étaient affalés sur plusieurs chaises. Un petit garçon et une petite fille au visage sale, qui n'avaient sans doute pas plus de six ans, se poursuivaient pendant qu'une femme – peut-être leur mère, peut-être leur grande sœur – pleurait en tenant sa mâchoire enflée. Les portes se sont ouvertes, et un vieillard est entré, la moitié du visage rougie et affaissée à la suite d'une crise cardiaque récente – ou d'une raclée récente.

— Ça s'arrête jamais, ici, a fait Anderson.

— Au poste non plus, ai-je répliqué.

— Parce que c'est tous les deux des services d'urgences. Je suis comme cette femme, là-bas. (De la tête, il a indiqué l'infirmière qui parlait au vieil homme arrivé quelques instants plus tôt.) Les gens qui débarquent chez nous, y sont tout aussi malades, mais je sais pas pourquoi, je m'en étais pas rendu compte quand je bossais dans la rue.

— Vous étiez trop débordé ?

— Peut-être. Ou trop en colère. Moi aussi, j'ai grandi dans la rue. (Il s'est dirigé vers le distributeur de boissons.) Vous voulez quelque chose ?

J'aurais voulu pouvoir être dans deux endroits à la fois : Hopkins et Austin Grate.

— Un Coca light, merci, ai-je répondu. Vous croyez que Blaisdell va nous aider ?

— On verra bien. Mais vous avez fait du bon boulot avec lui. Ça m'étonnerait qu'y nous laisse tomber.

Il a inséré des pièces dans la machine, et m'a tendu un soda. Je l'ai ouvert, et bu avidement jusqu'à ce que la gorge me brûle. Anderson a pris une boîte de Mountain Dew.

— Faudrait qu'on vous embauche comme consultant pour certains interrogatoires au poste, a-t-il dit. Je pourrais en parler au capitaine. Il a demandé plein de fois à des experts de venir. On vous paie l'avion, l'hôtel… le grand jeu, quoi.

— Merci, mais vous arrivez un peu tard. Je crois que j'aurais intérêt à couper les ponts avec ce milieu.

— Pourquoi ?

Je n'avais ni le temps ni le désir de vider tout ce que j'avais sur le cœur au sujet de Trevor, de Kathy et de Rachel. Et je n'allais certainement pas lui dire que je risquais de me retrouver en taule dès mon retour à Boston.

— C'est trop stressant de bosser avec les flics.

Il a éclaté de rire.

— Et vous feriez quoi ?

— Je ne sais pas. (Et puis, ça m'est venu d'un coup :) Je pourrais reprendre mes consultations privées.
— Ça vous manque ?
— Je suppose, oui.
— Moi, la rue, elle me manque pas. Je vous assure. Et elle risque pas de me manquer tant qu'y aura ces films d'horreur dans ma tête.

J'avais envie de l'aider à parler de ce qui s'était passé. Ce n'était sans doute ni le lieu ni le moment idéal, mais c'était ceux choisis par Anderson.
— Qu'est-ce que vous voyez, exactement ?
— Toute la scène. Encore et encore.
— Plus précisément, vous revoyez le moment où vous avez été blessé ? Celui où vous vous êtes écroulé ? Vous vous revoyez saigner ?

Il a tourné son regard vers les portes automatiques qui donnaient sur la rue.
— Non.

J'ai patienté.

Anderson m'a jeté un coup d'œil avant de fixer le sol entre nous.
— C'est eux que je vois s'écrouler.
— Eux ?
— Les deux types qui ont cambriolé la banque. J'en ai touché un à la gorge après que j'ai pris ma première balle dans le genou. L'autre, je l'ai atteint entre les deux omoplates quand j'étais déjà à terre. (Il a plissé les yeux, remué la tête.) Y en a un qui avait dix-sept ans, et l'autre, dix-neuf. Tyrone Billings et Jerry Corkum. Aucun des deux s'en est sorti.

Parfois, je le savais, les gens revivent leurs traumatismes pour essayer de déterminer comment ils auraient pu changer le dénouement.
— Ils étaient armés ?
— Ils avaient des pistolets semi-automatiques. Les mêmes que le mien, a-t-il ajouté en baissant les yeux vers l'arme à sa ceinture.
— Ils ont tiré avant vous.

Anderson a paru comprendre que je tentais d'accéder à cette partie de son expérience qui le perturbait le plus. Il a poussé un long soupir.

— J'ai été touché avant de riposter. (Il a marqué une pause.) Mais je pense que le deuxième, Jerry, il allait détaler avant que je l'abatte. Je pense qu'il allait lâcher son flingue. Son copain était déjà au sol. Lui, je me souviens qu'il avait le bras qui faisait un angle de quarante-cinq degrés par rapport à son corps. J'ai pas regardé si sa main s'ouvrait.

— Vous auriez pu ? Alors que vous étiez à terre ? Et blessé ?

— J'ai même pas essayé.

— Il avait une arme. Qu'est-ce qui serait arrivé si...

Ses traits se sont convulsés sous l'effet, m'a-t-il semblé, de la rage et du désespoir.

— Je voulais le descendre. Vous comprenez ça ? Je voulais qu'il crève !

Cette fois, nous y étions. Au cœur de la tempête. North Anderson avait vu la part d'ombre en lui, et son esprit restait bloqué sur cette image, comme un projecteur qui repasserait sans arrêt les mêmes cinq centimètres de pellicule. Et à présent, la tempête m'atteignait à mon tour. Je ne pouvais pas résister.

— Oui, je crois comprendre. (Je me rappelais cette fureur qui m'avait possédé alors que j'affrontais Kashoor dans l'unité, juste après la mort de Craig Bishop.) Vous vous dites que vous êtes un meurtrier.

Ses yeux se sont embués. Il s'est éclairci la gorge, et il a balayé du regard le hall pour s'assurer que personne ne prêtait attention à lui.

— Je vais vous dire quelque chose, North, parce que je sais que j'ai raison et parce qu'on ne peut pas s'offrir le luxe de vingt ou trente séances pour vous permettre d'en prendre progressivement conscience vous-même. En général, les individus qui trouvent du plaisir à tuer ne se rejouent pas la scène, sauf s'ils le décident — pour rigoler, impressionner un pote ou pour pouvoir bander et s'envoyer autre chose qu'un cadavre. Je n'ai jamais été blessé par balle, et je n'ai aucune idée de ce qui me passerait par la tête si j'avais devant moi le type qui m'avait tiré dessus, surtout s'il avait encore son arme à la main. Mais j'imagine que j'aurais envie de liquider ce salopard. Alors, à vous de choisir : vous continuez à vous considérer comme un meurtrier, à vous torturer parce que vous n'êtes pas un saint, ou vous commencez à admettre que vous êtes un être humain, et vous relâchez la pression.

Il a avalé sa salive, et hoché la tête.

— J'y avais jamais pensé de la façon que vous dites : que j'aurais pas des flash-back si j'étais pas O. K. ; que j'aurais pas l'impression d'avoir foiré si j'étais pas normal. Enfin, un truc dans le genre.

— C'est à peu près ça.

J'avais l'impression d'avoir trop parlé. Non qu'Anderson n'ait pas eu besoin d'entendre ce discours, mais les mots avaient jailli de ma bouche en un flot incontrôlable, me laissant comme toujours vidé et vulnérable, au moins pour un moment. Or, je n'avais pas d'énergie à gaspiller. Je me suis éloigné de quelques pas, mais je suis revenu. La vérité demandait toujours à s'épancher, et je n'en maîtrisais pas le flux.

— J'ignore si votre place est encore dans les rues, North, mais à l'époque, elles avaient une sacrée chance de pouvoir compter sur vous. (J'ai souri.) Pensez-y la prochaine fois que votre esprit vous ramènera là-bas.

Quinze minutes plus tard, une employée du service des archives est sortie de l'ascenseur en poussant un chariot rempli de dossiers. Elle est passée devant nous, et nous l'avons regardée s'approcher du comptoir d'accueil, puis vérifier la liste fixée à sa planchette. Il lui a fallu quelques minutes pour sélectionner quatre dossiers et les déposer dans la corbeille du courrier.

— Bon, ou c'est un de ceux-là, ou on s'est plantés, a dit Anderson. Restez là. Si les infirmières nous voient fouiller tous les deux, elles risquent de se poser des questions. Au moins, je suis en uniforme.

— D'accord, je vais m'installer là-bas.

De la tête, j'ai indiqué deux sièges à l'écart dans un coin de la salle d'attente.

Anderson s'est dirigé vers le comptoir d'accueil, où il a rapidement passé en revue les quatre dossiers. L'interne l'a gratifié d'un bref coup d'œil entre deux boxes, mais n'a pas essayé d'intervenir. Enfin, Anderson a pris une chemise pour me la rapporter.

— Michael Lucas, a-t-il déclaré en me la tendant. Ça rassure de savoir que des fois, quand on a une intuition, on peut mettre en plein dans le mille. Ça vous redonne la foi.

Il s'est assis à côté de moi.

— Sauf aux courses, où ça fait de vous un dégénéré. (J'ai serré l'épais document quelques secondes encore, redoutant de l'ouvrir et de me retrouver dans une autre impasse.) Il a dû venir souvent. Ce truc-là est sacrément lourd.

Lentement, j'ai écarté la couverture cartonnée.

Le formulaire d'admission indiquait que Michael Lucas avait quarante-trois ans à l'époque de sa dernière hospitalisation à Hopkins, du 12 au 16 janvier 1997. Il vivait à l'adresse où l'avait joint Cynthia : au 2304, Jasper Street. Il était protestant, et sa couverture sociale était « à sa charge » ; dans le langage hospitalier, ça signifiait qu'il n'en avait pas. D'autres sections du dossier concernaient des séjours d'une durée semblable en 1995, 1992, 1987 et 1983. Une étiquette à l'intérieur de la couverture, à la fin, indiquait que des informations supplémentaires avaient été rassemblées sur microfiches.

— Parlez-moi de Jasper Street, North.

— C'est le vieux Baltimore. Rangées de maisons délabrées. Taux de criminalité élevé. Loyers modérés. On a l'impression de se retrouver dans le passé, a-t-il ajouté.

Cette dernière remarque a fait courir un frisson dans ma nuque. Je me suis reporté aux notes concernant sa dernière admission. Mon pouls s'est accéléré alors que je lisais la partie « État de santé et antécédents » :

12 janvier 1997
Motif de l'hospitalisation : « Je suis venu pour qu'on termine le travail sur mes lèvres. »
Antécédents : M. Michael Lucas est un Blanc de 43 ans affligé de difformités faciales importantes. Il a été admis en service de chirurgie réparatrice pour une intervention sur les cicatrices aux lèvres qui le défigurent. Le patient a déjà subi 18 interventions pour réparer les blessures à la tête et au cou occasionnées par de graves brûlures chimiques quand il avait cinq ans.

– Alors ? Ça raconte quoi ? a demandé Anderson.
– On l'a admis en chirurgie réparatrice. Il a eu le visage brûlé par un produit chimique. (J'ai hoché la tête, frappé par le lien entre les soins médicaux apportés à Michael Lucas et la spécialité de Trevor Lucas. J'ai parcouru les notes sur les autres opérations de Michael Lucas.) Apparemment, chaque fois qu'il a été hospitalisé ici, c'était pour une chirurgie faciale.
– Vous m'avez pas dit que Trevor Lucas était chirurgien esthétique ?

J'ai acquiescé en tournant toujours les pages, jusqu'au moment où mon attention a été attirée par deux photos montrant Lucas de profil, marquées « Avant » et « Après ». Sur le premier cliché, son oreille avait l'air d'un triangle irrégulier aux pointes repliées, et son nez n'était qu'une structure squelettique, comme si la chair en avait fondu, ne laissant que la peau collée sur l'os. Sur le second, on remarquait des améliorations au niveau de la forme, plus proche désormais – mais tout de même encore loin – de ce que la nature avait façonné à l'origine. Sur les deux photos, la partie visible du cuir chevelu n'était qu'un patchwork de cicatrices brillantes et de fines touffes de cheveux. Aucune des deux ne me permettait d'identifier une ressemblance entre Michael et Trevor Lucas.

Je me suis reporté à la rubrique « Antécédents personnels, sociaux et familiaux » de la première admission. Typique d'un compte rendu médical, la biographie ne se composait que de quelques phrases seulement :

> *Ce chômeur célibataire et sans enfants n'a jamais travaillé, et se décrit lui-même comme un « ermite ». Affirme ne pas consommer d'alcool et de stupéfiants. Vit seul. Pas de hobbies. Pris en charge depuis 1969 en raison de graves problèmes de santé.*

Sur la page suivante figurait un arbre généalogique sur trois générations. Une flèche pointée vers une case désignait le patient. Les hachures dans les cases au-dessus de la sienne indiquaient que ses parents étaient morts. D'après le schéma, il n'avait pas de parenté proche.

– Merde, ai-je murmuré.

— Quoi ?
— Apparemment, il n'a ni frères ni sœurs. (Rapidement, j'ai consulté les diagrammes semblables inclus dans chaque rapport d'admission. Tous présentaient les mêmes informations.) Les comptes rendus disent que c'est un enfant unique.

J'ai regardé Anderson.

— Je sais pas trop pourquoi, mais je prendrais pas ça pour argent comptant, a-t-il fait avec un sourire.

12

Anderson s'est garé devant le Stouffer vers 3 h 15 du matin.

— Si vous voulez que je vous emmène à Jasper Street, je peux me débrouiller pour écourter mon service. Il finit à 7 heures, de toute façon.

— Une escorte policière risquerait de lui flanquer la frousse. (Je lui ai tendu la main.) Je vous appelle si la chance me laisse tomber.

— D'accord. (Il m'a serré la main.) Merci.

— À vous aussi.

Ceux qui ont partagé une vérité sont comme des atomes qui partagent des électrons : c'est au moment de se séparer que la force du lien entre eux se fait ressentir avec le plus de puissance. Je suis descendu de voiture, pour repasser aussitôt la tête par la vitre.

— Attention à vous, O.K. ?

— Personne a encore jamais attaqué un commissariat ! a-t-il répliqué avec un clin d'œil.

Après l'avoir regardé s'éloigner, je me suis dirigé vers l'hôtel, pensant monter chercher Cynthia avant de prendre un taxi pour Jasper Street. S'il s'avérait que les opérations de chirurgie réparatrice subies par Michael Lucas n'étaient qu'une simple coïncidence, et que l'homme lui-même n'avait rien à voir avec mes recherches, nous pourrions filer à l'hôtel de ville pour l'ouverture, à 9 heures. Anderson avait promis de nous donner un coup de main pour accéder aux archives conservées là-bas.

J'ai frappé à la porte de la chambre, sans obtenir de réponse. J'ai frappé de nouveau. Rien. Je me suis dit que Cynthia avait dû s'endormir, ou descendre se chercher un café ou quelque chose à manger. J'avais gardé sur moi une des clés magnétiques de la chambre. Je l'ai glissée dans la serrure high-tech, j'ai ouvert la porte et je suis entré. La pièce était vide, l'annuaire ouvert sur le bureau, et un avion en papier coincé dans la reliure piquait du nez. Je me suis approché, et je l'ai déplié pour lire le message laissé par Cynthia :

T'es en retard. Je vais voir Michael L. Reviens le plus vite possible.

J'ai lâché le papier et je me suis précipité vers l'ascenseur en envisageant toutes sortes d'atrocités : Cynthia enlevée, violée, assassinée... Je savais que mon esprit s'emballait en partie à cause de ce qui était arrivé à Rachel, morte au cours de la bataille qu'était ma vie, mais ça ne me procurait aucun réconfort. L'histoire personnelle a tendance à se répéter, comme celle des nations, jusqu'à ce que la leçon soit bien comprise. La paranoïa m'a saisi. J'en suis arrivé à redouter que Trevor ne m'ait poussé encore une fois à sacrifier la femme dont j'avais besoin dans mon existence.

Le temps d'atteindre l'esplanade devant l'hôtel, et je m'engouffrais dans le premier d'une file de quatre ou cinq taxis.

— Jasper Street, ai-je lancé.

Le chauffeur, un homme d'une cinquantaine d'années, décharné et mal rasé, s'est retourné.

— Savez y aller ?

— Non.

— Moi non plus. Feriez mieux de demander à mon collègue.

Il a indiqué le taxi derrière nous.

Les chauffeurs de taxi feignent parfois l'ignorance afin d'éviter une course trop courte, moins intéressante pour eux que d'aller à l'aéroport. J'avais le sentiment d'être tombé sur un de ceux-là. J'ai plongé la main dans ma poche, dont j'ai retiré deux billets de vingt dollars que j'ai jetés sur le siège avant.

Moins de dix minutes plus tard, et après un parcours sans faute, la voiture s'arrêtait devant le 2304 Jasper Street, un pavillon de brique en tous points semblable aux dizaines d'autres qui bordaient la rue. Des panneaux métalliques marqués ENTRÉE INTERDITE et PROPRIÉTÉ PRIVÉE étaient fixés au grillage qui entourait une cour grande comme un timbre-poste et envahie par la végétation. J'ai enjambé la clôture d'un bond et gravi les marches jusqu'à la porte. Tout doucement, j'ai appuyé sur la poignée. Verrouillée. Je me suis penché par-dessus la balustrade pour essayer d'apercevoir quelque chose à travers la fenêtre du rez-de-chaussée, mais un store en papier maculé de taches jaunes et brunes, affaissé par endroits, me bouchait en grande partie la vue. Ce que j'ai aperçu, c'étaient des livres – par centaines, certains empilés avec soin le long des murs, d'autres entassés sur près d'un mètre de haut près d'une cheminée de marbre blanc couverte de suie.

J'ai cru distinguer des voix. À moins que je ne me sois trompé ? J'ai tendu l'oreille. Les sons semblaient provenir de derrière la maison.

Pour y parvenir, j'ai dû me frayer un chemin à travers une jungle d'herbes qui m'arrivaient à la taille. À un certain moment, j'ai trébuché sur quelque chose – un tricycle rouillé assez vieux pour figurer dans un magasin d'antiquités. Un vélo d'enfant, datant vraisemblablement de la même époque, gisait à proximité ; un gant de base-ball en décomposition, couleur de gadoue, était encore attaché à la selle. Et soudain, j'ai entendu des sanglots. J'ai accéléré l'allure, mais quand je suis arrivé dans le jardin, seuls les craquements des branches et le claquement d'un drapeau américain accroché à l'escalier de secours troublaient le silence. Levant les yeux, j'ai constaté que toutes les fenêtres de ce côté-ci étaient occultées par des stores baissés. Et puis, une voix d'homme s'est élevée. Je ne distinguais pas les mots, mais ils montaient du sous-sol. Mon regard a parcouru les fondations, pour s'arrêter sur une demi-vitre peinte en noire, mais tout étoilée. Il y avait un trou irrégulier d'environ cinq centimètres dans un coin.

Je me suis accroupi près de l'ouverture et j'y ai collé un œil. Cynthia, le visage humide et rougi par les larmes, les yeux emplis de terreur, se tenait sur un sol de terre battue près de ce qui ressemblait à une cage d'animal, plus ancienne et plus solide que les modèles au grillage léger vendus aujourd'hui, et suffisamment grande pour abriter un danois. Sur ma droite, plus près de moi, j'apercevais l'extrémité d'une épaule masculine nue. L'homme parlait, mais je n'entendais toujours pas ce qu'il disait. Mon esprit s'est empressé de combler les lacunes. Je me suis représenté cet individu armé d'un pistolet ou d'un couteau, ordonnant à Cynthia de rentrer dans la cage ; je l'ai imaginé en train d'échafauder des projets troubles. Je me suis redressé, et j'ai fouillé les alentours à la recherche d'une arme. La seule chose sur laquelle j'ai réussi à mettre la main, c'était une vieille batte de base-ball. Je me suis rué vers une trappe en bois à double battant encastrée dans le sol – l'accès à un escalier jusqu'à la cave, ai-je supposé. Un cadenas fermait les deux panneaux, mais il avait l'air rouillé, comme tout ce qui traînait dans le coin. Sans hésiter, je l'ai frappé avec la batte. Il a cédé dès le premier coup. J'ai écarté l'un des battants, avant de dévaler des marches en ciment et d'ouvrir d'un coup de pied la porte branlante qui se dressait devant moi. J'ai couru vers Cynthia au moment précis où Michael Lucas, torse nu et musclé en diable, le visage plus grotesque encore dans la réalité que sur les photos, fonçait vers moi. Les cris de Cynthia ont résonné dans l'air chargé d'odeurs de renfermé. Lucas m'a envoyé son genou dans l'abdomen. Je me suis plié en deux. Son poing m'a heurté au-dessus de l'œil. J'ai senti ma peau se fendre. Déjà, ses mains se refermaient autour de ma gorge. J'ai rassemblé tout ce qui me restait de forces, et lui ai enfoncé mon épaule dans la poitrine pour le déséquilibrer. Puis, agrippant la batte par les deux bouts, je m'en suis servi pour le repousser contre le mur, et je l'ai plaquée contre sa gorge. À présent, c'était lui qui avait l'air terrifié. À présent, c'était lui qui craignait pour sa vie, et non plus moi qui craignais de perdre un être cher. J'ai regardé sa peau brillante, lisse, meurtrie virer au rose foncé par manque d'oxygène. J'ai scruté ses yeux – les mêmes yeux noirs que Trevor – et accentué la pression de la batte. À ce moment-là seulement, je me suis rendu compte que Cynthia hurlait plus qu'avant et qu'elle me martelait les épaules de ses poings. La fureur m'assourdissait au point que j'ai dû m'obliger à écouter ce qu'elle criait.

– Frank ! Arrête ! me suppliait-elle. Laisse-le !

Il m'a fallu plusieurs secondes pour me fier à ce que j'entendais, plutôt qu'à ce que je ressentais. J'ai écarté la batte de quelques centimètres. Lucas a toussé, la poitrine haletante.

– Il voulait pas me faire de mal, a poursuivi Cynthia. (Elle a tiré sur ma veste.) Relâche-le.

J'ai reculé de quelques pas et laissé la batte pendre le long de ma jambe. Lucas est tombé à genoux, et il m'a regardé tout en cherchant son souffle. Une moitié de son visage présentait une forte ressemblance avec Trevor, mais l'autre, reconstruite, évoquait une sculpture d'argile réalisée par un élève des Beaux-Arts moyennement doué. Différentes couches de peau semblaient se superposer par endroits, les contours de ses mâchoires et de ses pommettes étaient irréguliers. Sa lèvre supérieure s'inclinait visiblement vers la partie endommagée. Une de ses paupières était affaissée, formant une poche charnue qui abritait une goutte de fluide transparent, telle une larme éternelle. Quant à son crâne, il offrait le même aspect de patchwork que j'avais vu dans son dossier médical.

Cynthia m'a éloigné un peu plus de lui. Je tremblais.

— J'ai cru qu'il allait te forcer à entrer là-dedans, ai-je dit en jetant un coup d'œil à la cage.

— Pas du tout, m'a répondu Cynthia. Il me montrait où sa mère gardait Trevor.

— Où elle... quoi ?

— Elle l'a puni. Il devait prier matin et soir... pour son salut. (Elle s'est interrompue le temps de reprendre son souffle.) Trevor avait huit ans, Michael cinq. Ils se couraient après dans la cuisine, à côté de la gazinière. Trevor a levé le bras, et il a renversé une grosse marmite d'huile bouillante posée sur un des brûleurs. Michael était juste derrière lui.

J'ai songé à la prière ritualiste que Lucas exigeait des patients et des otages dans l'unité.

— Elle l'a gardé longtemps enfermé là-dedans ?

— Presque un an.

Je suis resté quelques instants immobile, à penser au cauchemar qu'avait dû vivre Trevor derrière les barreaux de sa cellule en attendant le procès. Cette situation avait forcément fait resurgir la peur, le remords et la haine qui avaient marqué son enfance torturée. Je me suis rappelé la fois où j'étais allé le voir à la prison de Lynn peu après qu'il se soit rendu. Il était assis en tailleur par terre, et il chantonnait – une attitude que j'avais prise pour une démonstration théâtrale de fausse maîtrise de soi. Mais au fond, ce n'était peut-être pas de son arrogance, mais de son désespoir dont j'avais été le témoin, d'une tentative pour échapper mentalement aux limites de la cellule – de la cage – afin d'empêcher le passé de le rattraper. À partir de là, il était facile de comprendre qu'après son transfert à la prison d'État, à mesure que les jours, les semaines et les mois s'étiraient en longueur, la méditation avait peu à peu cessé de faire barrage contre le passé, et l'esprit de Lucas avait emprunté l'issue ultime, celle qui le libérait complètement de la réalité. La psychose est l'acte de disparition suprême.

Michael Lucas s'est remis debout tant bien que mal. Il s'est éclairci la gorge en se massant le cou.

— Docteur Clevenger, je suppose. (Ses inflexions étaient cultivées, sa voix presque mélodieuse, un peu comme celle de Trevor. Une ombre de sourire a joué sur ses lèvres torses.) Cynthia m'avait dit que vous passeriez peut-être. Vous auriez pu frapper. Dans son cas, ça a marché.

— J'ai mal jugé la situation. Désolé.

— Je n'aurai pas l'audace de conseiller à un psychiatre de *penser*, mais n'empêche, si vous l'aviez fait, ça m'aurait évité d'avoir la gorge écrasée, et vous, ça vous aurait épargné cette vilaine balafre.

J'ai porté la main à mon front et senti sous mes doigts une plaie chaude et humide.

— Veuillez me pardonner.

— Ce n'est pas mon rôle, je le crains.

— Cynthia vous a expliqué la raison de notre présence ?

— Elle m'a raconté ce que mon frère avait fait.

— J'essaie de l'aider. J'ai besoin d'en savoir plus sur lui.

— Je n'ai plus revu Trevor ni entendu parler de lui depuis qu'il a quitté la maison. (Il a marqué une pause.) Mais ça ne m'étonne pas d'apprendre qu'il sème la désolation sur le monde. Il l'a semée sur le mien.

— Si je ne parviens pas à le convaincre de se rendre, il sera tué.

Quelques secondes de silence se sont écoulées.

— Au moins, il aura été libre un moment. J'ai été prisonnier toute ma vie. De cette maison. De ce visage. (Il s'est détourné, et avancé vers l'escalier qui montait au rez-de-chaussée.) Je vous fais confiance pour trouver la sortie, a-t-il dit sans se retourner.

Cynthia et moi, nous sommes restés immobiles pendant qu'il gravissait lentement les marches. Une porte s'est ouverte, puis refermée.

— Il t'a raconté autre chose ? lui ai-je demandé.

— Je n'étais pas là depuis assez longtemps. Ça lui a pris un bon moment avant d'admettre qu'il connaissait Trevor. Et puis, quand je lui ai parlé de l'unité sécurisée, il m'a emmené voir cette cage.

La moindre information supplémentaire sur l'histoire de Trevor me paraissait vitale.

— Je monte.

— Il avait un fusil de chasse lorsqu'il m'a ouvert, tout à l'heure.

— Il aurait pu te mentir quand tu l'as appelé à minuit. Il aurait très bien pu ne pas ouvrir du tout quand tu as sonné. Et il n'était absolument pas obligé de t'amener ici. (J'ai remué la tête.) Il ne va pas me tirer dessus. Lui aussi, il s'interroge sur la vie de Trevor, et peut-être aussi sur la sienne. (J'ai repensé à Harry appelant Louie aux urgences de Hopkins.) Ils sont frères, quoi qu'il advienne.

Je me suis engagé dans l'escalier, puis retourné en sentant Cynthia sur mes talons. Elle a anticipé une objection de ma part.

— Je suis pas venue jusqu'ici pour me planquer dans la cave. Si tu penses que c'est sans risque pour toi de monter alors que tu l'as attaqué, c'est forcément sans risque pour moi.

Mais je n'avais aucun moyen de prévoir la tournure des événements lors de cette nouvelle confrontation avec Michael. Et je redoutais toujours de revivre la disparition de Rachel.

— J'y vais seul.

Cynthia a fait non de la tête.

— Trop tard.

J'ai tenté de la décourager en lui opposant un regard déterminé, mais j'ai perdu. Alors, j'ai voulu lui dire que je l'aimais, en partie parce que c'était sincère, en partie parce que je n'avais pas eu le temps de le dire à Rachel.

— Au cas où tu ne le saurais pas…, ai-je commencé.

— Je sais. Mais garde ça pour plus tard. On en reparlera quand je pourrai te montrer quel effet ça me fait.

Nous avons trouvé Lucas dans le salon, assis sur un canapé usé jusqu'à la trame, environné de sa bibliothèque-capharnaüm, les yeux fixés sur la cheminée. Une douzaine de crucifix, peut-être plus, ornaient les murs, de même que des extraits de la Bible dans des cadres à deux sous. Des livres calcinés et quelques bûches à demi consumées gisaient dans l'âtre froid. Il avait placé son fusil à côté de lui. J'ai franchi le seuil, mais en restant à distance respectable ; Cynthia était derrière moi, un peu sur ma droite. Puis, lentement, je me suis approché des premières piles de livres et j'ai ramassé les *Vies parallèles* de Plutarque, découvrant en dessous la *Somme théologique* de saint Thomas d'Aquin. Un exemplaire en lambeaux du Pentateuque, les cinq livres de Moïse, était posé au sommet de la pile suivante. *Notre-Dame de Paris*, *L'Homme invisible* et les *Œuvres complètes* de William Shakespeare dépassaient de la troisième. De toute évidence, j'avais affaire à un érudit.

— Belle collection, ai-je dit en m'efforçant de parler d'une voix calme, égale.

Il n'a pas répondu.

Remarquant à mes pieds *Franny et Zooey*, de J. D. Salinger, je me suis accroupi pour le ramasser.

— Une âme sœur ? ai-je lancé en levant l'ouvrage.

Il m'a regardé sans souffler mot.

— Je me demande ce que penserait Salinger de ma présence ici. Vous croyez qu'il la considérerait comme une coïncidence ?

— Certainement pas.

— C'est donc que nous avons une bonne raison de poursuivre notre conversation.

Sa main s'est avancée vers la crosse du fusil.

— Pas nécessairement, docteur Clevenger. Vous êtes peut-être venu mettre un terme à votre existence. (Il a redressé la tête, puis l'a inclinée sur la droite, dans une attitude semblable à celle qui accompagnait les ruminations grandioses de son frère.) Il y a marqué ENTRÉE INTERDITE sur la pancarte, dehors. Vous vous êtes introduit chez moi par effraction. Votre amie a dû vous parler de ce fusil, j'imagine. Or, vous êtes maintenant à portée de tir.

Ce commentaire m'a rappelé ceux d'Emma Hancock, de Matt Hollander et de Trevor Lucas lui-même, qui s'étaient tous demandé si je n'essayais pas inconsciemment d'organiser mon suicide. J'ai repensé à la Harpie m'entourant aux abords de l'hôpital, à l'assaut de l'hélicoptère stoppant devant moi après avoir mitraillé l'unité sécurisée. Est-ce que je souhaitais mourir ? Y avait-il en moi un cocktail fatal de chagrin et de remords qui me poussait vers l'anéantissement ? Ou la quête de l'âme d'un homme brisé est-elle toujours un voyage vers la destruction ?

— Je suis venu chercher la vérité, ai-je répondu. Si vous m'abattez, j'en aurai quand même découvert une partie : ce qui s'est passé dans cette maison a anéanti deux garçons au point que même à des centaines de kilomètres l'un de l'autre, ils sont tous les deux devenus des assassins. (J'ai haussé les épaules.) Peut-être que c'est ça qui me met vraiment « à portée de tir ». Peut-être que je suis *votre* destin, que je suis chargé de vous montrer que vous n'êtes pas différent de votre frère.

Lucas faisait jouer ses mâchoires. Ses yeux ne me lâchaient pas. Est-ce que je n'étais pas allé trop loin ? me suis-je demandé avec inquiétude. Et puis, brusquement, il a écarté sa main du fusil. Toute trace de menace a déserté son regard.

— Très convaincant, a-t-il dit. (Il a paru se perdre un moment dans ses pensées. Lorsqu'il a enfin repris la parole, sa voix se teintait d'une certaine cordialité :) Les livres que j'ai brûlés, ce sont ceux qui grouillaient de mensonges. Je me suis chauffé les pieds avec *Mein Kampf*, *Das Kapital* et *Savoir écouter le Prozac*, entre autres. Au cas où la température descendrait encore, il me reste Jerry Falwell et Pat Robertson.

J'ai souri. Cynthia m'a rejoint.

— Je m'intéresse à la biographie de Trevor et de Michael Lucas, ai-je déclaré.

— Je vous ai raconté tout ce que je savais. Mon frère a fait de moi un phénomène de foire. Notre mère a apparemment fait de lui un monstre. (Il s'est absorbé dans la contemplation de l'âtre.) Mais c'en était peut-être un avant...

Elle était là, ai-je songé, la vraie question à laquelle Michael avait besoin de trouver une réponse.

— Vous croyez qu'il avait l'intention de vous blesser ? Il aurait agi délibérément ?

– Je m'en fiche. (Une affirmation que démentait le tressaillement de sa lèvre.) Ça n'a plus d'importance.
– Il avait huit ans, a souligné Cynthia.
– Et moi cinq ! a riposté Michael. J'étais le préféré de maman. Son « gentil garçon », comme elle disait. C'était mon crime. Il me détestait à cause de ça.

Un frisson glacé m'a parcouru. C'étaient les mêmes mots que nous avions découverts gravés sur le corps de Grace Cummings après sa chute mortelle du cinquième étage de l'hôpital. Était-ce ainsi que Trevor Lucas, à huit ans, tremblant dans sa prison de métal posée sur le sol de terre battue, entendait sa mère appeler avec tendresse son petit Michael ?

– Comment vous pouvez savoir qu'il vous détestait ? a demandé Cynthia.
– Est-ce qu'il s'est jamais repenti ? Est-ce qu'il a frappé une fois à ma porte depuis qu'il a quitté cette maison ? Non. Pas lui. Ni mon père. Même pas après la mort de maman.
– Pourquoi est-ce qu'il est allé vivre avec votre père ? Pourquoi votre mère l'a-t-elle laissé partir ? a-t-elle poursuivi.
– Ce n'est pas elle qui l'a décidé… Je ne me souviens pas très bien, je n'étais qu'un gosse. Mais je crois me rappeler qu'elle est tombée malade au travail. Crise d'appendicite, ou quelque chose comme ça. Notre tante est venue s'occuper de nous, et elle a trouvé Trevor enfermé dans la cave. Je la revois encore s'agiter comme une furie pour tenter d'arranger les choses.
– Il vous a manqué ? a interrogé Cynthia.

Lucas a eu l'air interloqué.

– Personne n'a plus jamais prononcé son nom, a-t-il répondu, éludant habilement la question. C'était comme s'il n'avait jamais existé. À un détail près. Et quel détail…

Du bout de l'index, il a effleuré la partie endommagée de son visage.

– Quel genre de travail faisait votre mère ? ai-je demandé.
– Elle était infirmière, a souri Lucas. Une vraie sainte.

J'ai aussitôt repensé à l'infirmière enceinte, Carla Vawn, ligotée sur sa chaise dans le bureau des infirmières.

De nouveau, Lucas a contemplé le foyer éteint.

— Et mon frère, qu'est-ce qu'il faisait dans la vie ? Que faisait le monstre avant de perdre complètement l'esprit ? Il construisait des routes ? Il était dans la publicité ? Il cambriolait des banques ? Quoi, au juste ?

J'ai jeté un coup d'œil à Cynthia en comprenant qu'elle ne lui avait pas dévoilé la profession de son frère. Tout d'un coup, la pièce et ses occupants m'ont semblé totalement figés, et pourtant vibrant d'énergie, comme dans l'attente d'une révélation.

— Trevor est entré à la fac de médecine, ai-je répondu. (J'ai fermé les yeux brièvement, conscient de la présence d'une puissance supérieure.) Il s'est spécialisé en chirurgie esthétique.

Lucas a plissé les yeux.

— Il est... (Il a buté sur le mot.) Il est chirurgien esthétique, donc.

Il luttait visiblement pour ne pas se laisser affecter. Mais moins d'une demi-minute plus tard, la divine coïncidence avait eu raison de sa résistance, et une larme roulait sur sa joue.

J'ai patienté quelques secondes.

— J'ai l'impression que votre frère essaie de revenir depuis longtemps. En un sens, il a peut-être réussi.

Lucas n'a pas répondu.

À cet instant seulement, j'ai su ce que j'attendais de lui.

— Vous accepteriez de nous accompagner dans le Massachusetts ? De nous aider à convaincre Trevor de se rendre ?

— Pas question.

— Ils vont le tuer, a affirmé Cynthia.

Il lui a adressé un sourire indulgent.

— Ça fait trente-cinq ans que mon frère est mort. Et je n'ai pas la moindre envie de le ressusciter.

Une nouvelle fois, j'ai songé à Harry et Louie.

— Vous pourriez renaître, vous aussi.

— Pas dans ce corps-là, merci bien.

Avisant *Le Roi Lear*, de Shakespeare, sur le manteau de la cheminée, je l'ai désigné d'un mouvement de tête.

— « Je vous en prie, oubliez et pardonnez », ai-je cité de mémoire. C'est une de mes répliques favorites.

Ses yeux se sont rivés aux miens.

— « La roue a achevé sa révolution… », a-t-il cité à son tour. C'est celle-là que je préfère. (Il s'est levé.) Je crois qu'il est temps pour vous de partir.

Je n'ai pas lâché prise.

— Pour vous aussi, je crois qu'il est temps de partir. De dire adieu à votre enfance et à ce… mausolée.

Il a saisi son fusil, mais sans lever le canon.

— Allez-vous-en, a-t-il ordonné. Tout de suite.

— Michael…, a commencé Cynthia.

Je l'ai interrompue d'un geste. Compte tenu de la froide détermination dans les yeux de Lucas, de son traumatisme passé et du choix de ses mots, j'en venais à craindre qu'en insistant, nous mettions notre vie en danger. Après tout, les fondations de son psychisme n'étaient peut-être pas plus stables que celles de Trevor.

— Je comprends, ai-je dit. Et nous vous sommes reconnaissants d'avoir bien voulu nous recevoir. (J'ai pris Cynthia par le coude.) On s'en va.

Nous nous sommes dirigés vers la porte d'entrée. J'ai poussé Cynthia devant moi, sur le perron.

— Simple curiosité, ai-je lancé en me retournant vers Lucas. De quel côté de la cuisine se trouvait la gazinière ? Cette marmite, Trevor l'a heurtée de la main gauche ou de la main droite ?

— Pourquoi ? a-t-il demandé.

— J'essaie juste de me représenter la scène. C'est tout.

Il a haussé les épaules.

— De la main droite, sûrement. Il était droitier.

— Je m'en doutais. (J'ai marqué une pause.) C'est ce bras-là qu'il s'est coupé après avoir pris le contrôle de l'unité. Il s'est tranché le bras droit.

Sans attendre, j'ai descendu les marches avec Cynthia, espérant que Lucas allait me rappeler, qu'il allait accepter de tendre la main à son frère.

La porte a claqué derrière nous.

Cynthia et moi, nous avons descendu Jasper Street en cherchant une cabine téléphonique d'où appeler un taxi.

— Les flics ont retrouvé la meurtrière, ai-je dit soudain.
— Ils ont... Où ça ?
— Dans un service sécurisé pour les patients violents à la clinique Austin Grate. C'est un ami qui la dirige.
Elle a baissé les yeux.
— Qu'est-ce qui va se passer, maintenant ?
— Difficile à dire. Si ça se trouve, ils vont me mettre les menottes dès mon arrivée à l'aéroport de Boston.
— Ils iraient quand même pas jusqu'à *t'arrêter* !
Sa naïveté m'a arraché un sourire.
— Le pouvoir de l'État, c'est quelque chose de terrifiant. Quand on se met en travers, on a de bonnes chances d'être écrabouillé.
Cynthia m'a regardé avec une sorte de désespoir, comme si elle cherchait des mots pour me réconforter, mais n'en trouvait pas.
Je l'ai prise par le bras pour l'attirer plus près de moi. Nous avons continué à marcher jusqu'à ce que j'aperçoive un téléphone public à l'intérieur du Balmer Café, un rade crasseux qui grouillait déjà d'activité. Des ouvriers du bâtiment en salopettes et vestes de toile matelassées avalaient œufs au plat et pancakes pour se donner la force d'affronter une autre journée glaciale. Un homme maigre posté devant le grill aboyait les commandes à mesure qu'il les prenait, et ses commentaires sur l'équipe de foot des Ravens à mesure qu'il y pensait. Cynthia s'est occupée de demander un petit déjeuner pendant que j'allais téléphoner. Avant de retourner à notre table, j'ai fait un crochet par les toilettes et j'ai puisé dans le stock d'héroïne planqué à l'intérieur de ma botte de quoi éviter l'état de manque.
— Le taxi sera là dans vingt minutes, ai-je dit en m'installant près de la fenêtre.
Mon café m'attendait. J'en ai avalé une gorgée. Il était chaud à souhait, sucré à souhait, et remplissait une de ces grosses tasses de céramique blanche qui, avec l'usage, ont perdu leur vernis au niveau de la bordure. Je l'ai serrée entre mes doigts. La fenêtre était embuée sur les côtés, froide et légèrement humide au toucher. Il y avait une sorte de magie dans cet endroit, et j'ai pu me relaxer suffisamment pour envisager la suite des événements.
— On va reprendre l'avion, ai-je annoncé. Je n'obtiendrai pas plus

d'informations, de toute façon... Reste à savoir si j'aurai l'occasion de les utiliser pour inciter Trevor à reprendre pied dans la réalité.

— Peut-être qu'ils ont déjà attaqué l'unité.

— Je leur ai donné un coup de fil quand j'étais à Hopkins. La situation n'avait pas évolué, apparemment.

— Tu devrais peut-être les rappeler.

J'ai regardé l'horloge sur le mur. 8 h 55. Encore six heures d'écoulées. J'ai envisagé de faire le point avec Rice, avant d'y renoncer. Je ne voulais pas leur expliquer au téléphone ce que j'avais appris sur Michael Lucas. Au cas où Rice estimerait que ce n'était pas assez, que ça ne pourrait rien changer, il serait sans doute tenté d'avancer l'heure de l'assaut. Et si Emma Hancock l'avait mis au courant de ce qu'elle avait découvert, rien de ce que je pourrais proposer ne lui conviendrait.

— Je ne tiens pas à répondre à leurs questions tant que je suis ici, et eux là-bas, ai-je dit. En admettant que Rice soit toujours disposé à me laisser tenter ma chance, il risque de ne pas comprendre comment je compte me servir de ce qu'on appris, toi et moi, pour convaincre Trevor de se rendre.

Cynthia a acquiescé timidement. Quelques secondes ont passé.

— Pourquoi tu penses qu'en parlant de Michael à Trevor, ça va le faire devenir moins fou ? a-t-elle demandé.

— Je ne suis pas certain d'y parvenir. Mais la vérité étouffe parfois les drames psychiques les plus étranges.

— Tu crois qu'elle a autant de pouvoir ?

— L'esprit est paresseux de nature. Il consomme le moins d'énergie psychique possible pour assurer la routine quotidienne, nous rappeler qu'il faut manger, dormir, travailler. Son premier choix, c'est toujours de considérer les choses comme elles sont, de s'en tenir aux faits au fur et à mesure de l'existence. Parce qu'il peut disposer de la réalité sans que ça lui coûte rien.

— C'est pour ça qu'une heure avec moi coûte deux cents dollars, a-t-elle dit, l'air embarrassé.

— Ça revient toujours cher de créer un fantasme. C'est seulement quand la réalité semble trop intolérable que l'esprit consacre ses ressources créatives à fabriquer une histoire pour la masquer — un peu comme s'il peignait un joli paysage sur une vilaine fissure dans le mur. Si tu as été maltraité ou abandonné dans ton enfance, et que cette pensée t'est insupportable, ton esprit risque de fabriquer un ego surdimensionné afin que tu ne te sentes pas complètement inutile. Quand la douleur devient trop extrême, l'esprit a le pouvoir de l'enfouir une fois pour toutes en te faisant croire que tu es Superman, ou un membre de la famille royale.

— Et pour Trevor, alors ?

— La vérité, dans son cas, c'est qu'il a détruit son frère. Son inconscient a multiplié les heures supplémentaires pour l'empêcher d'être submergé par le remords ; c'est ça, la fissure dans le mur de son psychisme. Il n'avait que huit ans quand Michael a été ébouillanté. Je ne pense pas qu'il se souvienne de l'accident — si c'était bien un accident. Et il est même possible qu'il ne souvienne pas de Michael. Mais quelque part au fond de lui, il sait ce qu'il a fait, et il sait aussi que sa mère, qui était censée l'aimer, l'a torturé et finalement abandonné à cause de ça.

Nos petits déjeuners sont arrivés. Œufs au plat, croquettes de pommes de terre croustillantes et toasts couverts de beurre. J'ai repensé à ce petit déjeuner que j'avais pris avec Matt Hollander avant de pénétrer dans l'unité sécurisée. Matt me manquait, et je m'inquiétais pour lui. De plus, j'avais le sentiment qu'il aurait pu aller plus loin que moi avec Michael Lucas.

— Heureusement que je ne suis pas au régime ! ai-je plaisanté, avant d'attaquer une croquette.

— Tu as besoin de calories, a affirmé Cynthia. Les trucs que tu sniffes, ça n'a aucune valeur nutritionnelle. (Elle a pioché dans son assiette, puis reporté son attention sur moi.) Mais pourquoi Lucas n'est pas devenu fou plus tôt ?

— Parce qu'il était capable jusque-là de devancer la vérité d'une courte longueur. Son esprit fonctionnait grosso modo comme un schéma à la Ponzi[1] : il essayait de recouvrir la réalité chaque fois qu'elle menaçait de se montrer. J'imagine qu'être expédié dans un autre État lui a permis de prendre une certaine distance par rapport

---

1. Schéma d'investissement pyramidal mis au point par Charles Ponzi dans les années 20, souvent détourné pour monter des escroqueries. *(NdT)*

à son sentiment de culpabilité, au moins pendant un temps. Peut-être aussi que son père lui a raconté que tout ça n'était qu'un cauchemar, qu'il ne s'était jamais rien passé. Et puis, son narcissisme grandissant l'a aidé à ne pas regarder en arrière. Il a certainement eu recours au sexe comme à un anesthésique, en se perdant dans la passion. Le fait de devenir chirurgien esthétique, de susciter l'admiration des autres, a sans doute contribué à ce qu'il conserve l'avantage. Mais quand on l'a enfermé en prison, dépouillé de son identité professionnelle, de ses femmes et de tous ses biens, il ne lui est plus rien resté pour soutenir sa fuite en avant. Les barreaux de la cage étaient là, devant lui. Chaque heure. Chaque jour. Pendant des mois. Résultat, les souvenirs atroces de ce qu'il avait fait à Michael, et ce que sa mère lui avait fait, sont remontés à la surface. La fissure a commencé à s'élargir. Jusqu'au moment où le mur tout entier a menacé de s'effondrer, de libérer un raz de marée de culpabilité, de désespoir et de honte. Alors, son esprit lui a offert une ultime fiction pour l'étayer. Il a renié ce bras avec lequel Trevor avait heurté la marmite sur le brûleur. À partir de là, ce bras ne lui appartenait plus. Il appartenait à Satan, qui se l'était approprié au cours d'une prétendue guerre entre le bien et le mal. De cette façon, Trevor n'avait plus qu'à le couper, qu'à l'enterrer – et la vérité avec – sous les décombres de l'Apocalypse.

– Pourtant, c'est pas ça qui l'a empêché de continuer. Il s'est coupé le bras, mais rien ne s'est arrêté.

– Non. Parce que cette dramatisation excessive n'était rien d'autre qu'une nouvelle couche de peinture sur un mur en ruine. Juste un mensonge, plus énorme que les précédents. Mais la vérité continue à exercer sa pression pour se faire connaître. Elle dévore lentement tout ce qui se trouve sur son passage. Il ne réussira pas à la repousser indéfiniment. Trevor Lucas aura beau se tailler en pièces, il ne se débarrassera pas de la culpabilité qu'il a enfouie en lui.

– Et si tu lui dis la vérité, ça pourrait le stopper ?

– Possible. En tout cas, ça pourrait court-circuiter ses mécanismes de défense pathologiques, dissiper l'illusion. Je te le répète, l'esprit est paresseux. Une fois le passé dévoilé et tous les faits mis sur la table, son esprit aura beaucoup de mal à résister à la réalité.

— Et s'il préférait se tuer plutôt que de l'accepter ? Si c'était trop insupportable pour lui ?

La question de Cynthia touchait au cœur du problème. J'ai pris une profonde inspiration, et relâché mon souffle.

— C'est le danger. (J'ai repensé au suicide collectif envisagé par Trevor.) Trevor a déjà mentionné la possibilité de se supprimer, et de supprimer tout le monde dans l'unité. (Je me suis interrompu un instant.) Mais je reste persuadé que je n'aurais jamais rencontré Michael Lucas si Trevor avait été fermement résolu à ne pas connaître la vérité. Il ne m'aurait pas donné les éléments dont j'avais besoin pour commencer mes recherches.

— N'empêche…

— Il y a un risque, c'est vrai. Il peut se passer n'importe quoi. C'est pour ça que je voulais ramener Michael avec nous. Si Trevor se rendait compte que son frère est prêt à lui pardonner, il serait plus enclin à se pardonner lui aussi.

Cynthia a tourné la tête pour regarder par la fenêtre.

— À quoi tu penses ?

— Rien de spécial, a-t-elle déclaré avec un haussement d'épaules.

— Allez, réponds.

Elle a reporté son attention sur moi.

— Au cas où il irait jusqu'au bout – au cas où il se tuerait, je veux dire, et tuerait tous les patients et aussi tous les otages –, tu seras capable de vivre avec ça ? Est-ce que *toi*, tu seras capable de te pardonner ?

En entendant Cynthia formuler la possibilité d'un échec de manière aussi crue, je me suis concentré sur cette éventualité au lieu de réfléchir aux moyens de l'éviter. J'ai songé à l'infirmière Vawn, au bébé en elle.

— Je ne sais pas, ai-je admis.

Alors je me suis imaginé l'unité sécurisée complètement silencieuse, jonchée de cadavres étalés un peu partout. Et une pensée terrible m'a traversé l'esprit : je me retrouverais confronté aux mêmes sentiments qu'avait dû éprouver Trevor après avoir brûlé son frère. Remords. Désespoir. Honte. Et si j'étais engagé dans une course contre le psychisme de Lucas, à un doigt de devenir un miroir des émotions qu'il avait enfouies à l'âge de huit ans ? Était-il possible qu'il me les ait transmises comme un virus ? La projection ultime...

Je me suis passé les mains sur le visage.

— Non, je ne sais pas si j'arriverais à me pardonner. Et j'espère bien ne jamais avoir à le découvrir.

13

North Anderson m'avait laissé son numéro de téléphone personnel. Je l'ai rappelé de notre chambre, au Stouffer, après avoir réservé deux places sur le vol USAir de 13 h 30 pour Boston.
— On avait vu juste ? a-t-il demandé.
— En plein dans le mille, ai-je répondu en marchant de long en large devant les fenêtres qui surplombaient la ville.
Le soleil d'hiver allait se rafraîchir sur le port, conférant à l'eau une belle teinte bleu-vert. Le vent poussait devant lui des vagues d'émeraude frangées d'écume. Une nouvelle journée embellissant une nouvelle ville. J'ai jeté un coup d'œil à Cynthia qui, lovée dans le fauteuil de velours brun, s'était endormie. Elle était tombée comme une masse moins de deux minutes après notre retour.
— Ils sont frères, ai-je dit à North. Les blessures de Michael ont été causées par Trevor quand ils étaient encore tout gosses. Apparemment, c'était un accident. Trevor a renversé une marmite d'huile bouillante posée sur la cuisinière. Ils ne se sont pas revus depuis.
— Bon sang. Parlez-moi de culpabilité !
Je savais North familier de cette émotion. Je la connaissais bien moi aussi. Je m'étais couché et réveillé en sa compagnie tous les jours depuis que j'avais laissé Trevor Lucas passer en jugement à la place de Kathy.
— Un redoutable adversaire, ai-je dit. Le chagrin, en comparaison, c'est de la tarte.

– J'en sais quelque chose. (Il s'est interrompu un instant.) Et maintenant, c'est quoi, le programme ?

– Je vais me servir de ce que j'ai appris pour essayer de convaincre Trevor de se rendre. J'aurais aimé pouvoir compter sur Michael, l'emmener à Lynn State pour qu'il s'adresse en personne à son frère, mais il n'a rien voulu entendre. Il nous a reconduits jusqu'à la porte avec un fusil de chasse.

– Il a quoi ?

– On a abusé de son hospitalité. Et je l'ai forcé à aller plus loin qu'il n'y était préparé sur le chemin de la vérité.

– Bon, vous avez un argument pour négocier, si vous y tenez. Vous menacer d'un fusil, ça relève des menaces de voies de fait avec une arme mortelle. Dans cet État, c'est un coup à ramasser dix ans de taule. Portez plainte, et je peux envoyer deux gars arrêter Lucas, ou au moins tenter de passer un marché avec lui pour qu'il coopère. Si ça se trouve, il a peut-être même pas de permis pour ce truc.

J'ai réfléchi à cette solution, mais pas longtemps.

– Au cas où Michael déciderait d'intervenir, il faudrait que ça vienne du cœur. Qu'il choisisse d'aider son frère pour les bonnes raisons. Ce que je voudrais surtout éviter, c'est qu'il se déchaîne sur Trevor. Ça bousillerait nos chances de sauver les otages.

– Vous pouvez pas jouer la scène suivante avec un mégaphone ? Vous êtes vraiment obligé de le rencontrer face à face ?

– Lucas considère tous ceux qui se trouvent en dehors de l'hôpital comme des ennemis – les forces de Satan. Il faut que je retourne à l'intérieur. Du moins, si c'est encore d'actualité... (Je ne voyais toujours aucune raison de lui parler d'Emma Hancock et de Kathy.) La dernière fois où j'ai appelé pour faire le point sur la situation, c'était quand on était à Hopkins, vous et moi.

Cynthia a remué, ouvert les yeux et m'a regardé.

– Personne a bougé, a annoncé North. J'ai téléphoné au capitaine Rice avant de quitter le poste, à 7 heures. Ils vous attendent.

– Bien.

Une partie de mon inquiétude s'est dissipée, pour être aussitôt remplacée par une angoisse grandissante à la perspective d'une nouvelle confrontation avec Trevor. La distance entre Baltimore et

Boston a soudain été réduite à néant, et j'ai revu la bouche mutilée de Lindsey Simons, la gorge ouverte de Craig Bishop sur mon genou, le corps sans vie de Gabriel Vernon à mes pieds. Le cœur serré, j'ai concentré toute mon attention sur Cynthia, comme si sa présence constituait un antidote visuel à ces images d'horreur. Sa beauté m'a aidé à les chasser de ma tête.

— Rice vous a dit autre chose ?

— Que dalle. C'est pas un bavard, dans son genre. (Il a marqué une pause.) On croirait presque que ça lui est égal que vous reveniez ou pas.

— Ce n'est pas lui qui a eu l'idée de ce voyage à Boston. Je lui ai forcé la main.

— Moi, je fais pas confiance aux mecs de la police d'État. À votre place, je me méfierais. On peut jamais savoir ce qu'ils vous réservent. Avec eux, tout est possible. Une balle amicale, ça tue aussi vite qu'une autre.

Il m'a semblé que le stress posttraumatique subi par Anderson l'avait rendu paranoïaque.

— Je serai prudent, lui ai-je assuré. Au cas où vous auriez de nouveau Rice en ligne, dites-lui que je rentre.

— Pas de problème. (Il n'avait pas l'air décidé à raccrocher.) Hé, écoutez. Je voulais juste clarifier une chose.

— Quoi ?

— Vous vous rappelez peut-être plus, mais quand on a parlé, à l'hôpital, je vous ai dit que la rue me manquait pas.

— Je m'en souviens.

— Ben, c'est pas vrai. Elle me manque. Ça me manque de plus pouvoir me battre contre le crime... ou le mal, ou...

— Personnellement, j'y pense comme à une maladie. Une sorte d'épidémie.

— C'est l'impression que ça donne, c'est sûr. Et aujourd'hui, j'ai toujours envie de continuer la lutte. (Il est resté silencieux quelques secondes.) Je sais pas pourquoi je vous ai raconté tout ça.

— Parce que vous vouliez clarifier les choses. Me faire savoir où vous en êtes.

— Je me dis qu'on risque de devenir dingue si on peut pas raconter à quelqu'un ce qu'on a vraiment dans la tête. (Il a soupiré.) Je crois que je vais accepter leur offre, finalement. Me dégotter un psy. Après, j'aurai peut-être une chance de reprendre un jour mon boulot. Mon vrai boulot.

— Ça me paraît judicieux.

— Vous vous débrouillerez comme un chef, là-bas, à Lynn.

— Merci. À bientôt, North.

J'ai raccroché.

— C'était le flic que tu as rencontré ? a demandé Cynthia en se redressant.

— Exact. North Anderson.

— Qu'est-ce qu'il t'a dit ?

— Il a parlé au capitaine Rice. À l'hôpital, c'est le statu quo. Ils n'ont pas encore donné l'assaut.

Cynthia a paru soulagée, mais son expression s'est vite muée en un mélange de tristesse et d'inquiétude.

— Quand tout ça sera terminé, Frank, je…

Elle devait craindre que notre histoire s'achève aussi, ai-je pensé.

— Tu veux qu'on s'envole ensemble pour une destination lointaine ? Un long week-end à Paris, pourquoi pas ? Ou une semaine à Monaco ? Vas-y, je te laisse choisir.

— Disney World.

— Je suis sérieux, Cynthia.

— Moi aussi.

— Je t'offre Paris ou Monaco, et tu préfères Orlando ?

— C'est mon fantasme, O.K. ? a-t-elle répliqué en feignant l'agacement. Je croyais que j'avais le droit de choisir.

— Entendu. Va pour Orlando. Mais au moins, explique-moi pourquoi je vais me retrouver à serrer la main à Pluto au lieu de jouer à la roulette avec Sly Stallone.

— Ben, quand j'étais petite, j'adorais les pubs pour Disney World qui passaient à la télé. On habitait à environ cinq kilomètres de Jasper Street, dans une baraque comme celle de Michael Lucas – comme toutes les autres, quoi. Et moi, je rêvais de m'enfuir vers ce château qu'ils montrent au début des films de Walt Disney. Tu sais, celui avec la fée qui vole devant.

— Personne ne t'y a emmenée ?

— À Disney World ? La plupart du temps, mes parents étaient tellement bourrés qu'ils arrivaient tout juste à se traîner hors de leur lit. (Comme perdue dans ses souvenirs, elle a remué la tête.) T'as déjà entendu parler d'un *fly-up* ?

— Tu me parles de base-ball, maintenant ?

— Non, a-t-elle répondu dans un éclat de rire.

— Alors, aucune idée. (Je me suis assis sur la chaise devant le bureau.) C'est quoi, un *fly-up* ?

— Une cérémonie. (Sa voix était teintée des intonations hésitantes, légèrement embarrassées d'un enfant racontant quelque chose qui lui tient à cœur.) C'est quand une fille des Bluebirds est acceptée chez les Campfire.

— Les Bluebirds, c'est comme les louveteaux ?

— En mieux.

— Bon. Donc, le *fly-up*, ça consiste à recevoir une sorte de diplôme, ou de médaille.

— T'as tout compris. Bref, le jour où j'aurais dû être admise officiellement chez les Campfire, ni mon père ni ma mère n'ont pu me conduire à la cérémonie.

— Parce que...

— Parce qu'ils tenaient à peine debout. (Elle a levé les yeux vers le plafond.) J'étais déjà en uniforme, prête à partir. Robe bleue. Casquette bleue. Badges. Je les revois essayer de se lever, tous les deux. Je veux dire, ils ont vraiment essayé. Deux fois. Papa, peut-être trois. Mais ils n'arrêtaient pas de retomber sur leur chaise, à la table de la cuisine.

J'ai senti mes yeux s'embuer.

— Désolé, ai-je dit d'une voix aussi solennelle que si je priais.

La capacité d'un être humain à ressentir la douleur d'un autre est pour moi la meilleure preuve que l'âme existe.

Elle m'a adressé un clin d'œil.

— Pourquoi ? Tu n'y es pour rien, Frank ! (Elle a détourné le regard, avant de le reposer sur moi.) Je te donne peut-être l'impression que c'était terrible. Mais c'était comme ça, c'est tout.

— Ça n'aurait pas dû. Tu méritais mieux.

— Mes parents n'avaient pas connu mieux non plus quand ils étaient mômes.

J'avais déjà sur les lèvres les mots « Ce n'est pas une excuse », mais je ne les ai pas prononcés, parce que je les savais faux. Quand on n'a soi-même jamais eu la chance de se construire, il est difficile d'accorder cette chance à quelqu'un d'autre. J'ai senti un picotement dans la nuque en me remémorant le credo qui avait empêché Rachel de se laisser ronger par la rancœur au souvenir de ses blessures d'enfance. *Le mal originel n'existe plus sur cette terre. Tout le monde recycle la douleur.*

— Où sont-ils, maintenant ? ai-je demandé.
— Mes parents ? Ici, a-t-elle répondu en indiquant de la tête l'annuaire posé sur le bureau. En tout cas, leur nom y est toujours.
— Tu les as appelés ?
— Ce n'est pas le moment. Il faudrait d'abord que je sois un peu plus équilibrée. Que j'aie un métier différent. Une vraie maison. Une vraie vie, quoi.
— Tu aimerais qu'ils soient fiers de toi, encore aujourd'hui.

Elle a haussé les épaules.

— Ils ne m'ont même pas vue passer chez les Campfire. Tu comprends ?
— Oui.

Il y a là une ironie terrible, et exquisément humaine : les enfants qui n'ont pas connu une enfance heureuse ne parviennent presque jamais à couper le cordon ombilical. Leur soif de recevoir l'amour d'une mère ou d'un père incapable de leur en donner est presque inextinguible. J'ai eu comme patients des dirigeants d'entreprise, des hommes politiques et des médecins de soixante ou soixante-dix ans qui cherchaient encore désespérément l'approbation d'hommes et de femmes de quatre-vingts ou quatre-vingt-dix ans tout ratatinés, avec le cœur aussi sec qu'un désert.

— C'est peut-être à cause de ça que tu aimes autant le monde de Disney.
— Peut-être, a-t-elle souri.
— Tu as quitté Baltimore à quel âge ?
— Seize ans. J'ai fait une fugue. (Elle a gardé le silence un instant.) Mais je ne te dirai plus rien tant que tout ça ne sera pas terminé.
— Comme tu voudras.

J'avais répondu avec une certaine brusquerie, et Cynthia a dû se sentir obligée de se justifier. Ses yeux se sont rivés aux miens.

— Je ne suis pas la personne que tu as l'air de penser, Frank. Je n'ai vraiment aucune raison d'être fière de moi. Et je n'ai pas encore pigé comment on s'y prenait pour faire les choses correctement. Je foire toujours tout.

— Tu n'es pas la seule. Crois-moi, je sais ce que tu ressens. (J'ai contemplé Cynthia dans son fauteuil. L'horreur que j'avais affrontée à Lynn, loin d'éteindre mon désir pour elle, l'avivait.) Viens par là.

Elle s'est redressée lentement. Sans un mot, elle a déboutonné son jean et l'a retiré, pour ne garder que son body noir. La lumière qui entrait par la fenêtre faisait briller ses cheveux châtains et soulignait le galbe ferme de ses hanches et de ses jambes.

La preuve que les desseins de la Nature sont impénétrables, c'est que les hommes et les femmes peuvent encore s'aimer même au bord de l'abîme. Il y a des couples qui rivalisent avec Roméo et Juliette dans tous les HLM délabrés et pourris par la violence des États-Unis. Il y a des couples qui résistent au désespoir et au chaos en Bosnie. Il y avait des couples dans les camps de la mort en Allemagne, sous le régime nazi.

Cynthia s'est approchée de moi. Toujours assis sur ma chaise, j'ai voulu attraper ses hanches pour prendre le contrôle des opérations, mais elle s'est écartée.

— Bouge pas, a-t-elle murmuré.

J'ai laissé retomber mes mains. Cynthia est revenue vers moi, et elle a sorti de mon jean le bas de mon pull noir.

— Lève les bras.

Docilement, j'ai obéi, et elle a ôté mon pull avant de l'envoyer sur le lit. Puis elle s'est agenouillée pour me retirer mes bottes et mes chaussettes. Avant de déboucler ma ceinture et de déboutonner mon jean.

— Maintenant, debout, a-t-elle lancé d'un ton presque sévère.

Je me suis exécuté. Elle m'a débarrassé de mon pantalon, puis de mon caleçon. J'étais nu, et pas elle – une première pour moi. Sans rien pour dissimuler mon excitation, je me sentais à la fois vulnérable et abandonné à des mains aimantes, combinaison délicieuse

s'il en était. Cynthia s'est redressée devant moi. Quand j'ai voulu de nouveau la toucher, elle a secoué la tête. Elle a tâtonné entre ses cuisses pour défaire les pressions qui retenaient son body.
— Garde tes mains le long de tes jambes, a-t-elle chuchoté.
Elle s'est installée sur mes genoux pour me chevaucher. Étrangement, sa douceur et son parfum m'ont plus rapproché qu'éloigné du souvenir de Rachel. Et alors que le corps de Cynthia montait et descendait au rythme de notre passion, je me suis donné à elle encore et encore.

Nous avons pris une douche enlacés sous le jet, en nous frottant mutuellement le dos et les jambes avec le petit savon transparent de l'hôtel. Cynthia m'a coiffé et fait une queue-de-cheval qu'elle a attachée avec un élastique doré trouvé dans son sac. J'ai demandé un rasoir à la réception, et je me suis rasé pour la première fois depuis trois jours. J'ai aussi nettoyé à l'alcool l'entaille sur ma joue, grimaçant sous la brûlure aux endroits où la croûte était tombée, laissant apparaître la peau à vif.
Aucun de nous n'a dit grand-chose dans le taxi qui nous emmenait à l'aéroport, ni pendant la première partie du voyage en avion. Et puis, Cynthia a rompu le silence :
— Si ça tourne mal, est-ce qu'il y a quelque chose que je devrais savoir ? Je veux dire, tu souhaites peut-être que je m'occupe d'un truc ?
J'ai réfléchi à la question.
— Il n'y a aura pas grand-chose à régler. Je voyage plutôt léger, depuis quelque temps. Si, je pense à une chose, ai-je repris après réflexion. Ma mère habite à Heritage Park, près de la voie express. On ne se voit pas beaucoup. À cause de mes problèmes avec la came. Et de tout un tas d'autres conneries. Au cas où je ne m'en sortirais pas, dis-lui que... malgré tout ça, je... Enfin, dis-lui « au revoir » pour moi.
— Je lui dirai. Ça et le reste.
— Merci. (J'ai levé l'accoudoir entre nous, et Cynthia s'est blottie contre moi. Puis, comme si mon inconscient avait eu un hoquet, j'ai ajouté :) J'aurais aimé avoir un frère.

Elle s'est légèrement écartée.
– Hein ?
– Non, rien. Je ne sais pas où j'ai été pêcher un truc pareil.
– T'aurais aimé avoir un frère, c'est ça ?
– C'est ridicule. Laisse tomber.
– Non. (Elle avait l'air agacée.) Réponds-moi, Frank. Pourquoi tu aurais aimé avoir un frère ?
– Je me disais juste que ma vie aurait peut-être été différente. C'est tout.
– C'est beaucoup. Différente dans quel sens ?
J'ai repensé à Louie et Harry aux urgences de Hopkins.
– Je crois que j'aurais été capable de mieux gérer des situations qui m'ont pourri la vie quand j'étais gosse si j'avais eu un partenaire dès le départ. Peut-être que je n'aurais pas laissé les choses m'atteindre aussi fortement. Quand on est enfant unique, on est destiné à rester seul toute sa vie, d'une certaine façon.
– Je sais. Moi aussi, je suis une enfant unique.
– C'est vrai.
Elle a posé la tête sur mon épaule.
J'ai fermé les yeux. Il n'y avait rien que je puisse faire dans l'avion pour changer ce qui m'attendait au sol à Boston. Alors, je me suis autorisé à somnoler.
Le pépiement de mon bipeur m'a réveillé. Il était 14 h 20, ai-je constaté à ma montre. J'ai pressé le bouton pour éclairer l'afficheur ; c'était le numéro direct de Matt Hollander à Austin Grate. J'ai décroché le téléphone de bord, glissé ma carte Visa dans la fente, composé le numéro et attendu.
– Frank ? a lancé Matt.
– Oui. Je suis dans l'avion. Qu'est-ce qui se passe ?
– Kathy m'a appelé.
Sa voix m'a paru mal assurée ; sans doute que l'arrestation de Kathy lui avait fichu un coup.
– Je suis surpris que Hancock l'ait autorisée à téléphoner.
– Elle n'a pas besoin d'autorisation. Elle est libre.
J'ai eu l'impression que le sang refluait dans ma tête.
– Quoi ?
– Elle a échappé à Hancock.

— Elle s'est échappée ? Mais comment ?

— Je ne sais ni quand, ni où, ni comment. Mais je dois bien reconnaître, même si c'est terrible à dire, que l'ironie de la situation m'amuse.

— Bon sang, Matt ! C'est une meurtrière ! Rien ne prouve qu'elle ne va pas…

— Ce n'est pas notre faute. Mets-toi bien ça dans le crâne. Toi et moi, on l'avait bouclée à double tour. Et puis, il a fallu que les autorités décident d'intervenir, vraisemblablement au nom de la sécurité publique. Eh bien, ça me paraît mal parti !

— Qu'est-ce que Kathy t'a raconté ?

— Elle voulait juste me faire savoir qu'elle agirait pour le mieux. Aucune idée de ce qu'elle entendait par là. J'ai essayé de la convaincre de revenir, mais ça n'a servi à rien. (Il a gardé le silence quelques secondes.) À mon avis, ça va barder, au commissariat. Attends-toi à un comité d'accueil assez hostile. Si Hancock est du nombre, dis-lui de ma part : « Bien joué, madame le commissaire. » Et…

J'ai raccroché. Que Matt puisse se réjouir de l'évasion de Kathy me donnait la nausée. Et puis, la peur s'est mêlée à mes sentiments d'horreur et de dégoût. Mon voyage au cœur du passé de Trevor, l'intimité que j'avais réussi à établir avec son histoire risquaient de faire de moi la prochaine cible de la rage meurtrière qui habitait Kathy.

Cynthia s'est agitée à côté de moi.

— On est bientôt arrivés ? a-t-elle demandé d'une voix ensommeillée.

— Bientôt, oui, ai-je répondu.

Pour le meilleur ou pour le pire.

Le jet s'est posé à Logan. Profitant de la pagaille générale au moment où les passagers attrapaient leurs sacs avant de descendre, j'ai retiré de ma botte un sachet d'héroïne, et j'en ai inhalé quelques pincées pour m'aider à tenir le coup dans les heures à venir.

Aucun flic ne m'attendait à l'arrivée. J'ai pris Cynthia par le bras et parcouru nerveusement du regard la foule à la recherche de Kathy. Nous nous sommes dépêchés de rejoindre le parking.

Je redoutais un barrage à la sortie de l'aéroport, mais la voie était libre jusqu'à la A1 en direction du nord. J'ai traversé Revere, abordé Lynn, et je commençais à croire que je ferais sans encombre tout le trajet jusqu'à l'hôpital quand une sirène s'est déclenchée derrière mon pick-up.

En regardant dans le rétroviseur, j'ai reconnu le visage tanné de Sam Keane, un flic de rue compétent en fin de carrière. Il nous était arrivé de travailler ensemble sur quelques affaires. Il s'était toujours montré correct avec moi. Au moins, je pourrais remercier Emma d'avoir chargé un flic amical de m'appréhender.

— Apparemment, on n'ira pas plus loin, ai-je dit.
— Je suis désolée, a murmuré Cynthia avant de fondre en larmes.

J'ai pris sur moi pour essayer de plaisanter.

— Pourquoi ? Tu n'y es pour rien !

Après m'être garé sur la bande d'arrêt d'urgence, je suis allé à la rencontre de mon destin.

Keane, adossé au capot de sa voiture, a croisé ses bras vieillissants mais encore musclés. En me rapprochant, je me suis rendu compte qu'il avait les yeux injectés de sang. Son expression était grave. Je me suis arrêté à environ un mètre de lui.

— Content que ce soit moi qui vous aie repéré, Frank, a-t-il dit.

Après cinquante années à Lynn, il conservait toujours une pointe d'accent irlandais.

— Qu'est-ce qui se passe ?
— C'est qui, la fille avec vous ? a-t-il demandé avec un mouvement de tête en direction du pick-up.

J'ai suivi son regard et vu Cynthia nous observer dans le rétroviseur.

— Elle s'appelle Cynthia.
— Joli petit lot. Vous vous débrouillez toujours pour sortir avec des canons. (Son expression s'est faite plus sinistre encore. Il a passé une main dans ses cheveux gris et fixé son regard sur l'étendue marécageuse de l'autre côté de la route.) Je sais pas trop comment vous annoncer un truc pareil. (Il a hoché la tête.) J'imagine que ça ne sert à rien de tourner autour du pot.

Sa main s'est déplacée vers sa taille, pour se poser sur la paire de menottes accrochée à sa ceinture.

— Vous me connaissez, Sam. Je préfère jouer cartes sur table. Allez-y franco.

Il a pincé les lèvres, hoché la tête et levé les yeux vers moi.

— Emma Hancock est morte.

J'ai reculé en chancelant, soudain transi.

— On l'a retrouvée près de sa jeep il y a environ deux heures et demie, derrière la vieille cartonnerie de Rowley, pas loin de la nationale 95. Elle a été abattue d'une balle dans la tête.

— Oh, merde !

— Et un autre corps a été découvert à quelques mètres de là, dans les bois. Le gars avait encore son portefeuille sur lui. Un certain Scott Trembley, vingt-neuf ans, domicilié à Newburyport. Il a reçu deux balles dans le dos. Un pistolet enregistré à son nom était abandonné à côté de lui.

Il m'a fallu quelques secondes pour me rappeler que Trembley était le psychologue d'Austin Grate que Matt avait remercié. Il avait dû suivre la voiture d'Emma et essayer de libérer Kathy. Une belle démonstration de galanterie qui lui avait coûté la vie. Je l'ai imaginé en train de s'élancer vers les bois après que Kathy eut tué Emma. De toute évidence, il n'avait pas couru assez vite.

— Il y a encore autre chose, a repris Kean.

Je n'ai pas bougé.

— C'est moche, je vous préviens.

— Allez-y.

— On a retrouvé vos initiales sur les lieux du crime... peintes... enfin, tracées sur le pare-brise. Avec le sang d'Emma Hancock.

Je me suis plié en deux, les mains pressées sur mon estomac et ma poitrine pour ne pas vomir.

Keane m'a rattrapé et aidé à me redresser. Il a attendu que j'aie rétabli mon équilibre pour expliquer :

— Quelqu'un voulait manifestement nous transmettre un message, et à vous aussi. Mais pour l'instant, on n'a rien d'autre. Pas ça. On ne sait même pas comment Emma s'est fourrée dans ce pétrin. Personne ne lui a parlé de la matinée. (Il a marqué une pause.) Si c'est un coup de ce taré de plagiaire, il a changé son arme de prédilection.

Ma respiration était trop rapide, je le savais, mais impossible de me dominer. Le monde autour de moi semblait ondoyer.

— Et maintenant ? Qu'est-ce qui va se passer ? ai-je demandé.
— On a mis tous les hommes disponibles sur l'enquête. Votre aide sera la bienvenue. Mais bon, je sais que les types de l'État comptent sur vous à l'hôpital.

Avant, Kathy ne s'en prenait qu'aux maîtresses de Trevor et aux miennes. Mais aujourd'hui, sa violence avait franchi les limites de ce cercle, tel un cancer répandant ses métastases vers d'autres tissus. Qui serait sa prochaine victime ? me suis-je demandé. Keane ne me connaissait pas suffisamment pour savoir que j'avais vécu avec elle.

— Concentrez vos recherches sur une certaine Kathy Singleton, ai-je dit.
— Hein ?
— Kathy Singleton. Blonde. Yeux verts. Mince. Un mètre soixante-cinq. Trente-deux ans. Elle a travaillé à l'hôpital Atlantic. Comme obstétricienne.
— C'est là où bossait le Dr Lucas, pas vrai ? Vous croyez que le plagiaire est docteur, lui aussi ? C'est cette piste-là que vous suiviez, Hancock et vous ?
— C'est ça. On suivait tous les deux cette piste, Hancock et moi.
— Bon, on va tout de suite s'y mettre. Je peux vous laisser seul, ça ira ?

J'ai hoché la tête.

Il m'a pressé le bras.

— Je sais que vous étiez très proches, Emma et vous.

Là-dessus, il s'est éloigné. Le temps de remonter en voiture, et il démarrait sur les chapeaux de roues.

Je ne sentais plus rien quand j'ai regagné le pick-up. Je me suis installé au volant, et j'ai regardé dans le vide. Puis j'ai pressé mes poings sur mes yeux pour tenter de chasser la vision de mes initiales tracées avec le sang d'Emma.

Cynthia pleurait toujours.

— Je... je voulais te le dire, a-t-elle hoqueté. J'ai essayé de te le dire, je t'assure.

Mes pensées étaient encore trop chaotiques pour me permettre de prononcer des paroles cohérentes.

— Calvin m'a raconté que je serais accusée de complicité de

meurtre, a-t-elle poursuivi. Et moi, j'arrivais pas à comprendre pourquoi t'avais fait ça. J'avais tellement peur…

J'ai tourné la tête vers elle. Une colère vague, encore sans objet, commençait à monter en moi.

— De quoi tu me parles ?

— Je voulais pas de son fric. Il m'a menacée. Il arrêtait pas de répéter que je risquais d'être envoyée en taule.

De toute évidence, Cynthia s'imaginait que Sam Keane venait de m'apprendre qu'on m'avait balancé.

— Tu as raconté à Calvin Sanger que Lucas n'était pas coupable, et que j'avais caché le véritable assassin ?

— Je lui ai juste dit qu'elle était dans un endroit où on pouvait la soigner.

J'ai serré les poings.

— Il t'a donné combien, pour ça ?

— Je… je suis qu'une ratée, a-t-elle sangloté. Je sais même pas pourquoi je fais les trucs que je fais.

— Combien ? ai-je hurlé. Combien il t'a payé ?

— Deux cents dollars.

— Deux cents…

Accablé, j'ai laissé tomber mon front sur le volant. Pourquoi n'avais-je rien vu arriver ? Est-ce que Rachel me manquait au point que j'avais essayé de la recréer en Cynthia ? M'étais-je servi d'elle comme d'une drogue pour étouffer mon chagrin ? Ou est-ce que j'en revenais toujours au même problème, celui qui m'avait conduit à vivre avec Kathy, cette impression fallacieuse de sécurité que j'éprouvais toujours dans les bras d'une parfaite inconnue ?

À présent, je savais comment Emma était remontée jusqu'à la clinique de Matt. Une fois informée que Kathy se trouvait dans un endroit où on pouvait la soigner, il ne lui restait plus beaucoup de chemin à parcourir. Matt Hollander dirigeait deux des sept cliniques psychiatriques privées situées dans un rayon de cent kilomètres autour de Lynn.

Je me suis souvenu de Jack Rice me disant qu'il avait accordé l'exclusivité à Calvin Sanger pour tout ce qui touchait aux manœuvres prévues dans l'enceinte de l'hôpital. C'était sans doute le moyen qu'avait trouvé Emma pour récompenser Sanger d'avoir partagé avec elle ce qu'il avait appris sur Kathy...

Quand j'ai redémarré, j'ai pris soin de garder les yeux fixés devant moi pour éviter que Cynthia n'entre dans mon champ de vision. Il y avait une station de métro à moins de cinq cents mètres. Je me suis garé à côté. La ligne s'arrêtait à quelques pâtés de maisons du Y.

— Je t'aime, a murmuré Cynthia.

À aucun moment je n'ai détaché mon regard de la route.

— Descends.

Elle n'a pas bougé.

— Je voulais pas tout foutre en l'air.

Je suis resté silencieux.

Cynthia a fini par descendre du pick-up, et elle s'est élancée vers le quai.

En la voyant se fondre dans la foule, j'ai senti une tristesse étonnante et inopportune se mêler à mon angoisse et à ma colère.

— Oublie-la, ai-je dit à voix haute. Concentre-toi sur ce que tu as à faire.

J'ai écrasé l'accélérateur.

Tout en roulant, j'étais assailli par les flash-back : Trevor brandissant son moignon ensanglanté ; me montrant les organes qu'il avait prélevés sur ses victimes ; délirant sur l'infirmière Vawn contaminée par Satan. Après, ce sont mes initiales peintes avec le sang d'Emma que j'ai vues apparaître sur mon pare-brise. J'ai braqué et fait une embardée qui m'a projeté dans la file de gauche ; un pick-up qui arrivait en sens inverse m'a évité de justesse. J'ai bien failli perdre le contrôle de ma camionnette, et j'ai fini par m'arrêter.

Emma Hancock était morte. Kathy était libre. Et tout était ma faute. Des tremblements convulsifs agitaient mes mains. La sueur inondait mes vêtements. Des élancements douloureux me déchiraient les reins et le bas des côtes. Impossible de distinguer les symptômes provoqués par le chagrin et la panique de ceux provoqués par l'état de manque. J'ai réussi à récupérer un minuscule sachet en plastique dans ma poche, et j'ai inhalé une première pincée de poudre, puis une deuxième. Ça m'a permis de rétrograder de plusieurs vitesses. Mes tremblements ont cessé. Mes muscles se sont détendus peu à peu. J'ai accordé encore une minute à la vague de calme en moi pour dénouer les tensions autour de ma colonne vertébrale, et j'ai repris la route.

Écartant résolument toute pensée de ce qu'il m'en avait déjà coûté de cacher Kathy dans la clinique de Matt Hollander, je me suis concentré sur ce que j'avais à faire. Si je parvenais à sauver les otages, à sauver l'infirmière Vawn et son bébé, je réussirais peut-être à me supporter.

Enfin, j'ai tourné dans Jessup Road. Il y avait maintenant des journalistes à plus d'un kilomètre de l'hôpital, mais vingt heures monotones sans le moindre cadavre supplémentaire les avaient rendus apathiques, un peu comme des vampires anémiques. Certains, rassemblés par petits groupes, se frappaient les épaules et se dandinaient pour se réchauffer. D'autres déambulaient dans les ordures jonchant les cafétérias improvisées, où le sol disparaissait sous plusieurs épaisseurs de tasses de café, assiettes en carton et autres boîtes vides. J'ai cru voir Geraldo Rivera[1] arpenter une de ces zones en donnant des coups de pied dans les détritus amassés autour de lui.

J'ai encore parcouru presque cinq cents mètres avant qu'un type devant une tente arborant le logo rouge vif MSNBC ne hurle « C'est Clevenger ! » et ne s'élance à la poursuite de mon pick-up comme si je lui avais fauché son fric. Ce qui, à la réflexion, était sans doute le cas. Dans les années 90, les journalistes ont cessé d'être des chercheurs de vérité pour devenir des prospecteurs en quête d'informations croustillantes à refourguer au public. Aujourd'hui, on écope de dizaines d'années de prison pour avoir vendu aux gens de la came ou du sexe, mais on peut faire une carrière remarquable en leur permettant de vivre par procuration les défonces d'un lâche.

J'ai maintenu mon allure à environ 25 km/h, alors qu'une forêt de microphones surgissait devant moi. Il y avait tellement de flashes qui crépitaient autour du pick-up que la carrosserie gris argent semblait luire. Je savais que certains des hommes et des femmes

---

1. Journaliste de télévision spécialisé dans les reportages « de choc », le sensationnalisme, les sujets sordides. *(NdT)*

derrière les vitres auraient été capables de me tabasser pour obtenir une interview s'ils avaient été sûrs de pouvoir s'en sortir en toute impunité. En cet instant, en cet endroit, je n'étais plus un être humain. J'étais une chose, une marchandise, une sorte d'automate.

Trois ou quatre cameramen qui tentaient de me filmer tout en courant à reculons devant moi ont perdu l'équilibre et se sont étalés sur le bas-côté. L'un d'eux a disparu sous mon capot. J'ai écrasé la pédale de freins. La foule s'est aussitôt refermée sur moi ; certains reporters ont grimpé sur mon capot, d'autres à l'arrière du pick-up. J'étais cerné de tous côtés par les objectifs et les micros.

Et puis, j'ai entendu la vitre arrière se briser. Une multitude de mains se sont acharnées sur ma portière. La camionnette a commencé à osciller. J'aurais sans aucun doute été retourné, arraché à ma coquille et dévoré tel un vulgaire crustacé si un hélicoptère de la police d'État n'était pas descendu jusqu'à une vingtaine de mètres au-dessus de la rue ; ses pales ont projeté des tourbillons d'air glacé sur les chasseurs d'interview, les obligeant à quitter la chaussée pour se mettre à l'abri.

Deux voitures de police fonçaient vers moi, à présent. La première a fait demi-tour devant mon pick-up pour ouvrir la voie, l'autre m'a dépassé avant de rebrousser chemin pour se placer derrière moi. Ils m'ont ainsi escorté jusqu'au Q.G. Ils avaient renforcé l'équipement militaire, ai-je constaté en pénétrant dans l'enceinte de l'hôpital. Trois pick-ups Hummer style Tempête du désert, équipés de ce qui ressemblait à des fusils Gatling fixés sur le plateau, étaient garés dans l'allée circulaire devant l'entrée. Un tank M-1 stationnait à l'extrémité de la pelouse.

J'ai levé les yeux vers les vitres brisées au milieu de la façade criblée de balles. Des hommes de la force d'intervention spéciale étaient tapis sur le toit.

Un policier d'État que je n'avais pas encore rencontré m'a accompagné jusque dans la remorque. Jack Rice trônait derrière son bureau. Le lieutenant Patterson était adossé à la cloison en face de lui. D'un geste, Rice m'a invité à m'asseoir.

J'ai jeté un coup d'œil à Patterson avant de lui tourner le dos pour m'installer sur une des deux chaises devant le bureau.

– Le commissariat de Lynn m'a dit qu'on vous préviendrait dès votre retour de ce qui est arrivé au commissaire Hancock, a commencé Rice.

Je ne pouvais pas être absolument certain qu'Emma ne leur avait pas parlé de Kathy.

– C'est fait.

– Vous et moi, nous savons que ça n'aurait jamais dû se produire, a-t-il déclaré, les yeux chargés de colère.

Comme j'ignorais où il voulait en venir, je n'ai pas répondu.

– Un légiste indépendant et un commissariat local n'ont pas les reins assez solides pour gérer quelque chose d'aussi complexe que cette enquête sur le plagiaire. Il y a longtemps que l'affaire aurait dû être confiée à l'État. (Il a observé quelques secondes de silence.) Vous n'êtes pas responsable.

Donc, Emma ne lui avait rien dit. J'ai acquiescé, conscient cependant de ma responsabilité.

– Merci pour le coup de main avec les journalistes, ai-je risqué. Comment avez-vous su que j'avais des problèmes ?

Rice a indiqué un point au-dessus de mon épaules. Je me suis retourné, pour découvrir qu'un écran de télévision avait été installé sur la cloison du fond. Le son était coupé. Sur l'écran, un reporter posté aux abords de l'hôpital faisait apparemment un compte rendu des événements. Le sigle CNN LIVE était inscrit en rouge dans l'angle inférieur droit. Alors que je regardais, les mots VU DU CIEL ont clignoté dans l'angle supérieur droit, et la vidéo a montré une vue aérienne de mon pick-up assiégé par la foule. J'ai tenté de dissimuler mon angoisse par une boutade.

– Une chance qu'on ait inventé le câble !

– Ça, c'est sûr. Vous êtes une vraie star, maintenant, a dit Patterson. (Il s'est avancé vers nous, puis s'est perché sur un coin du bureau. Ses lèvres ont frémi, ses mâchoires se sont contractées.) Si vous vous débrouillez bien, vous pourrez peut-être ressortir vivant de l'unité. Le seul à en avoir réchappé, vous pensez ! Toutes les caméras sont braquées sur vous.

Les remarques de Patterson ont paru mettre Rice dans l'embarras, comme s'il n'était pas encore entièrement de son côté, pas encore entièrement contre moi, mais il n'a rien dit pour ma défense.

— Vous avez découvert quelque chose, à Baltimore ? a-t-il demandé au bout d'un instant.

— J'en ai découvert suffisamment pour que ça vaille le coup de retourner dans l'unité.

— Ça veut dire quoi ? Qu'est-ce que vous avez découvert, au juste ?

— Le frère de Trevor, Michael.

Patterson a balayé la nouvelle d'un haussement d'épaules dédaigneux.

Rice s'est légèrement penché en avant. Son visage reflétait un intérêt prudent.

— Je pense avoir compris pourquoi Trevor est persuadé de se battre contre Satan, ai-je continué. Et pourquoi il a disjoncté.

— Vous allez nous mettre au parfum, oui ou non ?

— Quand Trevor et Michael étaient tout gosses, ils se sont poursuivis dans la maison. En passant près de la cuisinière, Trevor a renversé une marmite d'huile bouillante qui était posée sur un feu. Michael a été gravement brûlé. Depuis, il est défiguré.

— Et après ? a fait Patterson, méprisant.

J'ai gardé les yeux rivés sur Rice.

— Ce drame est à l'origine des hallucinations de Trevor au sujet de l'emprise qu'aurait Satan sur lui ; il refuse d'admettre que c'est lui qui a mutilé son frère. À mon avis, il a essayé d'effacer toute cette histoire, de la refouler dans les profondeurs de son esprit.

— Ah oui ? Et Michael se serait fait ça comment, selon lui ?

— Après l'accident, Trevor a quitté l'État pour aller vivre avec son père. Il n'a jamais revu Michael. Je ne suis même pas sûr qu'il se souvienne d'avoir un frère. Mais les brûlures sur la figure de Michael ont sans doute motivé inconsciemment sa décision de devenir chirurgien esthétique. Et celle de renier, puis de sectionner son bras droit — celui qui a renversé l'huile bouillante. Il projette sa capacité de destruction sur une force extérieure : Satan.

— Si je vous ai bien suivi, le fait que ce dingue ait ébouillanté son frère expliquerait tout ce qui se passe ici ?

— Il y a autre chose. La mère de Trevor l'a enfermé dans une cage après l'accident. (J'ai baissé les yeux, imaginant le grillage solide, le sol de terre battue.) À la cave. Le genre de truc où on garderait un rottweiler enragé.

– Une cage ? a répété Rice en plissant les yeux. Pendant combien de temps ?

– Des mois. Elle l'obligeait à prier jour et nuit pour son salut.

– Nom de Dieu !

– Quel rapport avec les deux premiers meurtres commis par Lucas ? est intervenu Patterson. Vous avez peut-être oublié que c'est pour ça qu'on l'a envoyé en taule ?

– Je ne sais pas trop comment lier ces informations aux inculpations précédentes. Mais je pense que son séjour en prison a ravivé ses souvenirs de l'époque où il a brûlé son frère et subi les tortures de sa mère. Il s'est senti ramené de force vers cette huile bouillante, vers cette cage au sous-sol. Comme ce gosse terrifié, brisé qu'il était alors. Du coup, son esprit a pris la fuite, il s'est réfugié dans la psychose.

– Quel ramassis de conneries, a ricané Patterson.

Rice a poussé un profond soupir.

– Admettons que vos hypothèses psychologiques soient fondées, a fait Rice. Ça ne veut pas dire qu'il va les accepter et se rendre.

– Non, ai-je admis. Mais ça vaut le coup d'essayer.

– Ça vaut surtout le coup de déclencher ce putain d'assaut ! a lâché Patterson, avant de se tourner vers Rice. Bon sang, j'arrive pas à croire que vous puissiez même envisager de laisser ce fêlé faire de la psychothérapie avec un enfoiré de tueur !

– Lucas ne m'apparaît pas comme l'image même de la santé mentale, ai-je répliqué.

– C'est l'image même d'une belle ordure ! a craché Patterson. Et vous valez pas tellement mieux. Sans vous, et sans vos théories de merde, Lucas serait à la morgue en ce moment, et les otages, rentrés chez eux – y compris Calvin Sanger et cette femme docteur… Singleman, ou Single quelque chose.

Un grand froid s'est insinué en moi. J'ai reporté mon attention sur Rice.

– Vous avez laissé quelqu'un d'autre entrer dans l'unité ?

– Katherine Singleton, a-t-il répondu. Elle est obstétricienne. Apparemment, elle a déjà travaillé avec Lucas. Elle a appris par le

Item qu'il y avait une femme enceinte parmi les otages, et elle nous a proposé son aide. Ça fait maintenant un peu plus d'une heure qu'elle est là-bas.

J'avais l'impression que la pièce tournoyait autour de moi.

— Comment avez-vous pu autoriser ça ?

— Tous les médias entre ici et Los Angeles ont parlé de ce bébé. Le sauver, ce serait une victoire, au moins pour l'opinion publique.

La jalousie pathologique dont souffrait Kathy l'avait déjà poussée à tuer les partenaires sexuels de Lucas. Si elle devinait que l'infirmière Vawn avait couché avec lui et qu'elle portait son enfant... J'ai envisagé d'exposer à Rice les antécédents criminels de Kathy, mais j'y ai finalement renoncé, sachant que ce serait la fin des négociations et que l'assaut serait immédiatement donné. Or, je savais aussi Lucas prêt à sacrifier tout le monde.

— Vous n'auriez pas dû lui permettre d'entrer, me suis-je contenté de dire.

— Vous en faites pas ! a lancé Patterson avec arrogance. Ça m'étonnerait beaucoup que vous soyez obligé de partager la vedette avec elle. Je vous parie à dix contre un qu'elle est déjà morte. On n'arrête pas d'expédier de nouvelles victimes à ce taré.

C'est peut-être mon propre sentiment de culpabilité qui a eu raison de mon sang-froid, qui a ravivé toute la rage accumulée contre mon père, contre ma mère, contre toutes ces sales brutes du voisinage auxquelles j'avais résisté jusqu'au sang, contre l'injustice de ce bilan de la vie qui détermine ce que chacun de nous doit payer et ce que chacun doit recevoir. J'avais peut-être épuisé toutes mes réserves de self-control avec Michael Lucas. Ou Cynthia. Ou peut-être que j'avais sniffé un peu trop de coke, et pas assez d'héroïne. Quoi qu'il en soit, j'ai baissé les yeux vers le sol, visualisé ma position dans la pièce et celle de Patterson, et j'ai bondi sur lui.

Mais ce n'était pas gagné. Avant même que je l'aie atteint, Patterson avait sauté sur ses pieds, les poings serrés. Il m'a envoyé un véritable boulet de canon dans l'épaule, mais je suis parvenu à transférer tout mon poids sur ma jambe droite. Rassemblant mon énergie, je lui ai balancé un coup de pied dans la partie la plus vulnérable de l'abdomen. Il s'est plié en deux. Je l'ai attrapé par la ceinture pour le projeter tête la première contre la cloison. Cette fois, il est tombé à genoux. Je l'ai saisi par les cheveux, et je m'apprêtais à lui cogner encore une fois le crâne contre le mur quand il m'a passé un bras autour des jambes. Il m'a plaqué au sol en même temps qu'il s'écartait de la paroi. Un instant plus tard, il s'affalait sur ma poitrine, faisait pivoter son torse comme un lanceur de disque et amenait son poing énorme juste au-dessus de ma figure.

— Non ! a crié Rice en se levant.

Patterson était suffisamment costaud pour me tuer d'un seul coup de poing, ou en tout cas, de deux ou trois. Son bras tout entier – son bras droit – tremblait sous l'effet du combat qu'il menait avec le tueur en lui, avec le potentiel de violence qui l'avait poussé à choisir un boulot consistant à traquer les criminels. À un niveau plus profond que ma peur, le spectacle de ce combat primaire m'a comblé, et même arraché un sourire, parce que j'avais maintenant l'intime conviction que Patterson était en communion avec l'âme de Trevor Lucas, même s'il ne s'en rendait pas compte, même s'il n'était pas prêt à l'admettre. Ce parfait parallèle psychologique est la voix de mon Dieu. Et en cet instant, j'ai compris qu'Il était encore avec moi. J'ai fermé les yeux. Et identifié le bruit caractéristique d'un chien qu'on arme.

— Debout, a fait Rice.

J'ai rouvert les yeux. Rice avait sorti son Glock semi-automatique, et l'extrémité du canon s'enfonçait dans l'épaule droite de Patterson.

— Trois, deux…, a compté Rice.

Patterson s'est relevé d'un bond et il m'a regardé avec dégoût tandis que ma poitrine se soulevait pour aspirer l'air dans mes poumons.

— Je ferai tout ce que je peux pour vous sortir vivant de cette unité, a-t-il grondé. Après, je m'occupe de vous.

Sur ces mots, il a quitté la remorque.

J'ai roulé sur le flanc, tendant le cou et arquant le dos pour avaler plus d'air plus vite.

Rice m'a observé quelques instants.

— Vous ne devriez jamais commencer un truc que vous ne pouvez pas finir, a-t-il dit.

Il s'est agenouillé à côté de moi pour m'aider à me redresser. Il m'a fallu presque une minute pour recouvrer une respiration normale. Et encore au moins trente secondes pour retrouver l'usage de mes cordes vocales.

— Je dois retourner là-bas, ai-je affirmé.

Par la vitre de la remorque, il a jeté un coup d'œil en direction de l'hôpital. La nuit tombait peu à peu, et des lumières brillaient au cinquième étage.

— J'ai dit au Dr Singleton exactement ce que je vais vous dire : je n'hésiterai pas à lancer une offensive mortelle si Lucas blesse encore quelqu'un. Mauvaise publicité ou pas.

J'ai hoché la tête.

— Et au cas où on en arriverait là, et où vous vous aviseriez de nous rejouer les boucliers humains, vous ne resterez pas debout cette fois.

— Vous me laissez combien de temps ? ai-je demandé.

— Jusqu'à minuit.

L'animosité dans sa voix avait pratiquement disparu.

— Garanti ?

— De mon côté, oui. Mais pour ce qui est de Lucas, je ne peux pas me prononcer.

14

J'ai fait mes premiers pas vers l'hôpital à 18 h 20, alors que le soleil venait de se coucher. La lumière des lampadaires sur le parking, mêlée à celle des faisceaux halogènes émanant de l'armée de journalistes massés le long de la route, allongeait démesurément mon ombre devant moi. Patterson avait déployé des dizaines d'hommes désormais agenouillés derrière les remparts en ciment de chaque côté de l'entrée principale, sur le toit du bâtiment et autour de l'hélicoptère, du tank et des pick-ups Hummer. J'avais parcouru la moitié de la distance entre la remorque et les portes automatiques quand j'ai levé les yeux vers le cinquième étage. Plusieurs silhouettes derrière les vitres brisées semblaient me regarder.

Une peur viscérale s'est emparée de moi, mais j'ai continué à avancer, conscient d'être engagé dans une course contre Kathy Singleton et Trevor Lucas, que je reconnaissais maintenant comme apparentés aux aspects les plus mutilés de ma personnalité. J'avais vécu avec Kathy, une enfant torturée devenue une meurtrière en série, sans doute parce qu'elle me rappelait inconsciemment la tentative de mon père pour assassiner mon âme. Et j'avais traité Lucas de façon inhumaine en permettant qu'il soit emprisonné pour des crimes qu'il n'avait pas commis, sans doute parce que je n'avais pas encore surmonté la colère née de ma situation de prisonnier dans la maison de mon enfance.

Les humains malades de violence nous apparaissent comme des monstres à partir du moment où nous refusons d'admettre nos propres sentiments de terreur, de haine et de fureur. De cette façon, il devient beaucoup plus facile de renier ces êtres, voire de les exécuter, avec la même conviction et le même soulagement que Lucas avait dû éprouver en se tranchant le bras qu'il croyait appartenir à Satan. Comme lui, nous ne nous rendons pas compte que l'amputation nous diminue, au lieu de nous rendre plus forts. Pour assurer le salut de notre âme, nous devons faire tout notre possible afin de sauver la leur.

Pour la première fois depuis que j'avais fermé mon cabinet de psychothérapie, j'avais la certitude de faire un travail de guérisseur. Je savais que ça ne me protégerait pas de la détresse qui m'attendait, mais je savais aussi que la douleur et l'adversité sont des panneaux indicateurs sur la voie de toute guérison. Les pèlerins le démontrent de façon spectaculaire lorsqu'ils parcourent à genoux des kilomètres pour aller prier dans des lieux saints. Celui qui marche sur des braises a compris que pour accéder à une dimension spirituelle supérieure, il lui faut fouler les charbons ardents, et non les franchir d'un bond ou courir dessus. Et les chirurgiens manifestent une foi similaire lorsqu'ils ouvrent le corps afin de mieux le soigner. Malgré tout ce qui me séparait de Lucas et de Kathy, je sentais que je pouvais au moins compter sur ce point commun entre nous.

J'ai franchi le seuil pour pénétrer dans le hall, où je me suis arrêté, guettant la harpie. Le fait que Lucas ait invoqué le souvenir de cette créature mi-oiseau mi-femme qui dévorait sa progéniture prenait désormais tout son sens à mes yeux : sa mère l'avait psychologiquement dévoré, et elle avait sans doute commencé à se repaître de lui longtemps avant de l'enfermer dans la cave. Une femme capable de mettre en cage son propre fils est capable de bien des choses.

Plusieurs secondes se sont écoulées dans un silence seulement troublé par les gémissements d'un vieux bâtiment. Je me suis engagé dans le couloir. Le claquement de mes talons sur le sol était répercuté par les murs de parpaing. Sept ou huit mètres plus loin, la lumière provenant de l'extérieur ne pénétrait plus, et c'est dans l'obscurité que j'ai dû poursuivre mon chemin. Je me suis rapproché du mur, et j'ai laissé courir mon doigt le long d'un joint en ciment pour me guider alors que je me dirigeais vers les ascenseurs.

Au détour de la cloison, j'ai distingué les trois séries de boutons lumineux devant les cabines. À cet instant seulement, je me suis autorisé à me demander ce qui avait pu se passer dans l'unité depuis mon départ pour Baltimore. Normalement, la piqûre que j'avais faite à Lucas devait toujours paralyser son bras valide, mais rien ne me garantissait que l'effet ne s'était pas dissipé, laissant Lucas – et tous les autres au cinquième étage – à la merci de cette force meurtrière qu'il baptisait Satan. À l'heure actuelle, ou Calvin Sanger était bien parti pour recevoir le prix Pulitzer avec un récit tiré du ventre de la bête, ou la bête l'avait détruit. Les otages, dont l'infirmière Vawn, étaient peut-être encore vivants, ou peut-être déjà morts.

Parvenu devant les boutons, j'ai pris une profonde inspiration. Là, seul dans le noir, je me suis dit que je lisais peut-être les dernières pages de mon histoire. Mais même si c'était le cas, j'avais encore la possibilité – le devoir – de façonner ma propre fin. Je me suis obligé à remplacer toutes les images de carnage et de défaite qui me hantaient par celle d'un homme marchant sur les braises – un homme qu'étrangement (ou peut-être pas si étrangement que ça), je me représentais sous les traits d'une sorte d'Abraham Lincoln jeune et dégingandé, vêtu d'un costume gris austère, le bas de son pantalon remonté sur les tibias. Il ne portait pas la barbe, mais impossible de ne pas reconnaître la mâchoire et le front saillants, de même que les yeux bleu Atlantique profondément enfoncés dans leurs orbites. J'ai souri malgré ma peur, et appelé l'ascenseur.

Les portes se sont ouvertes, déversant un flot de lumière blanche fluorescente qui m'a obligé à me protéger le visage. J'ai avancé jusqu'au centre de la cabine, puis regardé les chiffres s'éclairer sur le panneau d'Inox devant moi. Avant même que mes yeux aient eu le temps de s'accoutumer à la clarté ambiante, les portes s'étaient rouvertes, et je me suis de nouveau enfoncé dans les ténèbres, en direction cette fois de l'unité sécurisée.

Peter Zweig, le gamin de dix-neuf ans qui avait offert à l'Église les restes de ses victimes, a déplacé son visage d'une extrémité à l'autre de la vitre dans la porte blindée alors que je m'approchais, sans doute pour vérifier que j'étais seul. Quand je me suis arrêté juste devant lui, il s'est retourné pour crier quelque chose que je n'ai pas compris. Quinze ou vingt secondes plus tard, Lucas émergeait de la pièce au bout du couloir, celle qu'il appelait la « salle d'isolement ».

De nouveau, Zweig a pressé sa figure contre la vitre. La réserve de méthadone dans l'unité n'était manifestement pas épuisée : ses pupilles n'étaient pas plus grosses que des têtes d'épingle. Ses yeux ont encore filé plusieurs fois vers la droite et vers la gauche pour scruter l'espace autour de moi. Enfin, il a entrouvert la porte, m'a saisi par le bras pour m'attirer à l'intérieur, et l'a claquée derrière moi. J'ai entendu glisser les verrous.

C'est à peine si j'ai senti Zweig palper mes bras, mes jambes, mon estomac, ma poitrine et mon dos à la recherche d'une arme. Toute mon attention se concentrait sur Trevor Lucas, en train de franchir les cinq derniers mètres qui nous séparaient. Comme son bras gauche ne bougeait pas, j'ai repris espoir ; manifestement, l'anesthésique faisait toujours effet. Mais c'est alors que j'ai remarqué ce qui ressemblait à du sang frais sur sa tenue de chirurgien. Mon cœur s'est serré. Une sensation de chaleur nauséeuse s'est propagée de mon estomac jusqu'à ma tête, m'obligeant à m'appuyer contre le mur.

M'ayant saisi par les épaules, Zweig m'a plaqué violemment contre la porte.

— Ça suffit ! a aboyé Lucas.

Zweig m'a relâché, mais il est resté juste devant moi. Son haleine rance me flanquait le tournis.

— Rejoignez les autres, a ordonné Lucas. Allez.

Cette fois, Zweig s'est éloigné. Je l'ai regardé entrer dans la salle de repos et prendre place dans la double rangée de patients et d'otages agenouillés en face des fenêtres, la tête sur les jambes. Ils chantaient toujours la prière des samouraïs.

Je ne connais pas la vie. Je ne connais pas la mort.

J'ai vu Calvin Sanger parmi eux. Mais pas Kathy. J'ai jeté un coup d'œil en direction du bureau des infirmières. Carla Vawn, l'infirmière ligotée sur sa chaise quelques heures plus tôt, avait disparu.

— Tu es revenu, a dit Lucas.

Je me suis tourné vers lui. La sueur faisait briller son visage. Ses pupilles étaient minuscules, comme celles de Zweig.

— Je te l'avais promis. (J'ai examiné les taches rubis sur son sarrau.) Où est Kathy ?

— Elle travaille pour le Seigneur. (Il s'est mordillé la lèvre inférieure.) Nous perdons du terrain. Pour l'instant, Satan gagne haut la main.

Haut la main. J'ai imaginé Lucas enfant, levant la main pour renverser l'huile bouillante qui allait défigurer Michael.

— Je veux t'aider à reprendre le contrôle, Trevor.

Il a fait non de la tête.

— Il vaudrait mieux que tu t'en ailles. Sinon, tu risques d'être contaminé. (Il a gardé le silence un instant.) De devenir comme moi.

J'ai senti ma gorge se nouer. Rares sont les moments qui attestent plus éloquemment l'endurance de l'esprit humain que ceux où les affligés s'inquiètent pour leur guérisseur. Quand j'étais en fac de médecine, un de mes patients – un certain Max Sands –, rongé par un cancer des poumons, à moitié étouffé par le tube du respirateur enfoncé dans sa gorge à vif, avait griffonné à 3 heures du matin un message me disant que j'avais l'air fatigué et que je devrais me reposer un peu. Je n'ai pas oublié cet homme, et je ne l'oublierai jamais. Et peu importe si la souffrance est provoquée par le cancer, la lèpre ou des penchants meurtriers. Peu importe que le vecteur de propagation de la maladie soit une bactérie, un virus ou la dynamique psychologique appelée projection. Lorsque le corps ou l'esprit de l'homme est assiégé, il arrive que la magnificence de son âme se révèle à son prochain. Parfois, celui-ci accepte le don ; parfois aussi, il le refuse. Prenez Karla Faye Tucker[1], par exemple.

Trevor Lucas, mutilé, prisonnier de sa psychose, avait réussi à me toucher. Son humanité transparaissait toujours derrière le masque de la démence.

— Je ne partirai pas avant que tout soit terminé, ai-je affirmé.

Il n'a pas répondu tout de suite.

---

1. Prostituée et toxicomane, condamnée à mort pour un double meurtre à coups de piolet, Karla Faye Tucker s'est convertie au christianisme en prison. Elle a été exécutée le 3 février 1998. *(NdT)*

— Ça ne sera plus très long, a-t-il dit. Nous sommes presque prêts à nous en remettre aux mains de Dieu.

Son regard s'est porté vers le mur juste derrière moi, un peu sur ma gauche, et une expression d'inquiétude et de confusion s'est inscrite sur ses traits. Puis il m'a de nouveau opposé un visage inexpressif.

J'ai jeté un coup d'œil par-dessus mon épaule aux parpaings situés dans son champ de vision. N'ayant rien remarqué d'inhabituel, je me suis demandé s'il n'avait pas des hallucinations.

— J'ai fait ce que tu voulais, ai-je dit, espérant l'ancrer dans le moment présent. Je suis allé à Baltimore.

Il a haussé les épaules.

— Ça n'a plus d'importance. Il est trop tard.

Pourtant, j'avais l'impression de sentir l'inconscient de Lucas se préparer à recevoir les informations que je rapportais. Je me suis efforcé d'adopter un ton et un maintien aussi assurés que possible.

— J'ai découvert comment Satan était entré en toi.
— Ce n'est plus le problème. Le cancer s'est répandu.
— On peut encore le guérir.
— C'est toute la différence entre toi, qui es psychiatre, et moi, qui suis chirurgien. (Il a tenté de sourire, mais sa lèvre supérieure s'est mise à trembler de façon convulsive, lui conférant un aspect encore plus grotesque.) Je sais quand un cas est inopérable. Toi, tu t'obstines à tenir la main du malade jusqu'à ce qu'elle soit glacée.

Il s'est éloigné dans le couloir, son bras pendant mollement le long de son flanc.

Tenir la main. J'accordais peut-être aux mots une importance qu'ils ne méritaient pas, mais il me semblait que les murs de déni que Lucas avait érigés pour contenir le passé s'étaient fissurés, laissant échapper quelques filets de vérité. J'ai inspiré un bon coup.

— Ce n'est pas moi qui refuse la vérité, ai-je lâché. Mais toi.

Il s'est immobilisé net, puis il est resté quelques secondes le dos tourné avant de pivoter lentement. Ses mâchoires s'activaient. Un tressaillement agitait une de ses paupières.

J'ai eu peur d'être allé trop loin. Mais il m'était désormais impossible de reculer. Ou de demeurer en place. J'étais déjà engagé sur les braises ardentes.

— J'ai rencontré Michael, ai-je annoncé.

Lucas a plissé les yeux.

— Tu as vu Michael, c'est vrai ? Tu l'as vu comme tu me vois maintenant ?

J'en ai eu la chair de poule.

— Oui.

Il a fait quelques pas vers moi. L'excitation faisait briller ses yeux.

— Il a dit qu'il nous prendrait sous son aile ? Qu'il nous guiderait, comme il a guidé les Juifs ?

Il m'a fallu un moment pour comprendre. Dans l'Ancien Testament, saint Michael[1] est l'ange gardien qui guide Moïse et son peuple dans le désert. Je me suis souvenu d'avoir pensé à la fuite des Hébreux hors d'Égypte alors que j'admirais la statue de Jésus à l'entrée de l'hôpital Johns-Hopkins. Il y avait forcément plus qu'une simple coïncidence dans ce parallèle ; je l'ai interprété comme le signe que j'étais sur la bonne voie.

— Alors ? Il a dit qu'il allait nous aider ? a insisté Lucas.

Il me fallait avancer à pas de loup sur la frontière entre l'hallucination et la réalité afin d'amener Lucas en douceur vers la vérité.

— Michael m'a dit qu'il avait toujours été à ton côté. Il m'a dit que tu avais erré trop longtemps. (Je l'ai regardé droit dans les yeux.) Il m'a raconté pourquoi tu avais quitté la maison.

L'enthousiasme dément sur les traits de Lucas a cédé la place un bref instant à la tristesse, et j'ai pensé que j'avais peut-être établi le contact, mais déjà, son regard se portait à nouveau sur les parpaings derrière mon épaule. Il ne cessait de les observer tout en parlant. Son esprit créait-il des voix ou des visions démoniaques dans une ultime tentative pour tenir à distance ses véritables démons – les souvenirs de ce qu'il avait fait à Michael et de ce que sa mère lui avait fait ?

— Ma vie avant ce jour ne compte plus, a-t-il dit. Tout ce qui importe, c'est que mon troupeau atteigne la Terre promise.

Il s'est éloigné dans le couloir, plus rapidement cette fois.

---

1. Michel se dit « Michael » en hébreu, « qui est comme Dieu ». *(NdT)*

Je savais que je devais le suivre, mais j'ai hésité. Je redoutais les scènes d'horreur de chaque côté du couloir, et j'ignorais si Kathy, les mains encore tachées du sang de ses meurtres, rôdait à un, trois, ou dix mètres de moi.

Lucas s'est arrêté devant la chambre de Laura Elmonte. Puis il m'a regardé.

Je l'ai rejoint à la porte. Le bourdonnement des néons au plafond m'a soudain empli les oreilles. La sensation de chaleur nauséeuse m'a de nouveau envahi.

Elmonte était toujours nue et entravée, le torse divisé en deux parties égales par la ligne de points de suture que Lucas avait tracée de sa gorge à son entrejambe. Sa respiration était faible, irrégulière. Une autre canule s'enfonçait à la base de son cou, apparemment dans une jugulaire située juste au-dessus de la clavicule. Un tube de plastique transportait son sang bleu foncé jusqu'à une poche normalement destinée à recevoir de l'urine, et fixée au pied du lit. La poche pouvait facilement contenir trois unités, et elle était presque pleine.

— C'est la bile noire, m'a expliqué Lucas. Elle n'arrête pas de couler. (Il a jeté un coup d'œil vers un coin de la chambre.) Elle commence même à suinter des murs.

C'était sans doute cette vision qui avait distrait Lucas à la porte de l'unité. J'ai pesé mes mots avec soin.

— Il vaut peut-être mieux laisser Satan se montrer. (J'ai marqué une pause.) Il vaut peut-être mieux laisser couler la bile.

— Ce serait de la folie ! On pourrait tous se noyer.

— Non. Tu as déjà échappé à la catastrophe. C'est Michael qui me l'a dit. Tu peux t'en sortir encore.

Lucas n'a pas répondu. Il s'est contenté d'observer Elmonte en silence. Avant de scruter de nouveau le coin de la pièce.

— Le temps presse, a-t-il dit.

— Perforer la jugulaire, c'est pas de la tarte, ai-je répliqué avec l'espoir de le ramener à la réalité. Comment tu as fait pour insérer le cathéter sans te servir de ton bras ?

— Je n'ai pas de bras, a-t-il déclaré sans émotion. Satan a pris mes bras.

— Comment, alors ?

— Calvin.
— Il est journaliste, ai-je protesté, autant pour moi-même que pour Lucas.
— Il est venu ici chercher la gloire. Il a fini comme soldat du Seigneur. Ce jeune homme a été rejeté par la fac de médecine de Harvard. Il n'a pas réussi l'examen de biochimie au premier semestre. Comme si ça servait à quelque chose... Quelle bande de connards, à Harvard ! Calvin est le meilleur chirurgien que j'aie jamais vu. Il a un don. (Il a fermé les yeux.) « Et Il te donnera ce que ton cœur désire... » (Il a pris une profonde inspiration avant de plonger son regard dans le mien.) Maintenant que Kathy est arrivée, nous pouvons enfin terminer notre travail.

Il a pivoté brusquement pour sortir dans le couloir.

Je l'ai accompagné. Nous avons dépassé la réserve de médicaments où il avait entreposé sa moisson d'organes, avant de nous arrêter deux portes plus loin, devant sa « salle d'opération ». Il y avait du sang frais sur le sol, entre les flaques épaisses et coagulées de gelée noir rubis.

— J'ai bien peur que M. Kaminsky n'ait été contaminé, comme les autres, a expliqué Lucas. Comme moi. Nous avons dû lui ôter la rate. Calvin et moi. (Son expression me rappelait celle que les médecins réservent généralement aux proches des patients en phase terminale.) Je ne sais pas s'il survivra.

— Il y a eu d'autres opérations depuis mon départ ?
— Bien sûr. Tu pensais peut-être qu'on resterait là sans rien faire, enfermés comme des bêtes, à attendre d'être détruits ?

Il semblait espérer une réponse.

Je n'ai rien dit. Mais sa question m'avait ramené à la cave dans la maison natale de Lucas, à Jasper Street. À la cage. À la harpie.

— J'ai encore une intervention à terminer avant de fuir cet enfer, a-t-il poursuivi. Je tiens à sauver autant d'âmes que possible. Si tu as vraiment l'intention de rester avec moi jusqu'à la fin, je te demanderai de m'aider.

Lucas s'est éloigné.

J'ai songé à Richard Tisdale, le meurtrier de son fils. Mais la chambre de Tisdale, l'avant-dernière à droite, était vide de son occupant ; seule demeurait la civière ensanglantée. Du sang partiellement séché avait éclaboussé le mur du fond. Le sol en était littéralement couvert, offrant l'aspect d'un champ de taches rouges, d'empreintes de pas, de traînées laissées par une serpillière. Mes yeux se sont égarés à l'endroit où les traînées convergeaient. Des fragments d'os, des cheveux et ce qui ressemblait à des morceaux de caoutchouc gris-blanc formaient un petit tas près du mur, juste derrière la civière. Je savais que le tissu gris-blanc provenait du cerveau, sans toutefois parvenir à l'admettre.

Lucas se tenait maintenant devant la porte de la salle d'isolement.

— Tu t'inquiétais pour lui, je m'en suis rendu compte, a-t-il dit en me regardant. Moi aussi, d'ailleurs. Et je peux t'assurer que nous avons fait tout notre possible pour le sauver. Des mesures héroïques ont été prises.

— Quelles mesures ? ai-je murmuré d'une voix faible.

— Il faut que tu comprennes une chose : nous sommes encore moins bien équipés que dans un hôpital militaire, ici. Pas de radios, pas de scanners, pas d'IRM, pas d'halogènes, pas d'aiguilles pour les biopsies. Malgré tout, avec l'aide de Calvin, j'ai quand même réussi à atteindre le tissu nécrosé. L'épiphyse. Nous sommes parvenus à en extraire une bonne partie. J'oserais dire qu'un pathologiste nous féliciterait pour notre travail... (Il a pincé les lèvres.) Je suis incapable de déterminer la cause exacte de la mort. Je sais qu'il était toujours vivant quand on a refermé.

Le sang battait à mes tempes. Je ne pouvais même pas imaginer la souffrance que Tisdale avait dû endurer avant de succomber. Des pensées violentes m'ont traversé l'esprit – des pensées que j'avais déjà eues auparavant. Peut-être la seule chose à faire était-elle de supprimer Lucas pendant que j'en avais l'occasion. Peut-être me faisais-je le complice de Satan en laissant vivre Lucas. Peut-être la stratégie du chirurgien, et non celle du psychiatre, était-elle la bonne : éliminer le cancer ; limiter sa propagation. N'aurait-il pas été moral de tuer Charles Manson, Andrew Black ou Jim Jones avant qu'eux-mêmes ne tuent ? Est-ce que quelqu'un peut prouver qu'en agissant ainsi, on est forcément contaminé par le mal en eux ? Est-ce que quelqu'un peut prouver la véracité des enseignements de Gandhi, ou de saint Thomas d'Aquin, ou du Christ ? Non. De telles preuves n'existent pas. Pourtant, malgré tout ce qui s'était passé dans l'unité sécurisée, malgré tout ce que j'avais pu voir de cet univers de ténèbres, malgré les débris du crâne et du cerveau d'un homme pour attester la pathologie de Lucas, mon cœur s'insurgeait contre ce meurtre. Et j'avais appris, à la suite de leçons aussi nombreuses que douloureuses, à considérer la voix de mon cœur comme une donnée déterminante pour moi.

Je savais une chose sans l'ombre d'un doute : la violence est une maladie. En tant que médecin, et en tant qu'être humain, je n'avais le droit ni de l'ignorer ni de la refléter. Je devais la soigner. Un passage de *L'Enfer* de Dante m'est revenu à l'esprit :

> *Ici, il convient d'abandonner toute méfiance ;*
> *toute lâcheté ici doit cesser.*

— Tu vois à quoi nous sommes confrontés. Tu vois pourquoi nous avons besoin de ton aide. (De la tête, Lucas a désigné un point par-dessus son épaule droite.) Il y a encore une chance de sauver celle-là.

J'ai inspiré profondément à plusieurs reprises avant de le rejoindre devant la porte de la salle d'isolement. Là, j'ai eu un coup au cœur.

Kathy, en tenue de chirurgien, était penchée vers l'infirmière Vawn, qui gisait nue sur une civière, les poignets et les chevilles sanglés par des attaches de cuir. Son ventre gonflé abritait vraisemblablement l'enfant de Lucas. Un scalpel et un assortiment d'instruments métalliques de fortune – la partie métallique d'un tournevis, longue d'une vingtaine de centimètres, une clé anglaise, la moitié d'une paire de ciseaux – étaient disposés dans un plateau sur la table de chevet, de même que du fil de suture.

Vawn se débattait.

— Je vous en prie, a-t-elle gémi avant d'éclater en sanglots. Laissez-moi partir. Laissez-moi partir.

Lucas est entré dans la pièce en se mordillant la lèvre.

— Dès que tu iras mieux.

Au moment où je pénétrais à mon tour dans la salle, Kathy a tourné la tête. La fureur démentielle que j'ai lue sur son visage m'a stoppé net.

Lucas est allé se placer près de la civière, en face de Kathy.

– On vient juste de commencer, a-t-il annoncé.
– Quoi ?
– Dilatation et curetage, a-t-il répondu. Elle s'est remise à saigner. Ça nous a semblé le traitement le plus approprié.

J'ai arraché mon regard à celui, farouche, de Kathy.
– Elle est enceinte. Son enfant a besoin d'aide.
– Elle est contaminée ! a craché Lucas. Peut-être que Satan est recroquevillé dans son utérus, en train de sucer son sabot, ou peut-être pas, mais en tout cas, ce qui dort là-dedans n'a rien d'humain. (Il s'est interrompu, et il a fait jouer ses mâchoires.) Tue-le d'abord, et ensuite, retire son cadavre, a-t-il ordonné à Kathy.

Vawn a hurlé.

Kathy s'est emparée du tournevis.
– Espèce de pute, a-t-elle grondé en appuyant la pointe de métal à l'intérieur de la cuisse de Vawn, mais en me regardant, moi. Tout ça, c'est ta faute. Tu voulais nous séparer. (Sa voix était venimeuse.) Tu croyais vraiment pouvoir garder Trevor pour toi ?

L'infirmière Vawn était devenue l'enjeu d'une sorte de lutte à la corde psychologique entre Kathy et moi. Et j'avais le sentiment que si je ne lâchais pas prise, la corde allait se briser.
– Non. Je n'aurais jamais dû m'interposer entre vous, ai-je répondu. Ce n'était pas à moi de décider de vous faire enfermer.
– Trop tard. Il ne fallait pas revenir. Tout ce dont Trevor a besoin, je peux lui donner.

Kathy aimait Lucas, aussi tordu que soit son amour. Et le bébé de Vawn était une partie de lui, de sa chair, de son âme. Je n'avais que ce seul argument pour empêcher Kathy de tuer l'enfant. Mais il risquait aussi de réveiller sa jalousie primitive.
– Cet enfant est celui de Trevor, ai-je déclaré.
– Menteur ! a-t-il rugi.

Les yeux de Kathy se sont chargés de douleur. Elle a crispé si fort ses doigts sur la pointe de métal que celle-ci a perforé la cuisse de Vawn.
– Non ! a hurlé l'infirmière en se débattant frénétiquement. Je vous en prie !

Kathy l'a saisie par les cheveux.
– C'est son bébé ? a-t-elle demandé.

Des larmes coulaient sur les joues de Vawn. Kathy lui a posé la pointe du tournevis sur la gorge.

— Répondez.
— Oui, a hoqueté l'infirmière.

Après l'avoir contemplée quelques secondes, Kathy a regardé Trevor.

— Je t'aime, a-t-il dit. Tu dois te battre pour le Seigneur.

Kathy a posé le tournevis sur le plateau à côté du lit, et elle s'est emparée d'un scalpel.

— Cet enfant n'est pas celui de Satan. (Je pleurais, moi aussi. Je me suis tourné vers Lucas.) Tu avais huit ans quand tu as renversé cette marmite d'huile bouillante. Avec ta main droite.

La souffrance a convulsé les traits de Lucas, comme si je lui avais hurlé dans l'oreille. Dans ses yeux, la colère avait cédé la place à la panique.

Je l'ai attrapé par le bras.

— Tu ne l'as pas fait exprès. Tu comprends ?

Il m'a dévisagé encore quelques secondes, puis il a baissé les paupières. Ses mâchoires s'activaient frénétiquement.

— Tu ne méritais pas d'être enfermé dans une cage.

Sans prévenir, Lucas s'est jeté sur moi, se servant de son corps pour me plaquer contre le mur. Son visage n'était plus qu'à quelques centimètres du mien. Il roulait des yeux fous.

Je me suis obligé à ne pas tourner la tête.

— Aucun enfant n'a le mal en lui, ai-je dit.

Un bruit a résonné dans la pièce. Lucas a fait volte-face. Quand le son s'est élevé de nouveau, j'ai reconnu cette fois le cri d'un nouveau-né.

Kathy tenait un petit garçon dans ses bras. Le scalpel, dont la lame était ensanglantée, se trouvait maintenant dans le plateau.

L'infirmière Vawn avait perdu conscience.

— Ce n'est pas humain, a dit Lucas d'une voix tremblante. Je t'en prie, Katherine, tue-le.

Elle l'a regardé avec un mélange de compassion et de désir.

— C'est ton fils, a-t-elle murmuré. Il fait partie de nous. Et elle aussi.

Avec douceur, elle a approché l'enfant du sein de Vawn.

Tout d'un coup, un flot de lumière en provenance de l'extérieur a inondé l'unité. Il se déversait par chaque fenêtre.

Un violent spasme m'a contracté l'estomac. Rice m'avait menti. L'attaque avait commencé, des heures avant le délai qu'il m'avait fixé. North Anderson avait raison : ils avaient prévu de m'éliminer. J'ai secoué Lucas.

— Si tu meurs maintenant, tu ne connaîtras jamais la vérité sur ta vie.

Lucas a scruté chaque recoin de la salle, puis le couloir derrière moi.

— Le diable vient chercher son petit prince, a-t-il dit sans émotion. C'est le jour du jugement dernier.

Il ne me restait plus rien. J'ai reculé jusqu'à la porte.

— Ils vont tirer par les fenêtres. Exactement comme la dernière fois. Sauve autant de vies que tu peux. Dis à tout le monde de se coucher par terre. Dis-leur de se jeter à plat ventre et de rester allongés.

Lucas n'a pas répondu. Il est sorti lentement de la pièce. Au même moment, la voix de Jack Rice a retenti, amplifiée par le mégaphone :

— Trevor Lucas, c'est le capitaine Jack Rice qui vous parle. Approchez-vous d'une fenêtre. On ne vous fera pas de mal.

Lucas semblait pétrifié.

Rice lui facilitait les choses, ai-je pensé. S'il se faisait descendre maintenant, Lucas quitterait ce monde en se croyant martyr d'une guerre sainte.

— Vous avez ma parole, a repris Rice. Dieu m'en est témoin. Personne ne tirera un seul coup de feu.

Lucas a incliné la tête à gauche. Sur un ultime coup d'œil dans ma direction, il s'est dirigé vers la salle de repos.

J'allais m'approcher du bébé et de l'infirmière Vawn quand j'ai compris qu'ils étaient en sécurité, non pas malgré la maladie de Kathy, mais à cause d'elle, justement. Sa pathologie les avait embrassés. Je me suis élancé dans le couloir.

15

J'ai atteint la salle de repos au moment où Lucas, pour accéder aux fenêtres, se frayait un chemin parmi les rangées de patients et d'otages agenouillés. Leur mélopée lancinante, alliée à la lumière qui inondait le bâtiment, ne pouvait que renforcer chez lui l'illusion qu'il s'apprêtait à guider son cheptel vers l'au-delà. Il s'est penché pour regarder la pelouse en contrebas, mais avec cette clarté aveuglante, je doutais qu'il puisse distinguer grand-chose.

– Votre frère Michael est ici ! a braillé Rice. Il veut vous parler.

Mon cœur a fait un bond dans ma poitrine. J'ai dû me concentrer pour respirer. Comme presque tous les témoins d'un miracle, je me répétais que ça ne pouvait être vrai, alors même que cette possibilité m'emplissait d'espoir et d'émerveillement. Je me suis frayé à mon tour un chemin parmi les patients et les otages jusqu'à une fenêtre à deux ou trois mètres de celle de Lucas. J'ai dû me protéger les yeux.

– Trevor, c'est Michael, a commencé le frère de Lucas. (Malgré le système de sonorisation, sa voix semblait mal assurée, presque timide.) Je suis venu te voir.

Lucas a écarquillé les yeux, et affronté directement la lumière crue.

– J'aimerais que tu sortes du bâtiment, a repris Michael.

Trevor s'est avancé jusqu'à toucher les éclats de verre. Il s'est haussé sur la pointe des pieds.

Impossible de déterminer en cet instant s'il tentait d'apercevoir son frère ou s'il rassemblait son courage pour sauter. Et je n'avais aucun moyen de savoir non plus si son esprit commençait à considérer Michael comme un être humain ou si, toujours pris au piège du déni, il se le figurait comme une sorte d'ange gardien biblique qui porterait le même nom. J'avais peur de prononcer des paroles susceptibles de le faire basculer. Avec prudence, j'ai esquissé un pas vers lui, la main tendue.

Lucas est resté immobile quelques secondes avant de se tourner vers les patients et les otages. Ils se sont tus. Il m'a regardé, et il m'a adressé un sourire – mais c'était le sourire vide d'un automate.

– Allez en paix, a-t-il dit au groupe. Le moment est arrivé pour nous de prendre congé.

Les patients se sont levés. Ils ont forcé les otages à se redresser à leur tour. Zweig et deux autres hommes ont pris place parmi eux.

– S'il te plaît, viens me parler, a supplié Michael.

– Satan n'héritera pas de cette terre, a poursuivi Lucas. Le Seigneur est notre Dieu.

– Le Seigneur est notre Dieu, ont répété les patients.

– Il me fait reposer dans de verts pâturages ! a crié Trevor Lucas. Il restaure mon âme ! Quand je marche dans la vallée de l'ombre de la mort...

La voix de Michael, amplifiée par le système de sono, a couvert celle de son frère :

– Nous avons assez souffert comme ça, tous les deux. Je t'en prie.

La colère a jailli en moi. Je n'ai fait aucun effort pour essayer de la dominer. J'étais à court de temps et de stratégie.

– Tu iras droit en enfer ! ai-je hurlé.

Lucas a tourné la tête vers moi. Son visage n'était qu'un masque de rage, mais il m'a regardé de biais, en évitant mes yeux.

Ce signe subtil de reddition m'a incité à jeter les dés une nouvelle fois. Je me suis rapproché.

– C'est le moment que tu attendais tant, celui de la bataille finale pour le salut de ton âme. Si tu n'as pas le courage d'affronter ta souffrance, si tu la projettes sur ton frère, tu laisses Satan l'emporter. Michael devra payer dans ce monde-ci pour le mal en toi. Et s'il y a une justice, tu le paieras dans l'autre. Comme tous les lâches et tous les imposteurs.

Lucas s'est retranché derrière la Bible.

— Est-ce que Jésus était un lâche parce qu'il a porté sa propre croix ? a-t-il répliqué d'une voix tour à tour forte et assourdie, comme s'il récitait de la poésie. Est-ce que tu le condamnes au même titre que tu me condamnes ? Que celui d'entre nous qui n'a jamais péché jette la...

J'ai décidé de contre-attaquer.

— Tu n'es pas le Christ, ai-je sifflé entre mes dents. Tu n'es même pas capable d'affronter tes propres péchés, et encore moins de mourir pour ceux des autres. Tu veux que ton frère absorbe ta culpabilité quand il te verra tomber de cinq étages. Ça ne t'a pas suffi de lui envoyer de l'huile bouillante à la figure et de le transformer en phénomène de foire ?

— Tais-toi ! a crié Lucas.

Zweig et deux autres patients sont sortis du rang pour se diriger vers moi. J'ai attrapé un fragment de la vitre derrière moi pour m'en servir comme d'un poignard. Alors que je le tenais le long de mon flanc, j'en ai senti les bords m'entailler la paume. J'ai changé de main. Le verre m'a de nouveau coupé. Un liquide chaud s'est répandu sur mes doigts.

À quelques pas de moi, Zweig s'est mis à aller et venir comme un lion affamé guettant sa proie. Il a sorti un couteau. Les deux autres patients sont restés derrière lui.

— Tu n'as pas suffisamment torturé Michael, peut-être ? ai-je repris. Tu n'es même pas retourné voir s'il était vivant ou mort dans cette foutue baraque à Jasper Street. Tu le détestais parce que c'était le chouchou de ta mère, son « gentil garçon ». (J'ai regardé Zweig le temps de laisser mes paroles faire leur effet, puis j'ai accentué encore un peu la pression.) Tu t'en souviens, Trevor ? « Gentil garçon. » C'est comme ça qu'elle l'appelait quand toi, tu étais dans cette cage au sous-sol, enfermé comme un chien.

— Je ne..., a commencé Lucas.

— Tu l'as abandonné pour qu'elle puisse se repaître de lui.

Zweig s'est immobilisé pour regarder Lucas.

— Je ne me rappelle pas, a murmuré ce dernier.

J'ai tourné la tête vers lui, et ce que j'ai vu m'a coupé le souffle. Des larmes ruisselaient sur ses joues, faisant virer au rose certaines des taches rouge vif sur son sarrau. Lui-même avait l'air dérouté par son chagrin.

Les patients et les otages, immobiles, ne le quittaient pas des yeux.

Il a secoué la tête, avant de fixer son attention sur le sol. Les larmes coulaient toujours.

— Je me souviens de cette cage. (Enfin, il a soutenu mon regard.) Tu dis que mon frère est là, dehors ? Qu'il veut me voir ?

Je ne savais pas trop s'il utilisait le mot *frère* au sens biologique ou spirituel. Et je ne savais pas non plus si ça avait une importance quelconque.

— Michael est là, oui. Il ne t'a jamais oublié. Il est venu de Baltimore. (Il m'a semblé que je pouvais pousser mon avantage un peu plus loin, et j'ai désigné les otages.) Ces gens-là ont des familles, eux aussi.

Les yeux de Lucas ont survolé les rangées de patients et d'otages.

— Ramène le troupeau à la bergerie, Trevor.

Il a de nouveau pivoté vers la fenêtre.

J'avais la certitude qu'en cet instant, Lucas allait choisir de vivre ou de mourir, d'affronter la réalité ou de la prendre littéralement en pleine figure. Pour étrange que cela me paraisse, j'étais sûr de pouvoir lui pardonner s'il estimait cette vérité trop insupportable, s'il refusait de voir le visage de Michael. Peut-être parce que l'esprit enfouit si profondément les traumatismes que leur excavation est une torture intolérable.

— Tu ne voulais pas lui faire de mal, ai-je dit, au cas où ce serait la dernière phrase qu'il emporterait avec lui. C'était un accident.

Lucas a gardé le silence quelques secondes.

— Monsieur Zweig, a-t-il dit soudain sans se retourner, donnez votre clé au Dr Clevenger. (Il a marqué une pause.) Conduis-moi jusqu'à lui, Frank. Conduis-moi jusqu'à cet homme que tu appelles mon frère.

Lucas a libéré les quatre otages capables de marcher, de même que Calvin Sanger. Il a laissé Laura Elmonte où elle était. En dépit de mes protestations, il a insisté pour que Kathy et l'enfant restent dans la salle d'isolement avec l'infirmière Vawn. Ensuite, il m'a demandé de donner leurs médicaments aux patients et de les enfermer dans leurs chambres.

Aucun ne nous a résisté, pas même Zweig. Aucun n'a posé la moindre question. Peut-être qu'à force d'ingurgiter de la méthadone, ils étaient devenus complètement apathiques. Ou peut-être que le déchaînement de violence dans l'unité les avait calmés. Mais sans doute que ça n'avait rien à voir. Lucas possédait une sorte de pouvoir irrésistible. Il avait réussi à transformer un service de cas désespérés en une armée engagée dans une guerre glorieuse contre le diable. Pris dans le drame de la psychose de Lucas, ils s'étaient retrouvés du même coup libérés de leur propre esprit torturé, capables pendant un bref laps de temps de défier leurs démons, comme Don Quichotte bien droit en selle, prêt à se battre contre des moulins à vent. Pour pouvoir sentir encore un peu le vent s'engouffrer dans leurs cheveux, continuer à nier que les monstres se trouvaient en eux, et non devant eux, je crois qu'ils n'auraient pas hésité à jouer la grande scène finale pour Lucas – qu'importe si c'était le suicide, le meurtre ou la reddition.

À 20 h 24, Lucas et moi nous trouvions dans le hall, devant les portes automatiques. La pelouse était éclairée comme un stade de football. Dans la clarté des projecteurs, Lucas avait l'air cadavérique. Le moignon suppurant de son bras droit pendait comme un poids mort le long de son flanc. Ses lèvres étaient agitées de tics pendant qu'il enregistrait la scène à l'extérieur – le tank M-1, les dizaines de voitures de police, les pick-ups Hummer équipés de Gatling, les barrières abritant au moins cinquante hommes pointant sur nous des fusils à longue portée, les légions de journalistes masquant la route d'accès à l'hôpital. L'hélicoptère d'assaut était prêt à décoller ; ses pales tournaient lentement.

— Regarde les soldats de Satan, a dit Lucas en remuant la tête. Tellement impatients de nous détruire... Ils ne nous laisseront pas avancer sur plus de deux mètres après la porte.

Nous. Si j'avais eu encore des doutes sur la distance que j'avais parcourue dans l'esprit de Lucas, ce simple mot aurait suffi à les dissiper. Je savais que sa prédiction sinistre avait des chances de se réaliser ; je le savais depuis que North Anderson m'avait parlé des tirs « amicaux ». La plupart des otages ayant été libérés, Patterson et Rice étaient déjà des héros. Ils n'avaient pas besoin d'arrêter Lucas ou de me récupérer vivant. Que je reçoive une balle dans l'unité sécurisée ou sur la pelouse, ça ne changeait rien : je serais passé en pertes et profits, comptabilisé parmi les victimes de l'assaut lancé contre le bâtiment. Je n'aurais sans doute même pas droit à une petite phrase commémorative sur New England Cable News.

— Ça ne les arrêtera pas si on retourne à l'intérieur, ai-je dit. Notre seule chance, c'est d'aller vers la vérité, vers Michael.

Lucas a regardé son bras gauche.

J'ai vu que sa main s'était mise à trembler et l'appréhension m'a noué l'estomac. Les effets de la Marcaïne se dissipaient.

Il a reporté son attention sur les portes.

— Michael, a-t-il murmuré, comme pour lui-même.

Et il a avancé.

Je l'ai rattrapé. Les portes ont coulissé. Une rafale de vent glacé nous a balayés, et nous nous sommes dirigés vers la lumière. Les policiers ont levé leurs fusils. Les tireurs d'élite sur le toit de la remorque se sont agenouillés. J'ai fermé les yeux un bref instant, avant de me forcer à les rouvrir et à me concentrer sur le mouvement de mes jambes – un pied, puis l'autre, toujours plus avant vers le passé.

J'ai remarqué le lieutenant Patterson à côté d'un des Hummer. Sa ligne de tir était dégagée ; s'il le voulait, il avait la possibilité de m'abattre.

Nous avions parcouru une dizaine de mètres quand Michael, en jean et veste brune, a émergé de la remorque pour se porter à notre rencontre. Jack Rice s'est encadré sur le seuil. Puis il s'est écarté, et North Anderson l'a rejoint en haut des marches.

Des frissons me parcouraient le dos et la nuque à la pensée qu'Anderson, lui-même mutilé, avait amené Michael à Lynn. Lui avait réussi à le convaincre de surmonter sa souffrance pour essayer de guérir son frère.

Lucas a pressé le pas. J'ai jeté un coup d'œil à sa main ; il serrait le poing.

Trente secondes plus tard, Michael et Trevor Lucas se tenaient au milieu de la pelouse, à environ un mètre de distance, et ils se dévisageaient mutuellement. La chair meurtrie de Michael et les touffes de cheveux clairsemées sur son crâne me choquaient toujours. J'ai vu ses yeux se poser sur le bras sectionné de Trevor. Aucun des deux frères n'a prononcé une parole. J'ai reculé de quelques pas afin de leur laisser un peu plus d'espace pour opérer une fusion entre le passé et le présent.

Le bras de Trevor s'est élevé lentement, pour retomber aussitôt et s'élever de nouveau. Son poing s'est desserré. Sa main a tremblé. Des larmes roulaient sur son visage. Il a voulu toucher la figure de Michael.

Celui-ci s'est légèrement baissé afin que les doigts de Trevor ne fassent qu'effleurer sa peau inégale. Il n'y a qu'un grand brûlé pour connaître vraiment toute l'horreur de la chair qui fond, mais peut-être qu'un chirurgien esthétique, peut-être qu'un frère, peut s'en faire une idée.

— Je suis désolé, a murmuré Trevor. S'il te plaît, pardonne...

Mes yeux se sont emplis de larmes. Quand un homme décide enfin d'étreindre sa douleur, il nous grandit tous.

La lèvre torse de Michael a tremblé.

— J'ai essayé, a-t-il dit d'une voix brisée. Je voulais que tu le saches.

Trevor a baissé la tête.

Le reste s'est déroulé si vite que mon esprit ne cesse de repasser la scène au ralenti, encore et encore, jusque dans mon sommeil.

Michael a glissé la main derrière son dos. Quand il l'a ramenée devant lui, il tenait un Magnum calibre 44. Il a visé, et tiré.

La balle a emporté la moitié droite du visage de Trevor et l'arrière de son crâne. Son sang a giclé sur moi. Je suis tombé à genoux à côté de lui.

— Lâchez votre arme ! a crié Patterson.

Michael n'a pas bougé, mais il n'a pas obéi non plus. Une autre détonation a retenti. Il s'est écroulé sur le sol gelé, avec un trou béant à la base du cou.

J'ai levé les yeux et distingué un filet de fumée qui s'échappait de la bouche du fusil de Patterson, toujours coincé sur son épaule. Patterson a écarté la tête de la lunette de visée, m'a souri, puis a repris sa position initiale. Je me suis figé. Il a tiré. La balle s'est enfoncée dans le dos de Michael. Enfin, Patterson a baissé son arme. De la main, il a fait signe à ses hommes d'avancer.

Ç'a été l'enfer. Les Hummers se sont rués sur la pelouse. Les pales de l'hélicoptère ont tournoyé de plus en plus vite. Le tank s'est ébranlé, canon pointé vers le ciel. Il m'a semblé que des centaines de silhouettes en noir envahissaient le bâtiment, dont certaines descendaient en rappel du toit avant de pénétrer à l'intérieur par ce qui restait des fenêtres.

Jack Rice et moi, nous nous tenions près des portes automatiques de l'hôpital en attendant que les derniers otages soient évacués. On l'avait averti par talkie-walkie que les patients étaient enfermés dans leurs chambres. Aucun n'était blessé.

— Vous êtes un sacré héros, dans cette histoire, a fait Rice. Vous allez crouler sous les affaires. On vous réclamera dans tout le pays.

— Je ne veux plus d'affaires. C'est fini pour moi.

Il m'a regardé d'un air soucieux.

— Vous dites ça maintenant, mais vous reprendrez le collier. Le téléphone sonnera, et vous décrocherez. Ça se passe toujours comme ça.

Je suis resté silencieux.

Laura Elmonte, la poitrine animée par un souffle presque imperceptible, a été conduite sur une civière jusqu'à une ambulance. L'infirmière Vawn a suivi le même chemin. Puis j'ai vu quatre hommes escorter Kathy dans le couloir qui débouchait sur le hall. Elle serrait contre elle le bébé de Vawn.

Rice avait autorisé une dizaine de photographes de la télévision et de la presse à immortaliser ce moment. Leurs objectifs ont pivoté de concert pour faire la mise au point sur la scène. Le cauchemar de ces soixante-douze heures serait réduit à quelques images, je le savais. Celle de l'obstétricienne avec le bébé y figurerait en bonne place, d'une part parce qu'elle affirmait le pouvoir de la vie au milieu de la mort, et de l'autre, parce qu'elle serait du plus bel effet à la une du *Boston Globe* ou derrière l'épaule de Tom Brokaw, le présentateur de *Evening News*.

En sortant, Kathy a aussitôt rivé son regard au mien, puis elle a détourné les yeux, m'accordant la possibilité de prétendre que je ne la connaissais pas, de la laisser une nouvelle fois échapper à la justice.

— C'est elle, votre plagiaire, ai-je dit à Rice.

Il a pivoté.

— Quoi ? Qu'est-ce que vous me racontez ?

— Singleton. Vous trouverez ses empreintes sur l'arme qui a servi à tuer Hancock et Trembley.

Les yeux plissés, il a scruté mon visage.

— Comment vous pouvez le savoir ?

— Je travaillais sur cette affaire avec Hancock. C'est elle qui l'a résolue.

Rice m'a encore étudié quelques secondes, puis il a appelé des policiers, indiqué Kathy et tapoté ses poignets pour leur faire comprendre qu'ils devaient lui passer les menottes.

Je me suis détourné et éloigné. J'ai cherché North Anderson sur la pelouse noire de monde, mais il n'était nulle part en vue. Je suis remonté dans mon pick-up. Les journalistes n'en avaient plus que pour l'arrestation de Kathy ; je suis sorti sans encombre de l'enceinte de l'hôpital, puis j'ai filé dans Jessup Road et sur la voie express.

Alors que j'arrivais devant l'embranchement qui conduisait au Y, j'ai eu une pensée fugace pour Cynthia, me disant qu'une partie de moi avait encore envie de la voir, que je devrais lui pardonner. Mais j'ai poursuivi ma route.

Je venais de rentrer dans mon loft, à Chelsea, quand mon organisme a commencé à se désintoxiquer, réclamant un retour à sa physiologie naturelle par des tremblements et des suées. Je me suis allongé sur le couvre-lit de velours vert et j'ai fermé les yeux. Une heure plus tard, les symptômes du manque avaient redoublé d'intensité. À minuit, j'étais roulé en boule, les poings crispés, les jointures blanches, les entrailles nouées.

La douleur a pris des proportions indicibles, me donnant l'impression qu'une bête enragée aux dents aiguisées comme des rasoirs me déchirait la chair et l'âme en même temps, mais je l'ai accueillie avec bonheur, parce que je savais qu'elle me purifiait, qu'elle finirait bien par s'arrêter, et que tôt ou tard, je redeviendrais moi-même.

À 4 heures du matin, mon corps était meurtri et mon esprit embrumé. J'avais réussi à profiter des brefs répits que m'accordaient les crampes violentes et les accès de nausée pour me reposer un peu. Mais à présent, plus moyen de dormir. L'image de Trevor Lucas mort à mes pieds me hantait chaque fois que je fermais les yeux.

Je me suis levé rapidement, ce qui était une erreur. La pièce s'est mise à tournoyer si vite que j'ai perdu l'équilibre et que je me suis affalé sur le matelas. Je me suis de nouveau redressé, très lentement cette fois. Les murs ondulaient, mais au moins, ils restaient à la même place.

Après m'être douché, je me suis frotté avec une serviette jusqu'à me faire rougir la peau, sans réussir toutefois à me sécher. La transpiration affluait toujours.

J'ai appelé un taxi et attendu dehors, dans le noir.

Un vieil homme noueux, qui avait bien dans les soixante-dix ans, m'a dit que j'étais sa dernière livraison, s'est repris aussitôt en marmonnant le mot « client », puis m'a demandé où je voulais aller.

— À l'hôpital Mass. General.
— Aux urgences ?

J'étais désormais certain de paraître aussi malade que j'en avais l'impression.

— Non, l'entrée principale.

Nous avons emprunté le Summer Tunnel jusqu'à Boston, le chauffeur fredonnant une mélodie pendant que je m'efforçais de ne pas trembler.

Parvenu à destination, j'ai traversé le hall et pris l'ascenseur jusqu'au treizième étage du bâtiment Blake. J'ai dû montrer mes papiers à l'entrée de la maternité pour prouver que je n'étais pas là pour voler un enfant.

Je me suis approché du comptoir d'accueil. L'employée m'a reconnu tout de suite pour m'avoir vu à la télévision.

– Vous êtes le Dr Clevenger, a-t-elle dit d'un air abasourdi, comme la plupart des gens quand la télé et la réalité se rencontrent.

J'ai hoché la tête. Un spasme m'a contracté l'estomac, m'obligeant presque à me voûter.

– Vous êtes venu voir le bébé.

– Oui.

Elle m'a escorté le long d'un couloir jusqu'à de grandes baies vitrées donnant sur la nursery. Une demi-douzaine d'infirmières s'occupaient d'une douzaine de nouveau-nés, certains couchés dans des petits lits, d'autres blottis dans des berceaux qui se balançaient doucement.

– C'est lui, a-t-elle dit en indiquant un berceau qui abritait un bébé minuscule emmailloté dans une couverture blanche à rayures bleu pâle.

Il avait les yeux fermés. Il respirait paisiblement. Sa main délicate serrait la couverture juste sous son menton.

– Il a un nom ?

– Isaac. (Elle a gardé le silence quelques instants.) Il faut que je retourne à l'accueil. Vous pouvez rester le temps que vous voudrez.

Je l'ai remerciée, et elle s'est éloignée. Alors, j'ai regardé Isaac, surprenant parfois dans la vitre le reflet de mon propre visage meurtri, épuisé et pas rasé. J'ai pensé à toutes ces choses qui peuvent arriver à un homme à mesure qu'il grandit et s'éloigne du pur potentiel de l'enfance, à toutes ces choses qui s'étaient brisées en moi. Et j'ai prié en silence pour que cet enfant, né au milieu du chaos, puisse connaître la gentillesse, faire l'expérience du bonheur et trouver l'amour dans la vie.

Chacun de nous devrait pouvoir compter au moins là-dessus.

Thriller
Dans la même collection

Christian GERNIGON, *Le Jeu du diable*
Graeme GORDON, *Boucherie casher*
Craig HOLDEN, *Route pour l'enfer*
Eugene IZZI, *Chicago en flammes*
Paul LINDSAY, *Liberté de tuer*
Ed MCBAIN, *Le Paradis des ratés*
Ian RANKIN, *Le Carnet noir*
Ian RANKIN, *Causes mortelles*
Ian RANKIN, *Ainsi saigne-t-il*
Benjamin Alire SÁENZ, *La Maison de l'oubli*
Wilfrid SIMON, *La Passagère clandestine*

CET OUVRAGE A ÉTÉ REPRODUIT
ET ACHEVÉ D'IMPRIMER SUR ROTO-PAGE
PAR L'IMPRIMERIE FLOCH À MAYENNE
EN SEPTEMBRE 2000

Éditions du Rocher
28, rue Comte-Félix-Gastaldi
Monaco

Dépôt légal : septembre 2000.
N° d'édition : CNE section commerce et industrie
Monaco : 19023.
N° d'impression : 49434.

Imprimé en France